JN408813

나도래

숭실대학 제 2대 교장 라이너(R.O. Reiner)

박삼열 저·역

불휘총서 간행사

숭실대학교 한국기독교문화연구원은 숭실창학의 기독교적 건학 이념 위에서 1967년 설립된 이래 한국의 기독교 문화에 관한 연구를 수행하고 있습니다. 특히 2014년 연구소에서 연구원으로 승격되면서 숭실창학 120주년 기념사업의 일환으로 진행된 뿌리찾기위원회(2013~2017)의 연구성과(30과제)를 2016년부터 불휘총서 시리즈로 30권으로 기획하여 불휘총서 1권 『윌리엄 베어드』 부터 2018년 불휘총서 19권 『방지일과 중국선교』 까지 발간하였습니다.

평양에서 시작한 숭실대학의 정신을 설립자 윌리엄 베어드(배위량), 3대 교장 사무엘 마펫(마포삼열), 4대 교장 매큔(윤산온) 평전으로 담고자 했으며, 평양 숭실에서 교수로 활동하거나 북한 지역에서 활동한 선교사 블레어(방위량), 번하이젤(편하설), 엥겔(왕길지), 클라크(곽안련), 베커(백아덕), 휘트모아(위대모), 킨슬러(권세열), 솔토형제(소일도, 소열도), 해밀톤(함일돈), 맹로법(맥머트리)연구를 통해 북한 기독교 연구에 기초자료를 제공하고자 함이었으며, 숭실의 순교자, 숭실의 음악인, 방지일, 평양 숭실의 교과서(『논리략해』, 『인생문제와 그 해결』)를 연구함으로서 평양 숭실의 실체에 더 가까이 다가서고자 함이었습니다.

2018년 5월 숭실대학교 한국기독교문화연구원이 '근대전환공간의 인문학-문화의 메타모포시스'라는 아젠다로 인문한국플러스(HK+) 주관기관으로 선정되어 연구를 진행하고 있으며 불휘총서 시리즈를 승계하여

기독교가 한국문화에 끼친 영향을 오롯이 5권에 담아내고자 합니다.

평양 숭실의 2대 교장 라이너(나도래) 연구를 내놓으신 박삼열 교수님, 5대 교장 마우리(모의리)에 대해 연구를 담아낸 권연경 교수님, 한국전쟁과 숭실 재건과정에서 활약하신 보켈(옥호열) 선교사를 연구하신 배귀희 교수님, 평양 숭실 기독교 정신의 상징인물 가운데 한 분이신 손정도 동문의 평전을 지으신 김홍수 명예교수님(목원대), 평양인이면서 숭실을 사랑한 조만식 선생을 연구하신 윤철홍 교수님께 감사를 드립니다. 또한 불휘총서 시리즈가 진행하는 데 많은 도움을 주신 숭실대학교 부설 한국기독교박물관의 학예팀의 한명근 팀장님과 행정적으로 도움을 주신 한국기독교문화연구원의 서예영 과장님, 학술정보지원팀의 이준학 선생님에게 감사의 말을 전합니다. 불휘총서와 함께 한 오지석 교수님과 출간이 될 수 있도록 간사를 맡아 수고해 주신 마은지 박사님께도 깊은 감사의 마음을 전합니다.

이번 총서에 담은 성과들 또한 한국의 기독교 문화의 뿌리를 찾아가는 데 길라잡이가 될 것입니다. 앞으로도 남은 6권의 시리즈를 출간하여 불휘총서 시리즈 30권을 완간할 예정입니다. 우리 숭실대학교 한국기독교문화연구원은 기독교가 우리 문화 속에 새겨놓은 흔적의 다양성과 풍부함과 숭실의 정체성을 드러내고 함양하는 연구와 비전을 제시해 나갈 것입니다.

불휘총서가 진행될 수 있도록 기획하고 총괄해주신 곽신환 전임 연구원장님과 이 일이 계속될 수 있도록 아낌없이 지원해 주신 황준성 총장님께 깊은 감사를 드립니다.

2020년 6월

숭실대학교 한국기독교문화연구원장

황 민 호 삼가 적음

저 · 역자 서문

한국의 기독교는 세계의 어느 나라에서도 유례가 없을 정도로 단 기간에 큰 부흥과 성장을 경험하였다. 세계는 한국의 교회와 역할에 대해 주목하고 있다. 이런 성장의 이유는 초기 선교 때부터 민족의 어려움 속에서 기독교 공동체가 복음과 성령으로 무장하여 교회뿐만 아니라 사회를 이끌어 갈 수 있는 영적·지적·인적·물적 동력을 끊임없이 공급했기 때문일 것이다. 이러한 과정에서 선교사들은 피나는 노력과 신앙으로 교회의 종으로서의 역할을 기꺼이 감내하였다. 사실 한국 기독교 역사 속에서 선교사들의 공로는 지대하다. 선교사들의 가르침과 선교는 오늘날 한국의 교육과 의료와 인권 신장에 큰 일익을 담당했다.

선교사들의 업적은 이루 말할 수 없으며, 특히 그들의 선교를 통한 교육 업적은 한국의 역사에 큰 획을 그었다. 선교사들은 백성들의 육체적 굶주림뿐만 아니라 정신적 피폐함을 청산하기 위해 교육에 정열을 쏟았고, 이들의 이러한 헌신은 기독교가 이 땅에서 백년 이상을 존속하며 비전을 제시할 수 역량을 갖추도록 했다.

숭실대학교는 수많은 민족의 지도자들을 배출하였다. 이는 제 1대 베어드 교장을 위시하여 제 2대 라이너(Ralph Oliver Reiner, 1882-1967) 교장의 헌신이 있었기에 가능했다. 그들의 선교와 교육이 있었기에 오늘날 숭실의 교육 그리고 더 나아가 한국 교육의 역사가 세워진 것은 분명한 사실이다. 베어드가 학교의 초석을 세웠다면 라이너는 학교가 실제적으로 발전할 수 있도록 건물과 인력을 보강하였다.

라이너는 1908년 한국에 첫발을 내딛은 이후 30여 년을 한국을 위해 헌신했다. 그는 언어와 문화적 적응뿐만 아니라 경제적 어려움과 가족과의 이별, 그리고 당국과의 갈등 등을 이겨내면서 과학을 위시한 실용 교육과 열정적인 신앙 훈련 그리고 양성평등 같은 의식 훈련과 전문가를 통한 수준 높은 교육의 토대를 마련하였다. 라이너는 지식은 은이고, 인격은 순금에 비유했다. 그에 의하면 학교는 순금과 같은 인격을 연마하는 장소이다.

1910년에서 1941년까지 라이너가 작성한 선교 보고서와 공식적 혹은 개인적인 서신들 수십, 수백 장을 읽어 보면서 그가 얼마나 조선과 숭실에 애착을 가지고 열정적으로 사역을 했는지 알 수 있었다. 라이너는 훗날 일제에 의해 간첩으로 지목될 만큼 모든 면에서 조선을 사랑한 선교사였다. 그러나 그의 수많은 사역들에 비해 정작 라이너 자신에 대해 알 수 있는 자료는 전무한 형편이라는 사실은 매우 안타까움을 느끼게 한다. 이 글을 집필하면서 가장 힘들었던 부분은 오래되어 빛바랜 문서를 번역하고 추측하면서 재구성하는 작업이 아니라 라이너 자신에 대한 정보가 거의 없다는 사실이었다.

최선을 다해 라이너의 삶과 영향력을 드러내려고 노력했지만 부족한 글로 인해 라이너의 업적에 누가 되지 않을까 걱정되기도 한다. 작은 소망이 있다면 이 책이 숭실의 발전, 더 나아가 한국의 교육과 선교 발전에 지대한 역할을 한 라이너 연구에 마중물이 되기를 바란다.

2020년 6월

박삼열

목차

라이너(R.O. Reiner) 교장 약력

1882.08.26: 네브래스카 웨이블리(Nebraska Waverly) 지역에서 출생
캘리포니아 주로 가족들이 이사하여 정착함

1892: 캘리포니아 주 버클리에 입학하여 공부

1904-1905: U.C 하와이 호놀룰루 지역의 밀스 대학(Mills Institute)에서 2년간 교직생활

1905-1907: 캘리포니아 버클리 제일 장로교회에서 아내 제시 먼로 선교사와 결혼

1908.08.02: 북장로교 선교사로 내한

1908.08.16: 선교회 경영의 경신학교 교장서리로 교육활동

1909: 대구 계성학교 설립자 애덤스와 함께 계성학교에서 활동

1910.11.01-1911.03.01: 대구 계성학교 설립자 애덤스와 함께 계성학교에서 활동

1911.04: 대구 계성학교 제 2대 교장으로 부임

1913.09: 맥퍼슨으로부터 6000달러를 지원 받아 계성학교 맥퍼슨관 건립

1913.09.16: 아들 도널드 라이너(Donald E. Reiner) 출생함

1915.04-1918.03: 평양숭실대학 학장으로 부임

1915.09: 숭실학보 발간

1916~1917: 평양숭실대학의 제반 시설들 확충과 재정비 학보사와 밴드 개설

1919: 3.1운동 시 숭실학생 보호로 가택 수색 당함

1926: 평양외국인학교 교장

1940.11.04: 평양외국인학교에서 최후의 예배 폐교 때까지 학교를 지킴
일제 말에는 간첩행위 혐의로 감금생활을 하기도 함

1962.07.07: 제시 먼로 라이너(Jessi M. Reiner) 사망

1967.06.29: 사망

제1장

들어가는 말

1886년 배재학당과 이화학당을 비롯하여 우리나라에 근대 학교가 설립되기 시작했고, 갑오개혁 이후 1895년에는 국왕이 교육입국 조칙을 반포하여 근대교육을 장려했다. 1905년 을사조약으로 일제에게 국권을 빼앗긴 한말에 애국계몽가들은 실력이 약하여 빼앗긴 국권을 회복해야 한다고 주장하며 국권회복을 위한 실력양성운동을 전개했다. 특히 이 당시 교육을 통한 지식이 중요시되어 한말에 전국 각지에서 3천여 개의 근대학교가 설립되었다. 이러한 교육 구국의 열기 속에서 한국의 어느 지역보다 진취적이고 기독교 신앙열이 강했던 평양에서 한국 최초의 근대 대학이 설립되었다. 수도가 아닌 지방에서 대학이 가장 먼저 설립된 것은 세계에서도 유례가 없는 특이한 일이다.[1)]

그리하여 한국 최초의 대학교 숭실이 기독교 정신과 민족정신의 결합으로 태어나고 1906년 미국장로교 한국선교부의 연례보고서는 1906년 가을에 숭실대학이 설립된 것은 숭실중학 졸업생 등 한국인들의 대학교육에 대한 강렬한 요구에 부응하여 계획되었음을 보여준다.[2)]

1909-11년 한일합방을 전후하여 한국의 모든 기독교 교파가 연합하

1) 유영렬, 『민족과 기독교와 숭실대학』, 숭실대학교 출판부, 2005, p. 19.
2) 유영렬, 『민족과 기독교와 숭실대학』, p. 14.

여 백만구령운동을 전개했다. 이때 숭실대학과 숭실중학은 연합부흥대를 조직하여 방학 기간 동안 전국 각지에 전도대를 파견하여 전도계몽활동을 전개한다. 1913년 당시 대학과 중학을 합하여 숭실학교 학생수는 400여명이었으며 전교생의 상당수는 전도활동에도 적극적으로 참여하였다. 전도활동에 열심을 낸 학생들은 제 1대 베어드 교장의 주도로 과학기술교육을 받고 1912-13년 물리학, 생물학, 천문학 등의 과학과목이 개설되어 서양학문을 이어받는 계기를 마련했다.

윌리엄 베어드는 평양의 본인 선교사 사택 사랑방에서 숭실학당을 시작하고 사랑방학교를 만들었다. 비록 학교 건물과 체계적인 교과서는 없어도 학교에서 성경, 산수, 한문, 역사, 음악을 가르치기 시작하고 민족의 미래를 안고 세계를 아우르는 꿈을 가진 학생들의 열기가 뜨겁게 달아오르고 있었다.

1901년에서 11년 사이 사역지에서 선교를 한 라이너(Ralph Oliver Reiner, 1882-1967) 교장[3]이 1915년 4월에 숭실대학의 제 2대 교장으로 부임하게 된다. 라이너는 부임하기 이전부터 숭실에서 베어드가 이룩해 놓은 정신을 하나씩 이어가기 시작할 준비를 하고 있었다. 라이너가 숭실에 와서 주력한 것은 시설 확충과 부지의 확장이었다. 열악한 숭실의 터전을 보면서 그는 과학관과 기숙사 등 열악한 환경을 개선하는데 많은 시간을 할애하였다. 물론 이러한 시설을 확충하는데 무엇보다 자본이 필요한 것은 사실이다. 라이너는 한국의 상황을 편지를 통해 미국에 있는 동역자들과 후원자, 선교단체에 호소하면서 어려운 실정을 이야기했다. 그의 진심은 선교 후원자들을 감동시키고 후원과 재정적 지원으로 숭실의 새로운 역사를 만들어갔다. 라이너의 헌신은 마침내 한국 최초의 민족 대학이라는 숭실대학교를 평양에서 자리잡게 하는

3) 라이너(Reiner)의 한국식 이름은 '나도래'(羅道來)이다.

데 지대한 영향을 끼치게 되었다. 라이너는 베어드 학장이 이룩어낸 숭실의 역사를 이어받아 오늘날 숭실의 산 역사를 만든 장본인 중에 한 사람이었다.

라이너는 한국에서의 사역할 때, 민족의 아픔을 함께한 인물이었다. 그가 사역할 당시 한국은 일제의 식민지에서 고통을 받고 있었다. 라이너는 이를 외면하지 않고 한국 국민을 가슴으로 포옹해 주었다. 일제 치하에서의 라이너의 사역은 한국 역사에도 오랫동안 기억될 것이다. 라이너는 무엇보다 선교와 교육의 두 마리 토끼를 잡으려고 노력했다. 그리고 한국에 대한 그의 진심과 선교활동은 한국인뿐만 아니라 고국에 있는 동역자들(후원자들)의 마음까지 사로잡았다. 그래서 라이너의 진심어린 편지 한 통으로 본국에서는 많은 재정과 후원을 아끼지 않았다. 그들의 피나는 헌신과 노력이 오늘의 숭실을 있게 했다.

제2장

라이너의 선교 비전

라이너는 네브라스카에 웨벌리(Waverly) 지역에서 1남 2녀 중 장남으로 태어났다. 하지만 유달리 몸이 약했던 그의 아버지 찰스 라이너(Charles Reiner)의 건강으로 인해 그가 10살 때 가족들은 모든 재산을 처분하고 캘리포니아 지역으로 이주하게 된다. 그곳의 강변에 있는 오렌지센터에 가족들은 정착하게 되었다. 그곳에서 쌍둥이 여동생들 또한 태어나게 되었다. 라이너 선교사의 가정은 가난하였고, 심지어 그의 바로 밑 여동생은 생계를 위해 고등학교를 그만둬야만 했다. 하지만 그 와중에서도 라이너 선교사는 버클리의 캘리포니아 대학에 입학하여 공부하게 된다. 그리고 1905년에 대학을 졸업한 그는 2년 동안 호놀룰루에 있는 밀스 칼리지에서 가르치게 된다.[4] 이즈음 샤록(A. M. Sharrocks) 박사 내외가 캘리포니아 버클리로 라이너와 동역자들을 불러다가 한국에서 사역할 놀라운 기회와 선천에서 교육 사업을 맡아줄 누군가를 필요로 한다는 것을 우연히 말해주었다. 물론 라이너도 선천에 배정받기를 바라면서 한국에 갈 계획을 열정적으로 세웠다.[5]

4) 1952 California Mother of the Year Martinez, Contra Costa County, California Jessie May Munro Reine.

5) *Personal Annual Report, Mr. and Mrs. R.O. Reiner 1937–1938.*

1908년 8월 2일에는 같은 나이를 가진 여인 제시 먼로(Jessie Munro Reiner, 1882-1962)와 캘리포니아 제일 장로교회에서 백년가약을 맺게 된다. 그 결혼은 그 교회에서 처음 있었던 일이라고 알려진다. 그리고 2주 뒤 그들은 북장로교 선교사로 한국으로 향하게 된다.[6] 훗날 라이너는 제시와의 사이에서 큰 아들 휴(Hugh), 쌍둥이 형제인 도널드(Donald)와 유진(Eugene), 딸인 룻(Ruth) 이렇게 네 명의 자녀들을 갖게 된다.

요코하마에 도착해 라이너와 팀원들이 함께 하길 바라던 사역을 다른 누군가가 맡았으며, 라이너는 서울로 배정될 것이라는 서신을 받았을 때에는 실망을 금치 못하기도 했었다. 그러나 라이너와 팀원들이 한국에서 보낸 세월은 특권과 기회로 넘쳐난 시간이었다. 부산에서 의주까지 이르러 한국 전 지역에서 목사와 장로직을 위해 훈련받던 젊은이들, 병원의 관리자 또는 개인 병원의 의사로서 역할을 잘 수행하던 훌륭한 학생들, 또한 변호사로, 사업가로, 도시의 다양한 분야에서 지도자로 자리를 잡아가는 이들을 볼 때에, 라이너는 삶이 헛되이 쓰이지 않았음을 느끼고 이 특권으로 인해 하나님께 감사드렸다. 복음 승리자에게 매우 중요한 교회 활동에 직접적인 손길을 뻗치지 못했다는 사실이 라이너와 팀원들의 삶에서 가장 큰 유감이었지만, 제 2의 방안인 전방에서 리더가 되는 이들을 훈련하는 것과, 직접적인 설교만큼이나 사역에서 반드시 필요한 부분인 사업과 일상의 문제들을 다루는 제 3의 방안으로 말미암아 이러한 결핍을 만회하려고 노력하였다.[7]

6) 1952 California Mother of the Year Martinez, Contra Costa County, California Jessie May Munro Reine.
7) *Personal Annual Report, Mr. and Mrs. R.O. Reiner 1937-1938.*

제3장

한국에서의 선교 정착과 초기 사역

1. 한국에서의 첫 사역 (1910-1911년)

1) 1910년 숭실 그리고 라이너의 한국에서의 첫 사역: 선교와 교육의 첫 삽을 뜨다

한국에 온 선교사들은 대개 미국, 캐나다, 호주에서 파송된 사람들로서 경건주의와 복음주의 신앙 유형에 속했으며 대부분 정교분리를 주창하는 근대 교파주의 교회론에 기운 사람들로 구성되어 있었다. 정교분리의 기반인 경건주의는 교회와 세속의 단절을 전제하고, 교회의 경건을 무엇보다 중요시하였다.[8)]

1900년부터 조선 교회는 '숭실'을 위한 기도회가 시작되었고, 헌금을 하기 시작했다.[9)] 1901년 베어드는 숭실 중학 커리큘럼에 성경, 역사, 산수, 기하학, 대수학, 위생학, 식물학, 동물학, 천문학, 물리, 화학 등을 구성하였다. 이 중 베어드가 모든 단계의 학습에서 가장 강조한 것은 성

8) 민경배,『한국민족교회 형성사론』(서울: 연세대학교 출판부, 2008), pp. 35-36.
9) 백락준,『한국개신교사』(서울: 연세대학교 출판부, 1991), p. 333.

경공부였다.[10] 오늘날 숭실이 여기까지 올 수 있었던 정신은 바로 성경에서 비롯된 베어드의 가르침 덕택이었다.

이 당시 평양 선교지부는 3월 16일을 숭실 학당을 위한 기도와 헌금의 날로 지정하기도 했다. 그 후 해마다 3월에는 숭실을 위한 기도회가 열리고 헌금이 모였다. 구체적으로는 1902년 59개 교회, 1903년에는 75개의 교회 그리고 1905년에는 87개의 교회와 5명의 개인이 당시에 41,860원이라는 거금을 숭실을 위해 헌금하였다. 평양 지역 주민들은 숭실이 비록 선교사로부터 시작되었지만 평양 지역 주민 자신들의 기관이라는 자부심으로 인해 숭실에 뜨거운 관심을 갖고 있었다.[11]

마침내 숭실은 좁은 사랑방에서 민족과 세계를 품고 작은 도약을 위한 첫걸음을 내딛기 시작했다. 윌리엄 베어드는 1897년 10월에 자신이 사용하던 평양의 선교사 사택 사랑방에서 사랑방학교를 만들었다. 이것이 숭실학당의 시작이다. 비록 학교 건물이나 체계적인 교과서는 없었지만 당시의 사역자들은 사랑방학교에서 열정적으로 성경, 산수, 한문, 역사, 음악 등을 가르쳤다. 이에 부응하듯 민족의 미래를 안고 세계를 아우르는 꿈을 가진 학생들의 열기 또한 뜨겁게 달아오르고 있었다.[12] 1900년부터 수업연한을 5년으로 연장하면서 숭실학당은 명실상부한 중학교로 성장하였다. 당시 사역자들은 이를 통해 중학교를 졸업하는 시기와 대학교육과정이 맞물린다면 자연스럽게 체계적인 교육과정이 들어설 것이라는 비전을 가지고 있었다.

1906년 숭실학당은 북감리교 선교부와 연합하여 학교 이름이 '합성숭실대학'으로 불리게 되고, 1908년 대한제국 학부로부터 대학 인가를 허가 받았다. 이는 숭실이 조선에서 최초의 근대대학이라는 명칭을 부

10) 한국기독교문화연구소,『베어드의 선교와 사상』(서울: 숭실대출판사, 2013), p. 171.
11) 숭실대학교 100년사 편찬위원회,『숭실대학교 100년사 1권』, p. 97.
12) 박정신,『숭실과 기독교』(서울: 숭실대학교 출판부, 2011), p. 92.

여받았다는 것을 의미한다.[13] 이러한 노력으로 탄생한 합성숭실대학을 거점으로 삼아 라이너 선교사는 기계창을 설립하고, 낙농업 등 많은 일들을 할 수 있었다.[14]

이 무렵 1907년은 길선주 장로에 의해 대부흥운동의 꽃이 필 시기였다. 평양 장대현교회의 사경회가 그 출발점이 되고, 길선주 장로가 이 집회를 위한 새벽기도회를 인도하면서 한국의 기독교 부흥운동의 산역사가 시작된 것이다. 부흥운동을 통해 교회마다 통성 기도와 회개의 열기로 가득 찼고, 독립운동을 하려고 교회를 찾았던 많은 사람들은 그리스도의 십자가를 발견하였다. 이 부흥운동은 선교사들과 한국 기독교인들 사이에 아주 친밀한 상호 협력 관계가 무르익도록 도왔고, 초기 선교 과정을 거쳐 한국교회가 비로소 교회다운 영적 힘과 믿음을 갖추는 데 일조했다. 평양의 사경회는 실로 한국 기독교역사의 산실이며, 십자가의 복음과 은혜의 소식이 전국적으로 확산되게 한 역사적 사건이었다.[15] 당시 성경이 광범위하게 반포되자 한국의 초대 기독교공동체라는 이름의 성경공부운동이 일어나게 되었다. 사경회 운동은 1903년 원산 대부흥과 1907년 평양 대부흥 운동을 가능하게 할 뿐만 아니라 일제하에서도 교회의 지속적인 성장 동력이 되었다. 이러한 전통은 해방 후 오늘에까지 이어져 조직적인 성경공부는 한국교회 성장의 토대가 되었다.[16]

그리고 이 시기 사역자들은 교육의 발전을 위해 숭실에 상당한 투자를 하고 있었다. 당시 숭실은 중학생이 급증하는 상황에서 숭실대학 건물이 따로 없었다. 이에 조선교회와 미국교회, 그리고 선교부는 합심

---

13) 숭실대학교 100년사 편찬위원회, 『숭실대학교 100년사 1권, pp. 129-132.

14) 라이너도 합성숭실대학에서 많은 일을 하게 된다. 대학시설을 확충하고, 낙농업과 일본어 교육 등 전력을 다해 그는 애쓴다. 이 내용은 다음 3장에서 구체적으로 기술할 것이다.

15) 배본철, 『한국교회사』, 서울: 성지원, 1997, pp. 166-167.

16) 이만열, 『한국기독교와 민족통일운동』, 서울: 한국기독교역사연구소, 2001, p. 210.

하여 1911년 중학교 건물 동쪽에 3층 벽돌 양옥 건물을 짓기 시작하여 1912년에 완공하였다. 1912년 숭실은 중학 건물, 체육관과 강당, 기숙사, 기상대, 박물관과 도서관, 음악 미술관, 기계창, 대학건물, 교수 사택, 과학관이 즐비하게 들어서서 최고의 대학 캠퍼스를 자랑하게 되었다.[17] 최초의 근대 대학 숭실대학에서는 성경과목을 1학년에서 4학년까지 필수로 가르쳤다. 대수, 기하, 측량학, 미적분과 같은 수학과목도 4년 연속 수강해야 하고, 물리학, 동물학, 전기학, 화학과 같은 자연과학과 역사, 철학, 윤리학, 교육학, 심리학, 경제학 등 순수 인문사회과학을 4년 내내 수강해야 했다. 물론 영어는 4년 동안 필수로 들어야 하는 과목이었다.[18]

이처럼 숭실의 발전이 전성기를 맞이할 때, 1910년 라이너는 대구 선교지에서 첫 사역을 시작하였다.[19] 라이너는 1910년 6월부터 9월까지 서울 동쪽구역을 담당하면서, 여름에는 서울도성 밖으로 약 40리쯤 떨어진 관악산에서 보내기도 했었다. 그는 그곳에 대해 많은 세월 중에 가장 즐거운 여름을 지낼 수 있었던 곳이었다고 고백하기도 했다.[20] 그러나 그는 서울의 편안한 생활을 포기하고 대구로 임무지를 옮겼다. 그는 "서울에 있는 아름다운 집을 포기하는 것이란 쉬운 일이 아니었고, 그곳에서 사귄 친구들을 보지 못하는 것도 쉽지 않았지만 가장 필요로 하는 곳에 가야하는 결정과 자신의 선호는 아무런 관련이 없다."[21]라고 말했다.

라이너가 첫 사역으로 대구 계성학교(Boy's Academy 이하 남학교라 칭함)에서 자리를 잡게 된 것은 하나님의 은혜였다. 그는 이전 설립자인 애

17) 박정신,『숭실과 기독교』, 서울: 숭실대학교 출판부, 2011, pp. 106-107.

18) 박정신,『숭실과 기독교』, p. 109.

19) 라이너의 말년이 어떠했는지 정확히 알 수는 없지만, 1937년 라이너가 제출한 보고서를 보면, 그는 1908년 10월 8일에 한국에 도착한 이래로 30년간 자신의 임무를 수행했음을 알 수 있다: *Personal Annual Report, Mr. and Mrs. R.O.Reiner 1937-1938.*

20) *Report of Mr. & Mrs R.O. Reiner for the year 1910-1911.*

21) *Report of Mr. & Mrs R.O. Reiner for the year 1910-1911.*

덤스(J. E. Adams 1867~ 1929, 안의와)의 조언과 훌륭한 선견지명으로 한국에서 첫 사역하는 임무지를 가장 좋은 곳으로 터전을 잡게 되었다고 고백한다. 무엇보다 이곳에서 라이너는 한국에서 가장 좋은 학교 부지를 확보할 수 있었다. 이에 대해 라이너는 보고서를 통해 "학교는 참으로 빛을 숨길 수 없는 언덕 위에 세워진 등이라고 불릴 만하다."라고 고백한다. 설립자 애덤스의 지도를 받은 학교는 규율과 행정관리를 비롯해서 종합적인 효율성에 있어서도 우수한 모습을 보여주었고, 라이너는 이를 잘 준수하며 학교에 전력을 다할 수 있었다.[22)]

반면 대구에서의 개인적인 생활은 라이너에게 그리 녹녹치 않았던 것 같다. 그가 무엇보다 힘든 것은 언어를 배우는 문제 때문이었다고 한다. 바쁜 사역으로 인해 그는 실질적으로 언어 자체에 투자할 수 있는 시간이 없었다. 보고서를 통해 라이너는 바쁜 사역 가운데에서 어느 정도의 어휘를 숙달하는 것은 가능하지만 절대적인 시간부족으로 인해 유창하고 정확하게 말하는 법을 습득하기란 불가능하다고 토로하기도 한다. 그러나 라이너는 한정된 시간 안에서 언어를 습득하는 데에는 제약이 있었던 것은 사실이지만 이 시기 동안 다양한 사역을 경험하고 변화를 겪으면서 사역적으로나 영적으로 놀라울 정도의 성장을 경험하게 된다. 이 무렵 그는 1년 동안의 시간을 서울에서 학교를 짓는 데 자신이 할 수 있는 한 최선을 다하였다.[23)] 물론 그는 학교가 겪고 있었던 많은 역경으로 인해 제한이 많았지만, 어려움들을 견디면서 한국의 기독교공동체와 파송지의 협력을 통해 사역을 이뤄나가게 되었다.

라이너의 첫 임무는 지역을 2주간 돌아보며 교회들을 방문하여 선교사역의 불씨를 지피는 일이었다. 이 기간에 대구 지역의 교회에서 무려 18명의 세례자와 65명의 예비신자를 받았다. 또한 그는 첫 임기동안 대구

22) *Report of Mr. & Mrs R.O. Reiner for the year 1910-1911.*
23) *Report of Mr. & Mrs R.O. Reiner for the year 1910-1911.*

의 동쪽에 있는 애덤스의 사역지에서 성찬식과 세례식을 함께 거행하면서 복음사역의 첫 훈련을 잘 수행해 나갔다. 그는 이러한 사역을 통해 많은 교훈을 얻었는데, 특히 복음사역으로 참되이 섬기는 자가 되려면 반드시 성직자로 임명받아야 한다는 것을 확신하게 된 계기가 되었다.[24)]

무엇보다 라이너의 첫 사역에서 중요하게 생각한 것은 교육이었다. 그는 주된 사역을 학교에서 시작했다. 부임하는 첫해 11월 1일부터 다음 해 3월 1일까지 라이너는 애덤스와 함께 사역을 했고 애덤스의 사임 이후부터는 자신이 모든 책임을 지고 학교를 이끌어가기 시작했다. 비록 사역이 힘들었지만, 라이너가 자신의 임무에 기쁨을 가지고 만족할 수 있었던 것은 학생들과 교사들의 기량이 훌륭했기 때문이라고 한다.[25)] 물론 라이너는 조선이라는 새로운 문화와 언어를 익히는 데에는 다소 어려움을 겪었고 도처에 힘든 상황도 많았다. 그러나 그는 사역에 대한 의지가 강하게 불타올랐고 곧 대구에서 사역의 터전을 일구기 시작했다.

이 기간 동안 등록한 학생 수는 53명이었으며, 그들 중에 46명이 끝까지 학업을 수행했다. 비록 53명 중에 두 명이 질병 때문에 집으로 돌아갔고 한 명은 도덕적으로 문제가 있어 중도에 그만두었으며 네 명은 각자의 가정상황으로 어쩔 수 없이 떠나야만 했지만, 라이너에 의하면 이러한 학업 유지율은 미국 학교에서조차 필적하기 어려운 기록이라고 한다.

라이너는 학생들의 지속적인 학업을 위해 출석률을 높이는 데 많은 노력을 기울였다. 특히 남학생들은 건강에 문제가 없었음에도 불구하고 결석이 잦았다. 라이너는 남학생들의 결석률을 낮추기 위해 3월 1일경에 학기 중 모든 수업에는 제한된 횟수의 자유결석일이 있다는 것과 주어진 자유결석일을 넘을 때에는 벌금으로 처벌된다는 규칙을 만들어 남학생들에게 알렸다. 규칙이 공지됐음에도 처음에는 결석횟수가

24) *Report of Mr. & Mrs R.O. Reiner for the year 1910-1911.*
25) *Report of Mr. & Mrs R.O. Reiner for the year 1910-1911.*

이전과 비교해 별 차이가 없었지만 시간이 지나면서 라이너가 정한 '자유로운 빼먹기'가 다 사용된 이후에는 결석이 감소하는 효과를 보았다. 이 일을 통해 라이너는 소년들이 출석할 의지가 있다면 규칙적으로 출석할 수 있다는 사실을 알게 되었다. 그리고 그들이 비규칙적으로 출석하는 주된 이유가 몸이 아프다든지 하는 불가결한 이유 때문이 아니라 학생들 스스로 몸 상태가 안 좋다고 생각될 때 피우는 게으름 때문이라는 사실을 알게 되었다. 이 일을 계기로 라이너는 학생들에게 기숙사에서 생활하며 공부할 것을 권하게 된다. 이를 통해 학생들의 주거가 안정될 수 있었고 학생들의 건강도 개선되었으며 더불어 학업성취도 향상될 수 있었다. 라이너가 구상한 기숙사는 그 해 선교지부에 오는 모든 방문객들로부터 칭송을 받았다.

이러한 학습 분위기 개선에도 불구하고 학생들이 행한 학업의 성적은 썩 좋지 않았다. 라이너는 이에 대해 많은 이유가 있다고 분석했다. 먼저 가르침에 확실한 자격이 있는 교사들을 찾을 수 없고, 아카데미 과정을 다 이수한 자들조차도 교수방법론에 대하여 잘 알지 못한다는 점이 큰 문제였다. 두 번째는 학생들이 사용하기에 적절한 교재가 없다는 것과 교사들이 사용할 참고서적도 부족하다는 것이었다. 세 번째는 학생들이 저학년 때 받은 예비과정이 너무 부실하고, 그 결과 잘하는 학생들보다 부족한 학생들이 더 많아 모든 수업시간에서 적절한 진도를 나가는 것이 어렵다는 점이다. 라이너는 이 결함들을 가능한 빨리 교정하려고 애썼다. 특히 그는 훈련된 교사인력을 확충하는 데 주력하여 1911년까지는 새로운 선생 한 명, 가능하다면 두 명을 섭외하기 위해 힘썼다. 그리고 작은 도서관을 열고, 더 크게 이전하여 발전시킬 자금을 모으기 위해 노력했다. 저학년의 학업 부진에 대해서는 학교와 협력하여 1학년부터 마지막 학년까지 골고루 균형을 갖춘 교육체계를 만드는 계획을 세웠다.

2) 학교에서의 생활: 졸업, 여름 사범학교 그리고 과학관 설립을 꿈꾸다

라이너는 교육에 가장 역점을 두었기 때문에 학교 설립에 강한 의지를 가지고 있었다. 특히 학교 사역에 관심이 깊어 학생들을 지도하는데 많은 열정을 쏟아 부었다. 라이너는 1909년 12월에 학업을 다 이수하였으나 특별과정을 위해 남아있던 세 명의 학생들과 1910년 봄에 학업을 다 마친 아홉 명의 학생들로 구성된 첫 학급을 1910년 가을에 졸업시켰다. 라이너가 첫 사역을 시작한 이후, 처음으로 졸업생이 배출되는 순간이었다. 뒤늦게 학업을 마친 아홉 명은 미리 이수한 세 명의 학생보다는 뒤처졌지만 포기하지 않고 마지막까지 성실하게 최선을 다한 학생들이었다. 이들 아홉 명 중 여섯 명은 이미 학교 기관에서 일을 찾은 반면에 두 명은 보통 평양대학이라고 불린 합성숭실대학에 가을 입학할 예정이었다. 졸업식은 그 일대에서는 쉽게 접할 수 없는 큰 행사로 진행되었다. 특히 군중을 위한 공간을 제공하기 위해 밖에서 졸업식을 갖는다는 점에서 그 행사는 다소 독특했다. 800명 내지 1,000명이 참석하였는데 그들 중 많은 이들이 이 행사를 보기 위해 먼 곳에서부터 왔다.

1910년 6월 2일에는 초등학교에서 가르치고 있는 교사들을 위한 'Summer Normal Class'가 30명의 사람들이 모인 가운데 개최되었다. 그들 중 대다수는 현직 교사들이었다. 이 당시 교육여건은 열악해서 사실상 이 지방 전체에는 대구초등학교만 제외하면 어떤 학교도 존재하지 않았는데, 라이너와 그의 동역자들에게 배우러 온 저학년의 졸업생 대부분은 계성학교에 입학하기 위해 라이너가 제시한 요구조건들을 채우려고 적어도 반년을 기다려야 했다.[26] 라이너와 그의 동역자들이

26) *Report of Mr. & Mrs R.O. Reiner for the year 1910-1911.*

가지고 있었던 교육 계획은 여름수업에서 최소한의 입학조건을 저학년에게 맞추는 것이었다. 이를 위해서는 초등학교 교사들의 대부분이 학생들을 가르쳐야 하는 과목을 단 한 번이라도 공부하기 위해서는 최소 1년간 계성학교에 출석해야만 한다고 선생들은 생각했다. 라이너는 기초 교육을 강조하다 보니, 산수와 지리, 또는 초등과학의 기초를 먼저 공부하지 않고서 교과목을 가르칠 수 있는 자격 혹은 선생이라 불리는 것에 대해 고민하면서 기초 교육의 실패가 전체 교육의 실패라고 판단했었다. 그래서 라이너는 이런 상황을 극복하기 위해 새롭게 마음을 다짐했다.

라이너는 이런 다짐을 하고 나서 학교 시설 확충을 위해 노력했다. 그는 네 가지의 계획을 세우게 되었는데, 이를 이루기 위해서 본국의 브라운 박사(미 선교본부 총무)에게 서신을 보내기로 다짐했다. 그는 우선 새로운 과학관의 필요성을 느꼈다. 그 비용은 이전 일년 예산을 생각할 때 가능 액수를 초과하는 큰 금액이었다. 라이너는 10,000엔 가치의 훌륭한 건물이 필요한데, 10,000엔이라는 비용 때문에 임시변통으로 건물을 만들려는 것은 이치에 맞지 않다고 생각하고 완벽한 건물을 짓기 위해 노력했다.[27]

두 번째로 학교시설을 확충하는 데 필요한 것은 학교의 우물이었다. 당시 기숙사의 식수는 100미터 가량 떨어진 우물에서 길러왔다. 특히 라이너가 우물의 필요성에 대해 절실하게 느낀 것은 만약 불이 날 경우에는 그 불을 끄기 위한 물이 근처에는 없었기 때문이다.[28] 라이너는

---

27) 당시 케네디라는 후원자가 학교시설을 위해 1000엔을 따로 책정하여 기증했고, 그 기금을 사용하기 시작했으나 많이 남아 있는 상태였다. 그럼에도 불구하고 사용할 공간이 없기 때문에 학교에서 필요로 하는 것을 사지 못하는 상황이었다: *Report of Mr. & Mrs R.O. Reiner for the year 1910-1911*.

28) 이를 위해서 미션의 검토사항에 500엔이라는 항목이 존재하고, 이미 주어진 어떤 일들보다도 더 시급한 사항임에도 불구하고 받아들여지지 않고 있었다: *Report of Mr. & Mrs R.O. Reiner for the year 1910-1911.*

이처럼 성격이 아주 철두철미한 사람이었다. 건물을 확충하면서 그 건물의 소방시설까지 확보하려는 계획을 세운 사람이었다.

세 번째로 필요한 것은 운동장이었다. 라이너는 기숙사 앞에 커다란 운동장을 만드는 것을 생각했으나 그렇게 하는 것이 성과를 이루기 위해서는 경사를 완만하게 해야했고, 이 일에는 적어도 150엔이 들어갈 것으로 계산했다.[29] 이 당시 라이너는 운동장을 만들기 위해 최소한 경비와 땅이 필요하다는 것을 선교후원자들에게 알려야 했다. 그래서 그는 1911년 10월 5일 브라운 박사에게 아래와 같이 편지를 썼다.

최근 선교회 모임에서 규칙 및 내규 위원회(the Rules and By-Laws Committee)는 Misson의 규칙변경을 진행하는 권한을 부여받았습니다. 그러나 시간이 너무 제한적이라 그 일을 휴회 전에 만족스럽게 달성하지는 못했지요. 변경하기 위해 기반으로 할 충분한 정보가 부족하다는 점을 고려하여 우리는 내년까지 활동을 미루기로 했습니다. 저는 위원회로부터 박사님께 모든 선교회의 총무들의 이름을 확보하도록 하는 편지를 보내라고 지시받았습니다. 제가 박사님께 너무 큰 과제를 부과하고 있는 것은 아닐 것이라고 믿지만, 만일 큰 부담이 되실지라도 그것은 여전히 중요한 임무이고 또한 저희들은 박사님의 도움을 감사히 여길 것입니다.

얼마 전에 박사님께서는 애덤스(J.E. Adams) 목사님으로부터 우리가 부동산을 필요로 하는 것과 관련한 한 통의 편지를 받으셨을 것입니다. 제 생각에 두 가지가 그 편지에서 언급이 되었을 텐데 하나는 우리 집의 뒤쪽 지역이고, 또 하나는 학교와 거주지 사이에 있는 기와 굽는 곳이죠. 기와 굽는 곳은 만족스럽게 매입되었고 소유증서도 얻었습

29) *Report of Mr. & Mrs R.O. Reiner for the year 1910-1911.*

니다. 그러나 집의 후방지역은 우리에게 많은 문제를 안겨주고 있어요. 그 증서들은 만들어지긴 했지만 등록되진 않았으며, 매매에 반대하는 무리 내의 알력에 의해 소송이 시작되었습니다. 이 소송은 본래 애덤스를 기소한 것이나 그의 부재로 인해 제가 그 책임을 지게 되었습니다. 따라서 보고드릴만한 중요한 사안은 없지만, 새로운 국면에 관한 편지가 박사님께 보내질 때에 한 마디의 설명이 추후의 전개상황을 명료히 할 것이라 사료됩니다. 아직은 이 경우에 대해 이루어진 어떤 결정사항이 없으므로 이쯤에서 그 문제는 내려놓고 곧 박사님께 추가적인 결과를 알려 드리겠습니다.

브라운 박사와 라이너는 편지를 통해 과제를 부과하거나 도움을 요청하면서 신뢰감이 두터웠다. 브라운 박사는 무엇보다 라이너가 잘 해낼 수 있을 것이라는 기대감을 가지고 있어 선교 후원의 창구역할을 했다. 라이너 박사를 후원하는 위원회는 한국에서의 선교와 교육에 관한 규칙과 내규를 정확히 제시하고, 그들이 선교사명을 잘 수행할 수 있도록 제안하였다. 서신을 통해서 브라운 박사는 라이너에게 한국에서의 사역을 충분히 감당해 낼 것이라는 용기를 주었다.

네 번째 요구되는 것 또한 긴급한 것이었다. 이즈음 학교에 최소한 12명의 입학신청서가 도착했는데 입학생들이 학업을 이어가기 위해서는 학교에서 요구하는 작업을 수행하고, 학교는 이들에게 학비와 생활비를 지원하는 수밖에 없었다. 상황이 이렇다보니 학교는 작업부서를 유지하기 위해서 많은 자금이 필요했다. 학교는 1년에 한 학생 당 평균 30엔의 일을 제공해야 했다. 그런데 라이너는 하는 일마다 항상 보수를 지불할 만큼 넉넉한 상황이 아니었기 때문에 학교 부지를 완만하게 만든다고 하면 이에 맞는 특별기금이 필요했다. 그 당시 학교에 다니는 가장 훌륭한 학생들 중 일부는 학업을 위해 일하고 있는 아이들이기도

하기 때문에 이러한 사역은 상당히 가치 있는 일이었다. 라이너는 드러내놓고 베푸는 것은 학생들을 가난하게 만드는 것이지만 그들에게 생계를 이어 갈 충분한 일을 가르쳐 주는 것은 그들이 앞으로 구제와 교육 모두를 그에게 제공하게 되는 기회라고 생각했다.[30] 라이너의 가치관은 고기를 잡아주는 것이 아니라 고기를 잡을 수 있는 기술 곧 고기를 낚는 낚시방법을 가르치는 것을 추구하였다. 라이너는 전형적인 서구의 정착 및 자기 계발을 위한 교육 방법을 몸소 실천하였다.

1910-1911년 동안의 통계

총 등록생	..3(알아보기 어려움)
마칠 때까지의 등록생	46명
교사 수 (한국인)	4명
교사 수 (외국인)	1명
한국인교사의 수업시간 수	83시간
외국인교사의 수업시간 수	17시간
미션으로부터	850.00엔
작년부터의 잔액	207.59엔
수업료로부터	195.84엔
다른 곳으로부터	16.75엔
총액	1270.18엔
다목적 지출	1082.07엔
장비계좌로 옮겨진 잔액	208.11엔
미션에게서 케네디로부터 받은 장비를 위한 유산	1000.00엔
선교지부잔액으로 받은 설비용	175.68엔
총액	1383.79엔
날짜에 맞추어 지불된 설비	66.28엔
설비용에 쓰일 수중의 잔액	1317.51엔
노동부서의 학생들	21명
노동의 가치	305.36엔

30) *Report of Mr. & Mrs R.O. Reiner for the year 1910-1911.*

2. 본격적인 선교의 시작과 학교 부지 확충 (1910-1913년)

1) 초기 선교의 정착과 주일학교 사역

라이너가 첫 사역을 시작한 이후, 1910년 초기 선교에서부터 그는 사람들과의 친분을 더 쌓고 친교에 집중할 생각이었다. 이즈음 그는 잠시 휴가를 가지면서 자신의 선교사역을 구상하는데, 그는 선교사역에서 무엇보다 주일학교 사역에 집중할 필요성을 느꼈다. 그는 남성주일학교와 여성주일학교를 나누어서 각각 다른 시간에 모임을 가졌고, 이후 초등부 모임까지 만들었다. 당시 주일학교는 상당히 부흥하여 커튼 한편에는 새신자와 교리문답자들이 모이고 다른 한편에서는 세례를 받기도 하였다. 교리문답을 통해 새 신앙을 가진 이들은 그리스도의 삶을 공부했고, 세례 받은 자들은 출애굽기 등 성경을 공부하기 때문에 각각 독립적인 공간이 필요했다. 라이너는 예배와 더불어 처음에는 성도가 다함께 시작하지만 마지막에는 교회의 각 반대편에서 수준에 맞게 별개로 모이는 방법을 고안했다. 이러한 방법을 통해 공동체의 연합을 유지하면서 새 신자와 교리문답자로서 새 신앙을 가진 이들은 그리스도의 삶을 배우게 되었고, 기존 신자들은 지속적인 성경공부를 통해 영적인 성숙을 경험할 수 있었다.[31]

지속적으로 공부하는 가운데 목요일 정기 수업이 만들어져 각각 근처 마을에서 하나의 중심처에서 여러 이웃 마을까지 전도하는데 도움이 되었다. 특히 교회는 여성 전도자들을 세워 사역을 돕게 했는데, 당시 시내에는 세 명의 여전도자가 있으며 그 중 한 명은 라이너의 특별 감독 하에서 지도와 교육을 받았다. 라이너는 다시 그들을 조력자로 세워 다른 여성들을 사역자로 세우기를 바라고 있었다. 각자에게는 새신

31) *Report of Mr. & Mrs R.O. Reiner for the year 1910-1911.*

자를 찾아 가가호호 방문하는 특정구역이 있기 때문에 사역은 서로 겹치지 않았다. 여전도자들은 특별 공부반을 개최하여 일주일에 한 번 주일학교 교사들을 가르쳤는데 여기에서 배출된 사람들은 주일마다 관리자를 돕고 기회가 있을 때마다 가정방문을 하도록 훈련되었다.[32] 라이너는 초기 선교에서 주일학교 사역을 중요시했다. 그가 생각했을 때 주일학교 사역은 초등교육 이전에 모든 교육과 신앙의 출발이 되는 것이었기에 가장 중요한 사역이었다. 라이너는 자신의 구상을 발전시키기 위해 선교 정착이후 학교 부지와 시설 확충에 박차를 가하기 시작했다.

2) 선교 정착 이후의 발전과 학교 부지 및 시설 확충

라이너가 초기 사역에서 많은 성장을 경험할 수 있었던 데에는 몇 가지 좋은 일이 동시에 일어났기 때문이었다. 그는 두 명의 젊은 교사들을 만날 수 있었는데 두 사람 모두 복음주의 정신으로 가득 차 있는 자들이었다. 이 두 사람은 다른 교사들과 일하면서 복음공동체를 조직하여 공동체의 일원 중 하나를 선택하여 석 달간 필요로 하는 지역에 학교 대표자로 보내기를 결정하였다. 이들은 60엔이 넘는 돈을 선교비로 후원받았는데, 대부분의 기부금은 학생들과 교사들에게서 모았기 때문에 거의 모든 기부금은 센(銭, 일본의 화폐단위로 1/100엔) 단위였다. 기부자들 또한 가난한 자들로서 십시일반 희생하여 큰 일을 이루는 공동체의 힘을 보여 주었다.[33]

32) *Report of Mr. & Mrs R.O. Reiner for the year 1910-1911.*

33) 당시에 재산의 유무와 상관없이 많은 사람들이 기부와 헌신을 하였고, 이에 대해 라이너는 큰 감명을 받았다. 그는 선교보고서에 이러한 사례들을 다음과 같이 자세히 기록하기도 하였다. "고아이던 한 소년은 그가 스스로 벌던 것에 의존해 사는 아이였는데 1.50엔을 기부한 한편, 똑같이 어려운 환경에 처해있던 다른 이들도 5센이 넘게 기부하였다. 청년 김복철은 경상북도의 북동쪽 반대편에 위치한 울릉도(Ulyumdo)라고 불리는 섬으로 파송되었다. 인구가 6,000명이 넘긴 하지만 미션에 의해 사역이 이루어지지 않던 곳으로, 이는 여행의 불규칙성과 불확실성에서 비롯된다. 사람들은 복음에 너무 굶주려 있어서 이 젊은 전도자는 가정을 방문하여 감자와 나무뿌리가 주식이던 이들에게 원기를 회복시켜 주었다. 그리고

라이너는 1912년까지 학교의 작은 성장을 목격하면서 스스로 조심스럽게 '발전'이라는 단어를 사용하여 자신의 업적을 평가하였다. 라이너는 보고서에서 발전의 명시적인 성과로 남학교 등록생 수의 증가를 가장 첫 번째로 꼽았다. 그는 한 해만에 학교의 등록생 수가 50여명에서 126명까지 증가했다는 점을 감사해 했다. 특히 남학교는 편안히 묵을 거처가 다 찰만큼 증가하였고 시설이 추가될 때까지 입학자들의 숫자는 부득불 인원 제한을 할 수밖에 없을 정도였다고 한다. 그리고 그는 교사와 학생들의 공부 기준에도 발전이 있었다고 평가하였다. 학교를 거스르는 학생들에게서 거의 모든 불평거리를 없애는 흥미로운 결과가 나오기도 했다고 한다. 라이너는 월말에 학업기준에 미치지 못한 아이들을 교장실로 불러 개인상담을 했는데, 이 상담에서 아이들과 많은 일들을 상담하고 가치 있는 해결책들을 찾으려고 노력했다.[34)]

학교의 또 다른 발전된 모습은 시설적인 면이었다. 이 시기에 학교에는 더 좋은 시설과 장비가 약 1,500엔의 비용으로 설치되었다. 또한 학생들의 건강에 더 많은 주의를 기울임으로써 아이들 각자 학기 중에 5센의 요금을 지불하도록 하여 그들이 병원에서 치료받을 수 있도록 했다. 라이너는 이 총액이 한 학기동안 발병할 수 있는 모든 일상적 질병을 포함한다는 것이 매우 흥미롭게 여겨졌다. 라이너는 운동에도 역시 많은 관심을 기울여서 그렇게 정교하지는 않을지라도 야구, 축구, 테니스를 학생들이 배울 수 있도록 하여 미국에서와 마찬가지로 학생들이 자연스럽게 체력을 증진할 수 있도록 도왔다.

당시에는 모든 학생들이 경제적으로 어려운 상황이었기 때문에 라이

그들은 새 교리를 이야기하느라 수고해준 그에게 아낌없는 감사로 배웅했다. 그가 학교로 돌아가기 위해 그곳을 떠날 때, 그가 관심을 가지던 많은 사람들이 배를 향해 나아와 금방 돌아올 것을 간청하고 혹은 자신들을 가르치러 다른 누군가를 보내줄 것을 간청하였다.": *Report of Mrs. R.O. Reiner to the Korea Mission for the year 1911-1912.*

34) *Personal Annual Report of 1912-1913, Mrs. R.O. Reiner.*

너는 이들이 공부를 지속할 수 있도록 적절한 노동을 제공해야 했다. 라이너는 자조기관(The Self Help Department)을 세워 이 일을 진행했지만 여러 가지 문제가 산적해 있었다. 특히 숙련된 기술을 훈련할 수 있는 시설이 없어 대략 40명의 아이들에게 단순 노동만을 제공하는 것이 그에게는 큰 부담이었다. 한 해 동안 아이들이 벌어들이는 소득은 거의 660.00엔에 이르는데 선교지부의 선교사들에게서 많은 일감을 얻고 있었다. 그들의 친절한 협조가 없었다면 이 부서는 계속될 수 없었을 것이다. 이 기관의 존재는 그것이 없을 때만큼이나 많은 문제를 만들어내기도 했지만, 이러한 부서가 없다면 많은 유능한 젊은이들이 교육받을 기회를 완전히 박탈당할 상황이었다. 그러나 그러한 부서가 있다는 것을 아는 사람들이 학교가 실제로 도울 수 있는 학생 수의 몇 배수의 아이들을 데리고 온다는 사실에 라이너에게는 항상 안타까워했다. 한 해에 약 40명의 학생들을 도울 수 있었던 반면에 그와 동일한 40명의 아이들은 자금의 부족으로 어떤 도움도 받지 못하였다. 그럼에도 불구하고 라이너는 학교에 지원하기만 하면 학업을 지속할 수 있는 일감이 주어질 것이라는 학생들의 믿음을 손상시키지 않기 위해 불철주야 노력했다. 다행히도 하나님의 은혜로 이 상황을 듣자마자 라이너의 친구들로부터 기금이 마련되어 순탄하게 일이 진행되는 것을 경험하였다.

학업을 병행하였기 때문에 보통 학생들은 일꾼들처럼 능숙하게 일하지는 못하고, 최소한의 주의만 하면 되는 간단한 수공일을 하였다. 노동자로서 부족한 그들의 결함에도 불구하고 그들은 지속적으로 숙련되어 한 해가 지나면 훨씬 더 나은 만족을 안겨 주었다. 그들이 한 일들 중에는 도로 만들기, 울타리치기, 운동장 다지기, 지도와 책 만들기, 그리고 비서로서 일하는 것 등이 있었다.[35]

---

35) 라이너는 학생들의 자조에 많은 노력을 기울였다. 아무리 학업에 대한 의지가 있어도 학업을 지속할 재정이 없으면 도중에 하차하는 학생들이 많이 있었기 때문

이 시기는 학교 발전에 꼭 필요한 과학관 증축과 교사 양성을 위한 토대가 놓이기도 했다. 앞서 라이너가 계획했던 과학관 증축을 위해 미시건의 디트로이트에 사는 맥퍼슨 여사로부터 돈을 기증받았다. 이 좋은 소식에 라이너는 기뻐했고 가을에 건물을 세울 준비를 했다. 남학교의 유일한 부서에는 이 나라의 교사들을 위한 여름사범학교를 세웠다. 한 해에 대략 32명의 등록생을 받았는데 이 시기에 라이너는 거의 그 인원의 두 배까지도 기대하고 있었다. 라이너는 대부분의 학생들이 가진 것이 없다는 것과 그들의 결함을 잘 알고 있었지만 이 결핍들을 극복하기 위해 기꺼이 자신을 희생하려고 했다. 라이너와 사역자들은 점점 교사들의 소임을 다하기 위해서 충족되어야 하는 요구사항과 그들의 가르치는 수준을 향상시키고 있었다. 그리고 몇 년 동안의 훈련을 통해 모든 학생들이 아카데미의 졸업생이나 사범학교의 졸업생이 되기를 희망했다. 이 당시 학교는 교사들을 비롯하여 학생들에게도 발전을 위한 진취적인 분위기가 형성되어 있었다.

이 당시 기부금을 모으는 문제에서 상당한 진전이 있었기 때문에 숙련된 교사들에 대한 수요도 증가하고 있었다. 이는 미국에서 기부금을 모으고 있는 이들의 관심을 끌기에 충분했다. 교회가 이 일 전체를 다 할 수 없었다. 그리고 모여진 기금 총액의 1/3정도까지 지원을 허락하는 교지부의 새 규칙에 따라 기부자들의 관심을 모으기 위해 라이너는

이다. 자조 사업은 많은 결실을 보았고 라이너는 보고서에 학생들의 학업 의지와 자조 사업의 유익을 여러 사례를 들어 설명하고 있다. "4월에 한 소년이 1.50엔만 가지고 자조기관에 들어왔다. 나는 그에게 학기동안 더 많이 벌고 싶은 생각이 없는지를 물었고 그는 내게 그런 바람이 없다고 말했다. 그래서 나는 그에게 솔직하게 그의 수업이 가능하려면 1.50 엔보다는 더 많은 돈을 가지고 왔어야 했기에 들어오지 않는 것이 좋겠다고 이야기 해주었다. 그는 떠나서 그의 친구들에게 3.00엔을 빌려주도록 설득하여 며칠 후에 돌아와 다시 받아달라고 요청했다. 나는 그의 결단에 매우 감탄하여 모든 일들이 약속되어있긴 했으나 내 결심을 깨고 그에게 추가적인 일을 주었다. 그리고 그는 잘 해내고 있다. 이 나라에는 공부할 돈을 대기 위해 충분히 도움이 될 기회를 기다리는 이러한 소년들이 수백 명이 있다. 그러나 그들을 지원하기엔 자금이 부족하다.": *Report of Mrs. R.O. Reiner to the Korea Mission for the year 1911-1912.*

자신이 할 수 있는 일은 모두 해보고자 하는 마음이 강했다.

라이너는 이처럼 바쁜 학교 일에도 불구하고 지역 선교에 많은 관심을 쏟았다. 지역을 순회하는 일정은 라이너의 일과에서 시간상으로는 큰 비중을 차지하지 않았지만 그에게 영적으로 성장과 기쁨을 주는 일이었다. 그는 김산과 신당, 고암에 있는 세 교회를 돌보았는데, 그 교회들은 빠르게 성장하지는 않지만 신앙의 성숙적인 면에서는 모두 향상되었다고 한다. 이 교회들에는 세례 받은 숫자가 거의 40명에 달했다.

라이너는 1912년에 성과를 보면서 지속적으로 발생했던 현안 문제들을 해결하기 위해 준비했다. 특히 그는 토지 매매와 소송을 준비하고 관련된 많은 문제들을 보아왔으나 법정에서 이루어지는 토지 고소와 비교할만한 문제는 전혀 없을 것으로 판단하고 학교 시설 확충에 많은 시간을 투자하였다.[36] 그는 브라운 박사에게 재정에 대한 부담과 지원을 요청하는 서신을 보냈다. 그는 브라운 박사에게 경비와 비용에 대한 상의를 하는 내용이 다음 편지에 자세히 기록되어 있다.

- 1912. 2. 6.

브라운 박사님께

박사님도 아시다시피 보수 외에도 충족시켜야 할 다른 많은 비용들이 있지요. 순회라든지, 교사, 언어보조원, 그리고 선교회 모임의 경비와 같은 비용 말입니다. 그녀(Miss Switzer)의 경우, 누가 이 비용을 다 감당해야 할까요? 우리는 이미 그녀에게 우리의 잔고에서 교사비용을 지불했지만, 경비 책정이 본래 이루어지는 시기를 위해 계획되었던 다

36) *Personal Annual Report of 1912-1913, Mrs. R.O. Reiner.*

른 항목에도 돈이 몹시 필요하기 때문에 이사회가 추가비용을 대비할 정당한 책임이 있는 것으로 보여집니다. 마치 그녀가 이사회로부터 전액을 받는 것과 마찬가지로 말입니다. 올해 그녀에게 승인된 액수는 43.75엔이고 내년에 필요한 액수는 150.00엔입니다. 대구 사역지는 이 무거운 부담을 감당하기 위한 책정예산이 충분치 않아 정보를 구하려고 이 편지를 씁니다. 1912, 1913년의 추정액이 구성된 이후 스위처(Miss Switzer)가 왔다는 점을 고려하면, 그녀가 가지게 될 비용은 지난 연례 모임 이전에 도착했었던 다른 이들보다도 많습니다. 따라서 저로서는 6개월간의 순회 및 교사비용과 한 해의 그와 같은 비용이 추가적인 책정으로서 인정되어야 할 것으로 보여집니다.

라이너는 브라운 박사에게 이후에도 한 차례 더 서신을 보내어 부지 확충에 관해 상의하였다. 라이너는 학교 시설의 확충을 무엇보다 중요시했기 때문에 브라운 박사와 후원자에게 부지 확충과 구매에 관해 상의하는 서신을 보냈다.

- 1912. 2. 6.

몇 달 전 박사님께 보낸 편지에서 저는 구내 뒷쪽 언덕을 구매하는 중에 진행된 소송 이야기를 말씀드렸었죠. 저는 애덤스 씨에게 판결이 나면 박사님께 즉시 결과를 알려드리기를 부탁드렸습니다. 그래서 저는 박사님께서 우리의 승소를 아시리라 생각됩니다. 승리입니다. 그러나 만족스러운 승리는 아니죠. 한국의 법은 현재 매우 급격히 변화를 겪고 있어서 가장 박식한 사람들조차도 어떤 것에든 확신하지 않는답니다. 우리가 승리한 이후에도 이상한 곤경에 빠져있음을 잠시 생각해 보십시오. 1908년 1월 25일 모든 언덕(그리고 다른 땅들 역시)은 반드시 정부에 보고되어야 함을 요구하는 법이 반포되었습니다. 이것은 이전 정부로부터의 소유증서를 소지했든 소지하지 않았든지 간에 모든 땅을 요구하고 있는 것이었습니다. 그리고 더 나아가 보고가 되지 않은 경우, 그 땅은 3년 후엔 정부로 귀속될 것임을 규정하는 것이었죠. 우리 땅은 신고되기는 했지만, 증서가 만들어지는 사이에 사망한 남성의 이름으로 신고되는 이상한 일이 일어났습니다. 따라서 재판부는 그 신고가 어떤 신고와도 동일하지 않다고 판결을 내리며 그 땅은 국가의 땅임을 공표했습니다. 그러나 지난 겨울, 땅의 작은 일부만이 정부의 방침에 따라 신고되었으므로 이전 법을 따르는 것은 명백히 부당하다고 기술하는 새로운 법이 반포되었죠. 그러므로 땅을 신고하지 않은 사람은 누구든지 등기소에 가서 그 땅을 개량하려는 그의 의도를 분명히 말함으로써 여전히 그 땅에 대해서 주장할 수 있습니다. 그리고 그의 선의를 증명할 충분한 시간이 흐른 후에 소유증서는 요구에 따라 얻어질 수 있습니다. 우리는 이러한 곤경에 놓여 있습니다. 그 땅은 우리 소유지만 약 2년간 증서를 확보할 수 없었고 이 증서를 확보하는 과정은 매우 이해할 수 없는 어려움 가운데 있습니다. 하지만 저는 아직 총독에게 호소하고자 하는 의지가 있습니다. 저는 증서를 승인하는 관리들을 충분히 조사해왔고, 어느 누구도 그 땅을 우리에게서 앗아갈 수 없다고 확신합니다.

박사님과 부인께 안부를 전하며

당신의 진실한 벗

R.O. Reiner

편지에서 보듯 라이너는 국내에서 법적인 소송까지 맡으면서 한국에서의 사역이 힘들었다는 것을 엿볼 수 있다. 그는 국내에 토지와 관련해서 국가의 땅 소유권과 분쟁하는 내용을 브라운 박사에게 보냈다. 이 당시 라이너가 무척 힘든 고충을 겪고 있었고 무엇보다 부지매입과 건물확충을 위해 애썼던 모습이 역력하다. 그 해에 라이너는 또 다시 브라운 박사에게 편지를 보내서 소송과 관련한 내용을 전달했다.

- 1912. 8. 13.

브라운 박사님께

저는 불과 몇 주 전에 이곳 대구에서 우리가 살고 있는 집 뒤쪽의 땅 일부의 매입과 관련하여 박사님께 편지를 썼었죠. 확신컨대 박사님께서는 그 언덕을 기억하실 터라 저는 더 이상 그것을 묘사할 필요가 없으리라 생각합니다. 대부분은 애덤스가 미국으로 떠나기 전 매입되었고, 그가 돌아온 이후 그 땅을 보유하기 위한 오랜 법적 분쟁이 일어났었죠. 하지만 이런 분쟁을 하는 동안 우리는 승리했고, 이제 실제적으로 그 땅을 소유했습니다. 며칠 전 다른 일로 치안 판사실에 있는 동안 토지부서의 책임자가 저를 그의 사무실로 불러 말했습니다. 정부가 우리에게 그 땅에 대한 완전한 소유권을 인정하기로 결정했다는 사전 정보를 받았다고요. 그리고 그와 동시에 나머지에 대한 소유권은 정리될 것이라고요. 만일 그렇다면, 우리는 추가적인 복잡한 일들이 일어나기 전에 즉시 구매해야 합니다. 비용은 적어도 1,500엔이고 그것은 매우 가치 있는 부동산이므로 8,000엔 정도가 될 것입니다. 땅을 활용하기 위해 세운 계획에서 볼 때, 그 땅이 매입되고 있지 않는 것은 단지 다른 용도로 활용되지 못하도록 하기 위함이 분명합니다. 여학교와 기숙사, 여성 성경교육기관과 기숙사, 진료소, 이 건물들을 위한 중앙난방장치와 현 주택들, 그리고 또 다른 주택들이 이 지역에 계획되어 있습니다. 그리고 이 건물들이 다 완공된다 하더라도 빽빽이 들어서진 않을 것이고요.

현재는 부동산 매입은 이전 보고에서 충분한 정보를 알리지 못했던 또 다른 단계에 있습니다. 정부 관리들은 굽이진 많은 골목들을 없애고 직각으로 거리를 만듦으로써 대구를 현대적인 도시로 만들려는 계획을 세우고 있습니다. 이미 많은 거리가 완성되었지만 몇 주 전까지 그 모든 거리의 보수를 위한 어떤 기본 계획도 사람들에게 알려진 바는 없었답니다. 도시계획은 가을에 착수될 것이고, 다른 도로들이 완성이 될 때, 현재 인구의 1/5은 완전히 집에서 내쫓기고 어쩔 수 없이 새 장소를 찾아야만 하겠죠. 지난 2년 동안 이러한 인구이동은 병원의 북동쪽, 저의 집의 남쪽으로 향했습니다. 그러나 이러한 큰 이동으로 우리 구내의 조금이라도 이용가능한 모든 땅은 매입되고 사용되어질 것입니다. 우리 사역지는 추후 사용을 위해 상당히 더 많은 부동산을 필요로 하고 있습니다. 우리는 플레처(Fletcher)박사와 그린필드(Greenfield)씨를 위한 집도 필요하여 선교회의 연례모임에서 그것을 검토해달라고 요청하는 중입니다. 우리는 주택용지를 가지고 있기는 하지만, 전원공간은 확보하지는 않았습니다. 남성 성경연구기관의 부지가 없으며 공장부지도 없습니다. 이 모든 것들은 현재 우리 구내에 근접해야 하며, 만일 근접하다면 곧 그 부지를 얻어야만 합니다. 저는 이러한 필요가 우리 부지에 관심이 있는 사람들보다 우선될 것이라고 믿습니다. 사역지의 구성원들은 우리가 필요로 하는 가장 중요한 것을 보유하기 위해 그들이 가진 모든 현금을 거의 소비하고 있습니다. 그러나 현금의 공급은 제한적이죠.

당신의 진실한 벗

R.O. Reiner

그리고 라이너는 브라운에게 여학교와 기숙사, 여성 성경교육기관과 기숙사, 진료소, 이 건물들을 위한 중앙난방장치, 현 주택들과 또 다른 주택들이 이 지역에 계획되어 있는 것들을 상세히 적어서 보고하고, 이 건물의 용도와 완공 이후의 계획까지 충실히 보고하여 신뢰를 얻게 되었다. 그러면서 그는 부동산 매입에 있어서 이전 보고에서 충분한 정보를 알리지 못했던 또 다른 단계에 있다고 말하면서, 정부 관리들은 굽어진 많은 골목들을 없애고 직각으로 거리를 만듦으로써 대구를 현대적인 도시로 만들려는 계획을 세우고 있다고 보고하였다. 그 이후, 라이너는 한국 사역의 힘든 여건 속에서 잘 버티었지만 사역자들은 몸이 아파서 끝까지 못 버티는 팀원이 속출했다. 그래서 라이너는 아픈 동역자는 본국으로 돌려보내기로 결심하고 브라운 박사에게 편지를 써서 당부한 모습도 엿볼 수 있다.

● 1913. 9. 29.

브라운 박사님께

건강이 매우 악화되어 26일에 미국으로 떠날 수밖에 없었던 밀(A.R. Mills)의 진단서를 박사님께 보내는 괴로운 일을 맡게 되었습니다. 그녀의 신경계는 정상이 아닌 상태가 되어 연례모임의 진행 소식이 그녀에게 이르렀을 때에는 모임의 결과가 그녀의 상태를 안 좋게 만들었고, 결국 그녀는 완전히 악화되었습니다. 이는 확실히 우리 여성 사역의 큰 타격입니다. 사역지에서 그녀의 자리는 매우 확고한지라 모든 여성 사역은 몹시 손상을 입었습니다.

박사님께서 연례모임의 회의록의 신간 견본을 정독하시면 알게 되실 테지만, 저는 금년도 기록담당자로 선출되었습니다. 박사님께서 매큔(McCune) 대신 이사회의 선교사역 편지 파일들을 제게 보내 주실런지요. 이것은 두 부의 견본을 말하는 것인데 저는 선교지부의 총무이자 선교회의 총무이기도 하지요.

저는 한국 선교에 새로운 지명자를 박사님께 알려드릴 의무를 다하지 못했습니다. 박사님과 이사회의 다른 구성원들이 판단할 기회를 거의 갖지 못한 지명자 말입니다. 도널드 라이너(Donald Eugene Reiner)와 랄프 라이너(Ralph Everett Reiner)는 8월 16일 도착하여 잘 지내고 있습니다. 오늘 아침 마조리(Majorie)는 잠깐 모습을 비추었습니다. 모두들 지금까지 잘 지내고들 있으며 우리는 주님이 그들에게 사역을 위한 굉장한 기회와 많은 시간을 주실 것이라고 믿습니다.

박사님과 부인께 안부를 전하며

당신의 진실한 벗

R.O. Reiner

위 편지에서 보듯, 라이너는 사역자들의 아픔을 목격해야 했고, 동시에 빈 자리를 채우기 위해 새로운 인물을 뽑는 과정까지 브라운 박사와 자세히 의논하였다. 라이너는 또 다른 지명자를 선출할 때 고심하는 모습을 엿볼 수 있었다. 라이너의 사역은 너무 힘들었다. 그럼에도 불구하고 그는 한국을 사랑하고 선교와 교육에 대한 애착으로 학교 부지 확충과 성경공부에 몰입하는 모습은 그 이듬해에도 지속되었다.

한 해 사역을 마감하면서 라이너는 두 가지 목표에 성의를 다했다. 교육사역과 그리고 건물의 확장이다. 1912년 12월부터 라이너는 시간의 많은 부분을 다행히도 선교지부가 자금을 확보해두었던 새로운 건물에 할애하였다. 이 일은 가볍게 다루기 어려운 일이었다. 한 해에 다섯 개의 건물을 세우는데 건설에 대한 실제적인 경험은 거의 없었다. 무지와 경험부족으로 심각한 실수를 범하지 않도록 하기 위해 라이너는 매우 고심하였다. 라이너는 어쩔 수 없이 설계자이자 건설자가 되었기 때문에 어려운 점이 훨씬 더 많은데다가 선교지부의 몇몇 회원들에게는 그들이 정말로 원하는 것에 관하여 몇 가지 아이디어를 주어야만 했다.

과학관 건물은 공사가 잘 되어서 진척이 있었지만 문제 또한 상당했다. 당시 한국의 상황을 보면 벽돌이 부족하고 그 벽돌의 품질이 좋은 것이 아니라는 것은 짐작할 만하다. 라이너는 이런 공사가 진행될 때 다음과 같이 말했다. "4월 1일 이후로 일하는 날의 거의 절반은 비가 내렸는데 이상하게 들리겠지만 거의 매 주일은 맑았다. 인부들은 자신들이 주일에는 일하지 않도록 되어 있었지만, 다른 날들에는 항상 비가 온다며 이런저런 말을 하였다. 장마철이 되기 전에 건물지붕을 올릴 수 있을지는 의심스러워 보였다." 라이너는 이러한 문제에도 불구하고 열과 성을 다하여서 모든 건물이 제대로 지어질 수 있도록 노력했다. 당시 성경연구건물은 과학관만큼이나 꽤 진전되지 않았으나 토대는 만들어졌고 벽돌도 놓여 졌다고 한다. 성경연구기숙사 계획은 완전히 승인된 것은 아니지만 곧 허가가 날 것이라고 희망했다.

여학교 계획은 선교회 자산위원회에게 있었다. 양호실 계획도 미션자산위원회에 보내졌으나 어떤 것도 추가적으로 진행될 시기가 아니기에 통과되지 않았다. 라이너는 건축에 관하여 많은 것들을 배우고 있는 중이지만 이 건물들을 적절히 세울 유능한 건축자가 없기에 미션이 많은 건물들을 건축해야 한다는 것은 확실히 불행이라고 생각했다. 그래서 라이너는 이사회가 이 사안의 심각성을 즉시 깨닫고 자신에게 그러한 건축자를 보내주기를 바란다고 속마음을 내비쳤다.[37] 라이너는 선교지부의 역할이 중요하고 그 규모가 점점 커져가고 있다는 소식을 1914년 7월 브라운 박사에게 알려주었다.

---

37) *Personal Annual Report of 1912-1913, Mrs. R.O. Reiner.*

작년 연간 보고서 한 부를 함께 동봉합니다. 특별한 것은 아니지만 남학교에서 진행되어가는 사역의 일부를 실감하시는 데 도움이 될 것이라 사료됩니다.

박사님께선 보고서 말미에 선교지부의 교육부서 사역이 원래의 규모보다 더 많아져서 현재는 한 사람이 다루기엔 너무 많고 다양하다는 사실에 선교지부가 주목하고 있다는 것을 보시게 될 것입니다. 저는 이러한 상황을 때로 실감하지만, 적합한 사람을 확보하는 것에 대한 즉각적인 희망이 없으므로 선교지부나 이사회에 관해 말씀드릴 것이 없었습니다. 그러나 이 기관의 산업적인 면을 수행할 한 사람을 강조할 때가 도래했습니다. 현재는 우리 부지 내의 모든 초등학교의 일반 관리 뿐 아니라 행정, 재정, 교육, 그리고 자기계발 부서를 포함하여 남학교의 전체 책임은 저의 몫이고, 보통은 선교교육의 적절히 조직화된 체계 내에서도 그러한 책임을 맡고 있습니다. 저는 한국인들 중에 많은 훌륭한 조교들을 데리고 있습니다만 가장 막중한 책임을 수반하는 일을 수행할 수 있는 사람은 없죠.

박사님도 아시다시피, 사람들의 가난은 너무 심각하여 그들 중 리더십에 적합하다고 인정되는 자들 중 소수만이 가난을 감당해낼 수 있답니다. 이러한 상황을 다루는 두 가지 방법은 다른 사역에 의해 시도되어 왔습니다. 하나는 장학금의 형태로 돈을 주는 노골적인 방법이고, 다른 하나는 학업과 관련하여 자기 계발, 즉 자립의 교육방법입니다. 후자는 우리 사역의 정책이고, 사회학적인 원칙과 철저히 조화를 이루는 것입니다. 그러나 자립부서는 그 부서가 동시에 가르침을 주는 것을 목표로 하지 않는다면 그만한 가치는 없는 것으로 밝혀졌으며, 따라서 우리는 교육의 산업적인 측면이 과거에 그랬던 것보다 더욱 강조되어야만 한다고 믿고 있습니다. 저는 어느 한 사람이 이곳 대구에서 자리를 메울 수 있을지 궁금해 하던 중, 몇 사람을 발견했습니다. 이들 중 한 명은 기술교과목의 선생으로 아프리카로 가기 위해 이사회에 의해 임명되었지만 이사회가 현재 재정적으로 난감한 상황인지라 그 사람에게 1년을 기다려 달라고 부탁했었죠. 그는 몹시 가고 싶어 했기 때문에 이러한 이사회의 부탁을 마음 내켜 하지 않았습니다. 만일 이사회가 그에게 즉시 한 자리를 수락했다면, 확신컨대 그는 이곳 한국에서 일하기를 지원했을 것입니다. 그가 본래 지원했었던 이사회의 총무들로부터의 추천서를 포함한 그의 추천서들은 매우 훌륭했습니다.

저는 박사님께 박사님이 하실 수 있는 한, 이 문제에 대하여 호의적인 고려를 해 주시기를 간청합니다. 박사님께서 이러한 사람을 임명하실 수 있음을 제게 알려주시면 그에게 박사님께로 바로 지원하겠다고 알리겠습니다. 혹은 만일 이러한 일에 관심이 있는 누군가에게 제가 편지를 쓸 수 있다면 저의 간청을 더욱 유효하게 하는 정보를 주신 박사님의 친절에 감사드릴 것입니다.

이 시기에 라이너는 교회가 분리 개척되는 기쁨을 누렸다. 그런데 분리가 이루어질 때 라이너는 학교의 교사 절반이 넘는 인원이 제이교회(The Second Church) 구역에서 살고 있다는 것을 발견했다. 라이너에게 그들 모두를 즉시 포기한다는 것은 커다란 역경으로 작용했는데, 이러한 사실을 알고 있는 제이교회는 친절하게도 교사들에게 그들 자리를 대신할 수 있을 때까지 본교회에 남도록 허락해 주었다. 이러한 배려를 통해 개척 초창기에는 교사 중 한 명만이 제이교회에 출석하는 일이 가능했다.[38] 화요일에 모이는 이웃 성경 공부반에는 여러 명이 모여 성경공부를 하고 여성들을 불러 모을 수 있는 센터가 생겨났다. 참석인

38) 제이교회에서는 브루언(Bruen)여사가 주일학교를 돕고, 조력자인 맥기(McGee)양과 함께 어드먼(Erdman)여사, 폴라드(Pollard)양 그리고 스위처(Switzer) 양이 같은 교회에서 섬겼다. 이들은 아이들을 잘 양육하고 교리문답과 새신자 양육에 무엇보다 신경을 썼다: R.O. 라이너부인, *Report of Mrs. R.O. Reiner to the Korea Mission for the year 1912-1913.*

원은 가장 적게 모이는 수업이 평균 열 명 가량이며, 많이 모일 때는 이십 명을 넘어섰다. 작년의 수업과정은 사도행전을 장별로 공부하였다. 맥기 양은 이 수업에서 위생에 관하여 30분간 가르치며 수업을 돕고 있었다. 여성들은 이를 매우 즐거워하고 유익해했다. 여성들은 위생에 대한 실제적인 지식을 대단히 필요로 하고 있기 때문에 사역은 가을에도 계속 이어나갈 수 있었으며, 라이너 역시 그들이 성경공부와 더불어 기독교의 실용적 측면, 즉 위생공부를 하는 것을 오래 바라왔기에 누군가는 돌보면서 가르치고, 또 다른 이는 영혼 돌봄을 우선시 하여 두 가지 모두가 이곳에 필요하다고 생각했다.[39)]

지금까지 라이너의 한국에서의 선교 정착과 초기 사역에서 제 1기에 해당되는 정착과 학교부지 확충 그리고 본격적인 선교의 시작을 살펴보았다. 그는 1910년 한국에서 첫 사역을 시작한 이래 선교 정착 이후, 학교부지 및 시설 확충, 교회의 새로운 개척과 선교활동 등에 매진했다는 것을 알 수 있다.

---

39) *Report of Mrs. R.O. Reiner to the Korea Mission for the year 1912-1913.*

제4장

숭실대학의 발전과 라이너

1. 라이너 교장 시기와 숭실의 발전 (1915-1918년)

1) 숭실의 발전에서 라이너의 역할

흔히 평양을 가리켜 한국의 예루살렘이라고 부른다. 이 말은 기독교인이 당시 평양에서 가장 많이 활동했다는 의미이다. 당시 평양은 주일이 되면 상당수의 상가들은 문을 닫고 찬송가와 성경책을 들고 가족단위로 교회 가는 사람들이 많은 곳이었다. 특히 장대현 교회에 예배 준비 종이 울리면 모든 교회 교인들이 교회 종소리를 따라 교회로 발걸음을 옮겼다. 평양이 한국의 예루살렘이라고 불리는 또 한 가지 이유는 1866년 9월에 토마스(R.J. Thomas) 선교사의 순교 때문이었다. 토마스 선교사는 평양성을 지킨 군인들에 의해 참수형을 받았다. 이때 토마스 선교사는 자신을 해치려는 사람에게 조금도 두려움을 갖지 않고 담담히 기도하면서 순교했다. 이러한 평양의 분위기는 평양을 축복과 기적의 장소로 자리매김하게 했고 기독교의 성지로 불리는 계기가 되었다.[40] 라이너는 이런 평양의 배경에서 많은 성과를 이루었다.

1898년 초 몇 개월 동안 베어드(W. M. Baird) 목사는 '큰 소년들과 청년들을 위한' 공부반을 이끌었다. 18명의 학생들이 출석했는데, 그들 중 일부는 낮의 절반 시간에 정원이나 건물 등을 보살피는 근로 보조원으로 받아들여졌다. 이것은 평양 숭실학교의 시작이었다. 베어드 박사는 1911-1912년을 제외하고 1915년 3월까지 교장으로 있었으며, 라이너에게 승계하였다.[41]

라이너는 그의 사역을 하면서 힘든 역경을 이겨내고 마침내 교장의 자리에 올라갈 수 있었다. 그는 이 자리가 하나님께서 주신 사명으로 생각하고 자신의 일생에 중요한 기회라고 생각하고 재임시절 사역에 충실히 임했었다.

라이너 교장 재임 시절(1915.4~1918.3) 눈에 띄게 성장한 것은 한국 근대 축구의 활성화이다. 1906년 평양 숭실학교가 스포츠를 강조했지만,《매일신보》에 의하면 1915년 5월 20일 숭실학교 운동장에서 숭실중학과 숭실대학 연합운동회가 열리고 운동 종목이 30여종에 달했으며, 사회유지 등 많은 사람들이 참관하였다고 기록되어 있다. 이 운동회는 매년 개최하고 1918년에는 숭실대학 축구팀이 일반팀이나 실업팀을 능가하는 실력을 관서지방에 명성을 떨쳤다. 그 후, 1920년 7월에 조선체육회가 설립되고, 1924년 관서체육회가 설립되었다. 당시 체육회의 설립은 조선의 체육발전을 위한 것이었지만, 1921년부터 조선 체육회와 평양기독교 청년회가 주최하는 전 조선축구대회가 열리는 등 많은 발전을 거듭하게 되었다.[42]

당시 라이너 교장의 재임시절 스포츠와 체육에 대한 관심과 열정은 단

40) 김수진, 『초기 한국교회』, 서울: 한국장로교출판사, 2008. p. 13.
41) 해리 로즈, 『미국 북장로교 한국 선교회사』(서울: 연세대학교 출판부, 2010), p. 166.
42) 유영렬, 『민족과 기독교와 숭실대학』, p. 48.

순한 운동장 위의 공으로 체력을 단련하는 것만을 위한 목적이 아니었다. 그의 목적은 한국 사회의 화합과 단합이었다. 이후, 숭실대학은 1921년 조선체육회 주최 제 1회 전 조선축구대회에서 준결승에 진출하고, 1922년 평양기독청년회 주최 제2회 전 조선축구대회에서 준우승을 하는 등 숭실대학교 축구는 승승장구했다. 오늘날 숭실대학교의 축구부는 유수한 인재들로 차고 넘친다. 각종 대회에서 우승을 차지하고 축구의 명문가로 자랄 수 있었던 것은 라이너 교장의 노력이 그 출발점이었다.

그리고 라이너 교장은 제 1대 교장 배위량 교장과 함께 학생들을 가르쳤다. 1911년 교수진 소개에 의하면 목사 배위량(W. M. Baird) 박사는 성경, 교육학을 가르치면서 동시에 교장직을 맡았다. 이 당시 라이너(R. O. Reiner) 교수는 수학, 영어, 교육학을 가르쳤다. 앞서 제 1대 교장 배위량 박사를 시작으로 2대 라이너 교장, 그리고 3대 마포삼열 교장에 이르기까지 가장 전성기를 맞이하는 시기에 이들이 학생들을 가르쳤다는 것은 주목할 만하다.

성 명	담당과목	약 력
편하설(C.F. Bernheisel)	천문, 심리, 논리, 철학	미국 신학교
모의리(E.M. Mowry)	동, 식물학, 영어, 창가	미국 신학교
라이너(R.O. Reiner)	수학, 영어, 교육	미국 신학교
왕길지	역사	스위스 대학교
김호연	이과, 화학	미국 대학교
이종희	역사, 사회학, 영어	미국 대학교
주공삼	성경	평양 신학교
길무오우위문	일본어	일본 나가사끼 동산학원 및 신학교
조설	한문	20년간 한문 전수
이경준	법제, 경제	일본 명치대학 법과졸

숭실대학교 교직원 담당과목 및 약력, 1920년[43)]

이들의 1대~3대 교장 역임 시절 숭실대학은 초, 중, 고등교육 기관의

43) 숭실대학교 100년사 편찬위원회, 『숭실대학교 100년사』, 1997, p. 151.

수천 명의 학생을 포함한 조직체계의 일부였다. 또 세계 어느 장로교 선교 일선보다도 활기차고 급격히 성장하는 교회의 한 부분이었으며 그런 교회를 지속시키고 발전시키는 원동력이 되고 있었다. 또 많은 선교학자들이 이 선교정책을 채택한 한국 선교부의 선교업적에 대해 세계의 다른 어떤 곳보다도 위대한 성공이라고 칭송해왔다. 숭실은 이런 위대한 업적을 통해 이룩한 성공으로 간주할 수 있었다. 이런 위대함은 한국에서의 훌륭한 선교 업적 가운데 하나의 열매였고, 숭실은 이러한 업적을 쌓아 올린 선교사들이 힘을 모아 키워온 기관이었다.[44)]

이 기간 동안 주목할 것은 1915년이 되면서 숭실을 완전한 대학 수준으로 부활시켜 운영할 수 있도록 선교 총회의 보장을 받기 위한 선교부의 노력이 시작되었다. 이 당시 선교부 연례회의에 선교본부의 총무가 참석했다. 본부의 입장을 납득시키고 새로운 상황에서 보다 높은 영적 차원에 이르기까지 설득하는 장면이 연출되기도 했다.[45)]

2대 라이너 교장 재임 시절 숭실의 자산목록은 더욱 번창하여 체육관과 강당, 난방시설이 완비되어 학생들이 공부하는데 주력할 수 있게 하였다. 그 뿐만 아니라 중국인 교수 사택을 만들면서 외국 교수에 대한 학문의 수용을 적극적으로 장려하는 것을 엿볼 수 있었다.

<table>
<tr><th colspan="4">숭실대학교 자산목록(1917-18년)[46)]</th></tr>
<tr><td>1917년</td><td>난방시설 완성
대학 기자재 구비
기계창설비 확충
체육관 강당
Graham Lee 기념 기금
기숙사</td><td>1918년</td><td>Graham Lee 기념 기금
대학기재
난방시설 완성
중국인 교수 사택
산업농장
체육관 천문관 운동장</td></tr>
</table>

44) 숭실대학교 100년사 편찬위원회, 『숭실대학교 100년사』, 1997, pp. 184-185.
45) 숭실대학교 100년사 편찬위원회, 『숭실대학교 100년사』, 1997, pp. 184-185.
46) 숭실대학교 100년사 편찬위원회, 『숭실대학교 100년사』, 1997, p. 193.

라이너 교장 재임 기간 동안 숭실학보가 더욱 발전하게 되었다. 1915년 9월에 창간되어 편집과 발행인이 모두 라이너 교장이 직접 책임지고 학보사 직원도 15명에 이른다. 1914년 10월부터 문학동인회가 조직되어 문예활동을 시작하고, 1916년 3월에 이르러서 '국판' 숭실문학보에 실려 숭실의 새로운 문예 역사가 시작되었다. 1916년 6월에 출간된《숭실문학보》제 2호는 분량이 무려 45쪽으로 늘어났고, 제대로 된 모습을 갖추기 시작했다.

> "금에 문학보의 간행이 기히 2호에 달하고 우난 본교에 계하였던 '본보'(숭실학보 제 2호)의 편집을 '본부'(문학부)의게 전히 위탁하여 외히 기 명에 응하였으나 차로써 공히 사회일반에 일소개물을 작하얐도다." (숭실회보, 제 2호, 54쪽)

이처럼 숭실학보의 발전으로 한국 신문학의 출발기에 이미 큰 업적을 남기게 되었다. 한국에서 신문학의 개척기를 1908년《소년》지가 발간된 해로부터 1919년《창조》지가 나올 때까지의 기간으로 잡고 있다.[47] 그 기간 중 문학사적인 중요한 의미를 갖는 것이 바로《청춘》지이다. 이 신문이 1914년 10월에 일이며, 이미 숭실의 문학부가 조직을 이룬 때도 이 때이다. 이를 시작으로 숭실학보는 문학부의 계승을 이어가고 한국 신문 발달에 크게 기여하게 되었다.

제 2대 교장의 노력으로 숭실대학의 재적생들은 급격하게 증가한다. 이는 제 1대의 베어드 교장의 노력의 결과물이기도 하지만 그 정신을 잘 이어받은 제 2대 교장의 역할도 중요한 면모를 보여준다.

---

47) 숭실대학교 100년사 편찬위원회, 『숭실대학교 100년사』, p. 237.

연도	1907	08	09	10	11	12	13	14	15
재적생수	30	49	54	80	87	70	65	56	135

숭실대학 재학생 및 졸업생 수(190-1915)[48)]

그리고 이 시기에 숭실은 라이너 교장 임기 동안 큰 빛이 되어갈 준비를 하고 있었다. 당시 숭실은 1916년 우리나라 최초의 밴드부 음악전도대를 조직하여 전국 곳곳에 순회 음악 전도활동을 전개했었다. 《매일신보》는 1917년 1월 1일자 기사에 당시 소식을 전한다.

> "숭실대학 교원 생도 약 20여 명으로 음악대를 조직하고 오랫동안 음악 연습을 하였는데, 근래에는 그 기예가 숙달되었으므로 이를 조선 각 도시에 파견하여 음악회를 개최하게 되었는데, 그 방문할 곳은 경성, 군산, 광주, 전주, 목포, 대고, 마산, 선천 등이오...."

이처럼 숭실대학 음악 전도대의 활동은 라이너 교장 임기동안 절정을 이루었다. 근대 서양음악의 대중화에 선도 역할을 하게 된 숭실은 이 당시 자선 음악회의 개최, 기근에서 고통받는 동포들을 구제하기 위한 기근구제 음악회를 개최하여 사회사업을 하기도 했다.[49)]

2) 영광과 고난의 교장 사역

평양에서 라이너의 대부분 임무는 숭실중학과 대학에 관련된 것들이었다. 또한 그는 학교 시설확충에 많은 시간을 할애하였다. 그리고 다른 몇 가지 활동을 이야기하자면 주일학교 사역이었다. 사창골 교회(평

---

48) 박정신, 『숭실과 기독교』, (숭실대학교 출판부 2014), p. 109.
49) 유영렬,『민족과 기독교와 숭실대학』, pp. 43-44.

양시 중구역 경상동)에서의 주일학교 사역은 라이너에게 특별했다. 라이너는 믿지 않는 아이들이 주일학교에 흥미를 가지기 위해 꼭 상이 필요하지 않다고 생각했다. 라이너의 사역팀들은 150명의 아이들로 시작했으나, 1년 후 정기적으로 출석하는 아이들은 평균적으로 275명 이상이 되었다. 그들 사역의 영향력은 한 곳의 학교를 넘어 확산되고 있었다. 주일학교에서 상이 필요한 것만이 아니라는 그의 주장이 입증된 것이다.

1916년이 되어 새로운 한 해의 시작을 준비해야 했다. 겨울 초에 6주 동안 허대전(許大殿, J.G. Holdcroft) 여사와 라이너는 기혼여성을 대상으로 특별 공부반을 맡아 그들에게 교육의 기초를 알려주었다. 사역자들의 목표는 교육을 받지 못하고 한 번도 공부할 기회가 없었던 기혼 여성들에게도 제공된다는 점과 관련된 특별목표와 더불어 몇 가지 기본적인 것들을 배울 기회를 제공하는 것이었다. 다시 말해 이것이 성경연구기관의 초석이 되기를 바라는 마음에서 그들은 이 일을 시작했었다. 스물 한명의 여성들이 이 공부반에서 교육을 받고 있었는데 모두들 50센트의 수업료를 내고 있었다. 이 여성들의 절반 이상이 시골에서 상경하였다.

이 당시 같은 동역자인 편하설(C.F. Bernheisel, 1874-1958) 여사가 미국으로 돌아가 사역에 몇 가지 큰 공백이 남겨졌다. 그 중 하나가 유치원의 관리자 자리의 공석이었다. 유치원은 두 곳을 열었는데 하나는 62명의 등록생이 있는 남문교회(South gate church)이고, 또 하나는 41명이 등록한 사천골이다. 그리고 서문교회(West gate church)는 유치원을 시작하려고 하고 있었다. 라이너는 이미 시작된 이 두 유치원을 방문하여 둘러보았다. 여기서는 라이너가 믿지 않는 아이들에게 접근할 수 있을 뿐 아니라 그들의 부모에게도 접근할 좋은 기회가 놓여있다고 생각했다. 아이들을 만날 기회, 이것은 라이너가 항상 바라오던 것이었다.

이즈음 라이너는 1년을 예상하고 공부하기 위해 안동에 내려갔는데 시간이 천천히 그리고 별 탈 없이 흘러갈 것이라고 상상했지만 그렇지 않다는 것을 깨달았다. 긴 사역에서 지쳐가는 모습이 역력했으나 라이너는 묵묵히 참고 견디었다.

12월에는 쿡(Cook)이라는 여성 사역자가 두 곳의 여성 성경공부반을 열기 위해 시골로 가면서 라이너는 쿡 여사와 함께 가는 특권을 누리게 되었다. 이것은 선교사들이 조선의 원주민들과 처음으로 가까이 만나는 경험이었다. 시내 여성공부반이 열흘간 열리기도 했는데 그 수업에서 라이너는 노래하는 것과 말씀 암송하는 것을 가르칠 기회가 있었다. 마지막 삼일은 오후 시간동안 진료를 할 수 있어서 라이너는 정말 기뻤다. 첫날에 라이너는 스무 명 이상의 환자들을 살폈는데 주로 결막염이나 그와 비슷한 병을 앓고 있었다. 2월 말에는 스위처 양과 함께 그녀가 4일간 여성공부반을 운영한 시골의 작은 교회로 갔다. 이곳에서도 수업에서 매우 특색 있던 여성들과 아이들을 대상으로 다시금 의료 진료를 했다. 1년 내내 앤더슨 여사와 함께 안기(현 안동시 안기동)의 믿지 않는 아이들을 위한 주일학교를 열기 위해 노력했는데 그것은 그에게 있어 흥미로운 사역이었다.[50)]

이 시기에 라이너는 평양에서의 사역에 몰입하기 위해 막바지 준비를 했다. 그는 브라운 박사에게 편지를 보내면서 평양신학교와 평양 사역을 위한 노력과 후원에 관해 서신을 보냈다.

● 1915. 10. 4.

브라운 박사님께

50) *Personal Report of R.O. Reniner, 1918.*

평양의 남학교 건축에 쓰일 예산책정과 관련한 박사님의 스물아홉 번째 편지가 오늘 오후 도착했습니다. 많은 수고와 계획, 그리고 기도의 결실로서 그것이 얼마나 큰 만족을 가져다주었는지 떠올려보시는 게 당연합니다. 박사님도 아시다시피 마퀴스(Marquis) 박사님이 최종 결정을 내리셨던 그 이후, 저는 이미 맥코믹(McCormick) 여사와 마퀴스(Marquis) 박사님 내외 분께 감사를 표하며, 브라운 박사님께서 추후 돈의 지급과 관련하여 그분들과 서신을 주고받으실 것을 알려드리는 편지를 썼기 때문에 다른 편지들은 현재 필요하지는 않습니다. 그러나 저는 오늘 샌프란시스코에서 마퀴스 박사님 내외 분을 만나 뵙게 되어 기뻤으며, 그분들은 이 사역에 있어 굉장한 기회를 갖게 된 것을 매우 기뻐하셨습니다.

대학 내의 대학원 공부를 위해 지원해달라는 저의 요청에 대한 이사회의 관대한 해석에 감사하고 싶습니다. 대학이 기숙생들에게 수업료를 청구하지 않기 때문에 그 부담이 콜롬비아 같은 학교들에서 만큼 크지는 않고 따라서 저는 전액을 받을 이유가 없으며 비용 37.50달러의 반액 이상을 주장했던 것을 철회하고 싶습니다. 박사님께서 저의 주장을 관계자에게 제출해주시겠습니까?

라이너는 브라운 박사에게 평양 사역 가운데서도 평양신학교에 많은 애정을 가지고 있었다고 서신을 통해 밝혔다. 그는 평양신학교가 교육 사역뿐만 아니라 일반 사역 즉 복음전파에도 상당한 시간을 할애할 필요가 있음을 서신에서 말해주었다.

저는 라이너 박사님께 평양신학교의 공석을 채우기 위해 그곳에 가고 싶어 했던 많은 사람들의 이름을 써 보낼 수 있기를 바랐습니다. 그러나 제가 염두에 두고 있던 그들 대부분은 그 직책을 일반 선교로서 간주하지 않는 경향이 있으며 그래서 그들은 그 자리를 고려해보기를 거절했습니다. 게다가 저는 그 사역을 꽤 많은 사람들의 관심을 끌지 못하는 것으로 보이게 하고 있습니다. 만약 우리가 그들에게 기대하는 것이 교육사역뿐이라면 그들은 기쁘게 갈 테지만, 반드시 일반적인 선교사역을 돕지 않아도 되기를 그들은 또한 바라고 있는 것입니다. 저는 이것이 그들에 대한 첫 검증을 하는 훌륭한 기준이 된다고 생각합니다. 저는 몇몇의 가능한 후보자들과 여전히 서신을 왕래하고 있고, 꽤 만족스러운 자격을 갖춘 누군가 나타나자마자 곧 박사님께 알려드리겠습니다.

안부를 전하며

당신의 진실한 벗

R.O. Reiner

브라운 박사는 한국에서 열심히 선교 현장에서 발로 뛰는 라이너에게 안부를 물었다. 이 편지에서는 베어드 학장 관련 내용이 등장했다.

● 1915. 12. 1.

라이너 씨에게

방금 막 도착한 카드로부터 11월 20일 당신의 작은 딸이 태어났다는, 그리고 산모와 아이 모두 건강하다는 소식을 듣게 되어 매우 기쁘네요. 진심으로 두 분 모두 축하드리고, 그 자그마한 아이가 자라서 부모에게 커다란 위안이 되기를 기도한답니다. 누가 알겠습니까? 그녀가 그리스도의 선교사가 되리라는 것을요!

당신은 베어드 부인의 암을 치료할 시기가 지났기 때문에 그녀가 회복할 가망이 없다는 이 곳 외과전문의의 말을 듣고 매우 유감스러워 할 것입니다. 외과의사들과 이사회는 세심한 숙고 후에, 즉시 평양으로 돌아가 그곳에서 여생을 보내고자 하는 베어드 부인의 바람을 순순히 받아들이기로 했습니다. 그러므로 그녀는 12월 18일 Chiyo Waru호로 샌프란시스코를 떠날 예정입니다. 저는 베어드 부인께 그녀가 오클랜드에 타고 가는 기차를 당신에게 알려도 되는지를 물었었죠. 약속을 정해주실 수 있을는지, 혹 무리가 된다면 홀(Hall) 씨나 라플린(Laughlin) 씨에게 약속을 정해달라고 부탁해 주실는지요. 당신이 그들에게 베어드 부인의 도착에 관한 어떤 것이든 알려주신다면 기쁠 것 같군요. 예전에 선교회의 구성원이었던 홀(Hall) 씨는 특히 의심할 여지없이 그리할 것입니다. 이 경우는 매우 비통한 상황입니다만 그녀는 놀라운 용기와 믿음을 보여주고 있습니다. 저는 그녀가 이런 상황 가운데 긴 여행을 하리라는 것을 생각하고 싶지 않지만 그녀가 가길 원하고 있고 의사들 또한 그녀가 갈 수 있다고 하네요. 그녀는 가릿(Garritt) 부인과 중국의 피토(Fitoh) 양과 함께 전용실을 사용할 예정입니다. 마음에 맞는 친구들과 함께 있을 수 있도록 말입니다.

라이너 부인께 안부 전합니다.
당신의 진실한 벗

당시의 시대상을 정확히 파악할 수는 없지만, 브라운 박사와 베어드 학장 그리고 라이너 모두 친분이 두터운 관계라는 것을 보여주었다. 이 편지에서는 베어드 부인의 건강 소식을 전한다. 이는 그만큼 베어드가 한국 선교역사에 중요한 인물임을 명시하는 것이기도 했다. 그리고 이 편지에서는 베어드 부인 이야기를 꺼내고, 라이너를 통해 베어드 부인의 소식에 대해 묻는다. 숭실의 역사적 인물들이 서로 돕고 안부를 전하는 편지의 내용이다. 편지에서는 브라운 박사가 라이너에게 "당신이 그들에게 베어드 부인의 도착에 관한 어떤 것이든 알려주신다면 기쁠 것 같군요."라고 베어드 부인의 안부를 직접 묻는 장면이 나온다. 이 편지에서는 베어드 부인이 한국 선교현장에서 열심을 다하고 있다는 것을 보여주고 있다.

이 시기 라이너에게는 한국 역사에서 큰 획을 긋는 사건을 앞두고, 막바지 평양선교와 사역을 위해 브라운 박사에게 편지를 보낸다. 그는 평양 사역이 너무 힘들다는 것을 서신을 통해 호소하고 있었다. 물론 재정적인 어려움은 그 배가 더할 것이다. 이에 브라운 박사는 라이너에게 서신으로 화답하고 그에게 힘을 실어주었다.

● 1916. 1. 11.

브라운 박사님께

박사님도 이미 아실 테지만 우리는 이달 22일에 닛폰 마루(Nippon Maru)호를 타고 한국에 갈 예정입니다. 정기적으로 우리에게 보내지던 이사회의 편지는 박사님께서 틀림없이 취소해주실 것이라고 생각합니다. 우리가 여기 머무르는 동안 그 편지들을 지니고 있음을 매우 감사히 여깁니다.

박사님께서도 분명히 현지의 교육상황에 관하여 들으셨을 것이고 그래서 더 이상의 정보는 필요하지 않으실 것입니다. 우리 사역에는 많은 어려움이 따릅니다. 우리에게 놓인 위기를 성공적으로 대처하기 위해서는 높은 견식과 위대한 헌신, 그리고 무한한 외교적 수완을 갖춘 사람이 필요하죠. 상황을 보니 당분간 우리는 이미 존재하고 있는 학교로 제약을 받을 것입니다. 학년에 관계없이, 새로 생긴 학교들은 성경을 가르치는 것을 금지하고 있는 새 규정의 통제를 받아야만 합니다. 현재로서는 이 규제에 대하여 우리가 성공적으로 대항할 가능성은 없죠. 고위 공직자들의 성미는 그들의 어떤 계획에 대해서든 타협하지 않을 정도이니까요. 따라서 한국 내 고등학습기관에서 기독교에 관해 긍정적인 설명을 할 기회는 오로지 평양신학교에 달려 있는 것으로 보입니다. 이 학교에서의 실패는 한국 내 진정한 기독교대학의 전체적인 쇠약을 의미할 것이고, 이러한 실패로 학교들은 점차 줄어들고 사라지게 되겠죠. 그러므로 저는 이 중대한 시기동안 이사회가 학교 사역에 열렬한 지지를 보낼 수 있기를, 또한 최대한의 협조를 해줄 수 있기를 바랍니다.

지난 해 저는 평양의 자리를 채우기 위해 사역자의 임금을 750.00달러까지 기꺼이 지불하겠다는 저의 의지와 관련한 편지를 박사님께 썼었죠. 사역자가 임명되지 않은 연유로 저는 그 사안에 관하여 더 이상 언급할 기회가 없었습니다. 저의 예산은 현재 대부분이 한국에 묶여있기 때문에 제가 한국으로 돌아온 이후 그 돈을 지급하는 것이 더욱 편리할 것입니다.

제가 기꺼이 이러한 책임을 맡는 동안, 이 나라에서 부담을 감당할 누군가를 찾을 수 있을지가 매우 걱정이 됩니다. 그 책임을 맡는 것은 제게 무거운 부담이지요. 만일 물질적 필요가 그리 크지 않고, 우리 교육사업의 상황이 그리 심각한 것이 아니라면 제가 이 책임을 감당하겠노라고 제안하지는 않을 것입니다. 박사님께서 필요를 채워 줄 수 있는 누군가에게 이 문제를 제시하시면서, 제가 지급에 동의한 일부 대신 전액 지원을 부탁하는 것이 가능하지 않으실는지요.

박사님과 부인께 안부를 전합니다.
당신의 진실한 벗
R.O. Reiner

라이너에게 1916년은 평소와는 달리 힘든 상황들이 많이 있었다. 학교 내의 문제, 정부와의 갈등, 여름에 발병한 질병, 이집 저집으로 쉴새 없이 이사하는 것 등이었다. 이 상황들은 동역자들이 만족스러운 한 해라고 부를만한 것을 산출하는 데 도움이 되지 않았다. 사실 한

해 동안의 중압감은 라이너의 신체 저항력을 거의 바닥으로 떨어지게 했다. 교육사역을 지속할 계획이 있는 어느 선교사든 일본어를 상당히 잘 알고 있어야 했다. 언어시험이 시행되면 교육사역을 그만두려는 생각 하에서 자신의 자리에서 잠잠히 사명을 계속 이어나갈 수는 있었다. 그렇지만 교육 관리자로서 일본어를 아는 것은 필수적이었다. 이러한 이유로 라이너는 상당히 많은 시간동안 이 필요성을 인식하고 있었다. 그러나 라이너가 대학과 숭실중학의 공식적 책임을 지고 있는 동안 다른 언어를 가지고 무엇인가를 한다는 것은 불가능했다.[51)]

다른 문제는 만일 이곳 학교들이 계속 운영된다면 정부를 만족시키기 위해서는 진심어린 노력이 있어야 한다는 점이다. 그간 정부는 라이너가 이끄는 선교 단체를 정부 전복을 선동하기 위한 모임으로 오해하고 있었다. 정부의 불신이 근거가 있든 없든 간에 그 불신은 지속되었다. 사역자들은 선동클럽을 이끌고 가는 것이 아니라고 말하며 그 불신을 해결하지 않으면 학교의 존속이 불가능해졌기 때문에 라이너와 동역자들은 점점 고통을 겪었다. 라이너는 선교지부가 이 상황을 주의 깊게 고찰할 것을 바라며 그들로 하여금 사역을 가능케 하기 위해서는 정부로부터 어느 정도의 확신을 얻도록 노력해야 한다고 생각했다.

라이너의 건강상의 문제도 큰 짐이 되었다. 라이너는 3개월 동안 병이 나서 대학과 아카데미의 추가적인 책임부담을 동료들에게 안기고 말았다. 물론 라이너가 병들어 있는 동안 함께 해 준 그들의 관대한 도움은 라이너가 다시금 건강을 충분히 되찾아 선교지에서의 사역을 계속해 나갈 수 있도록 해 주었다.

이러한 문제에도 불구하고 라이너의 사역에는 많은 열매가 있었다. 그러나 지도자들의 부족은 사역의 큰 걸림돌이었다. 예를 들어 제 3교회

---

51) *Annual Reoport for 1917-1918, R.O. Reiner.*

(The Third Church)의 주일학교와 관련된 그의 임무는 매우 기분 좋은 일이었다. 이 학교는 2년 전에 약 120명의 등록생으로 시작하여 이즈음에 거의 240명에 달했다. 그런데 아이들은 모두 지도받을 준비가 되어 있었고 교회는 아이들을 몹시 필요로 했지만 젊은이들을 위한 유능한 지도자들은 희박했다. 분명히 이것보다 숙련된 지도를 요구하는 더 큰 요청은 없을 것이다. 이 도시의 주일학교들은 라이너가 아는 한 마지못해 일을 했다. 그 학교들은 하나님이 주신 일을 이루려 하지 않았다. 교회의 앞날은 점점 더 아이들에게 달려 있었고 이것이 바로 교회의 힘이 약한 이유가 되었다. 라이너는 선교지부가 정기적으로 주일학교 사역을 위해 위원회를 구성해야 한다고 주장했다. 그가 보기에 이 위원회는 크고 작은 교회들을 위한 계획과 프로그램, 방법을 시행해야 했다. 또한 가능하다면 매년 기관에서 그리고 서신을 통하여 주일학교에서 가르치는 일과 주일학교 관리를 훈련해야 했다. 라이너는 교회사역의 이 부분은 교회 지도자들이 교회의 중요성을 깨닫고 그들의 사역에서 강조점을 변화시키기 시작할 때까지 확대되어야 한다고 확신했다.[52] 이러한 일들이 있고 나서 라이너는 격동의 변화를 맞이하게 된다. 한국에서 독립운동이 일어나고 나서 그의 사역은 새로운 전환을 맞이하게 된다.

2. 교장 이후의 평양 사역 (1919-1927년)

1) 독립운동과 숭실

일제 강점기의 시작과 더불어 한국에서는 기독교대학 설치에 관한

52) *Annual Report for 1917-1918, R.O. Reiner.*

대학문제가 발생했다. 미국북장로교 한국 선교회는 미국북감리교 선교회와 연합으로 1906년부터 평양에 연합기독교대학을 운영하고 있었다. 하지만 1912년 감리교 선교회가 평양대신 서울에 새로운 대학을 설립할 계획을 구체화하면서 대학 문제가 시작되었다.

새로운 대학의 설치와 관련된 장로교와 감리교의 의견이 대립되는 상황에서 미국북장로교 선교본부가 한국선교회의 입장과는 달리, 감리교와의 연합선교를 고려해 하나의 연합대학을 서울에 설치하려는 감리교의 제안을 지지하게 되었다.[53] 1919년은 한국에서 독립운동의 절정을 맞이했던 해였다. 그는 한국 분위기를 전하면서 한국인들의 정서가 매우 격앙되어 있다고 표현했다. 1919년 3월에 시작하여 올해 4월 1일까지 계속되는 독립운동으로 한국인들 사이의 정서는 매우 격앙되어 있기에 누구도 앞날과 관련된 예언을 할 수 없었다.

이런 한국의 역사적 상황에서도 라이너는 교회와 학교 사역을 꾸준히 진행하고 있었다. 그는 대부분 시간을 학교에 투자하고, 교회 사역을 지속적으로 진행하고 있었다. 그의 학교사역은 꾸준히 진행되고 있으며 작년보다는 현재 더 나은 상황이었다. 그의 임무는 특히 적은 성도임에도 불구하고 사역의 열정을 더했다. 그는 120명 정도의 성도들이 있었지만 교회는 조력자들을 지원하는데 애써 왔었다. 이즈음 그는 여전도사를 임명하였는데 교회는 이런 사역자들 중 그 누구에게도 만족할만한 임금을 지불하지 못했다. 연화동 교회 사역과 이 조력자를 연합하는 데에는 충분한 이유가 있고 만일 교회들의 조력자가 계속 있으려면 교회들도 그것에 동의해야 했다.[54]

1919년은 독립운동이 절정에 달한 시기여서 시기적으로 매우 민감한 시대였다. 이 당시 장로교와 감리교 선교사들이 입국해서 선교활동을

---

53) 한국기독교문화연구소, 『베어드의 선교와 사상』, pp. 183-184.
54) *Personal Report 1919-1920, R.O. Reiner.*

벌이고 있던 터라 한국 선교는 새로운 국면을 맞이하게 되었다. 역시 선교사역에 박차를 가했던 라이너는 평양에서 사역의 꽃을 피우기 위한 노력을 아끼지 않았었다. 1919년 이 시기에 라이너는 학교시설 확충을 위해 브라운 박사에게 도움을 요청할 준비를 하고 있었다. 라이너는 시설확충과 여학생 기숙사 등 혼신의 노력으로 학교를 키우려는 시도를 했다. 물론 막대한 재정은 피할 수 없는 선택이었다. 그는 또 1919년 11월 2일 브라운 박사에게 편지를 보냈다. 그 동안 시설 확충 특히 여학생 기숙사에 관한 내용을 서한으로 보내고 자신의 사역을 브라운 박사에게 소개한다.

며칠 전 박사님의 105번째 편지를 받았고, 사역지의 필요가 충족되는 것이 신의 섭리 가운데 계획된 것처럼 보였습니다. 박사님도 아시다시피 우리는 돈이 책정되었던 언덕의 소유권 때문에 많은 고생을 해 왔습니다. 그러나 결국 지역 치안판사는 분명한 소유권을 선언하고 우리에게 공인된 소유증명서에 대한 서류를 제출할 것을 지시했습니다. 이것은 지난 화요일에 이루어졌고, 오늘 오후 증명서가 우리에게 주어졌습니다. 그래서 이제 그 땅은 우리의 것입니다. 우리는 매우 기뻐하고 있습니다. 우리가 이전엔 매입할 수 없었던 그 땅의 잔금이 지불되었고, 현재의 소유증서는 전체를 다루고 있기 때문입니다. 이것은 대구 사역지 만큼이나 오래 지속되었던 어려움의 결말이며, 우리는 확실히 이 결과에 대해 기뻐하고 있습니다. 구매된 추가적인 부분의 비용은 1,500엔이고, 땅의 매입, 재판과 관련되어 감당해온 다른 비용들과 함께 이것은 1,975엔까지 증가했습니다. 이것으로 박사님은 남은 것이 거의 없다라는 것을 아시겠죠.

사역지는 우리의 필요를 매우 관대하고 신속하게 충족시켜 주었던 이사회의 행동에 감사를 표하고 싶습니다. 저는 누구도 이 땅의 매입에 대해 후회할 이유가 없으리라고 확신합니다. 지금까지도 우리는 몇 몇 건물의 설치를 계획 중입니다. 그 건물들 중에는 성경연구기관의 기숙사와 여학교 기숙사가 있습니다.

라이너는 1920년 이후 거의 3년간 미국에 방문한 후 귀국하였다. 그리고 라이너와 그의 동역자들은 자리를 잠시 비운 평양 선교에 다시 재기를 꿈꾸었다. 1923년 9월에는 사역자가 1명이 더 늘었다. 당시 라이너는 건강이 회복된 상태로 한국에 돌아왔다. 자리를 비운 3년간 평양의 모습, 미션 사역, 또한 사람들의 정신적 태도에서 많은 변화를 목도했다. 새로운 건물과 집들이 많이 들어서 평양의 모습을 크게 바꾸어 놓았다.[55]

평양에서 라이너의 사역은 크게 네 가지로 구분되었다. 학교와 교회의 사역과 한글-영어 사전의 편찬 작업이 주된 임무였다. 그리고 라이너는 교사들과 친교에 더욱 많은 시간을 투자하려는 계획을 가지고 있었다. 특히 그는 학생들 교육에 역점을 두기로 했다. 평양에서 사역을 시작할 무렵, 며칠간 집을 청소하고 보수한 후에 그는 9월 후반기에 가르치는 사역을 시작했다. 그는 평양 사역에서 네 가지 큰 포부를 다짐하고 사역을 새롭게 재편하기 시작했다.

첫 번째는 남학교와 대학에서 가르치는 일을 중점적으로 할 계획이었다. 두 번째는 교사들을 대상으로 특별 수업을 진행하기로 했다. 교사들은 학생들을 가르치는 사역을 담당하기 때문에 특별한 수업을 해야 했다. 10월부터 2월까지 라이너는 미션스쿨에 있는 교사들을 위한 수업을 진행했다. 라이너의 수업 방식은 교육과정과 교육이론의 약간 새로워진 단계를 이곳 상황에 적용될 수 있는 한에서 다루었다. 참석

---

55) *Personal Report 1923-1924, R.O. Reiner.*

률은 생각 이상으로 고무적이었고 깊은 인상을 받았으나 남학교와 관련하여서는 가르침을 감독할 기회가 전혀 없기 때문에 이 일을 계속하는 것이 큰 유익이 될지는 알 수 없었고 사실 확신을 가지지는 못했다. 그래서 이들은 2월에 잠시 수업을 쉰 이후에는 수업을 재개하지 않았다. 학생들의 의욕도 상실하고 많은 부분에 대해서 어려운 부분이 없지 않았다. 그러나 시도하는 것 자체에 의미를 부여했고, 언젠가는 다시 재개해서 이 일을 꼭 해 낼 것이라는 확신을 가지고 있었다.

세 번째는 대학교 학생들에게 주일학교 사역을 제한한 것이었다. 학교와 교회의 연장선상에서 라이너는 어느 것 하나 소홀히 하지 않고 연계성을 가지고 가르칠 생각이었다. 라이너가 중점을 둔 세 번째 임무는 바로 대학 학생들을 위한 주일학교이었다. 주로 영어로 진행되며 대략 50명의 학생들이 출석하지만 학생들이 시내 교회의 주일학교 교사로 뽑히면서 점차 숫자는 줄어들고 있었다. 이 과정에서 학생들과 가까이 만날 수 있다는 점과 그들의 더욱 복잡한 문제를 알게 되는 것은 기쁨이자 특권이었다. 4월에 모리 씨가 라이너에게 이 일을 맡아달라고 요청하였는데 그 시기에 그는 교사로서 여러 수업 중 하나를 돕고 있었기 때문이었다.

마지막 네 번째는 영-한 전문용어사전 작업이었다. 영어를 가르치기 위해서는 사전 작업이 무엇보다 중요하다는 것을 깨달은 라이너는 영어와 한글 사전을 편찬하려는 마음을 먹었다. 이 사역은 무엇보다 중요했다. 앞으로 영어를 한국인에게 가르치기 위해서 사전을 편찬하는 일은 절실했다. 그러나 그 일이 만만치 않다는 것을 깨달았지만, 그의 열정과 사명을 막지는 못했다. 끝으로 그가 남겨둔 마지막 네 번째 사역은 미국으로 가기 전에 영-한 전문용어 사전에 관해 상당히 많은 작업을 했고 떠날 때에 밀러에게 모든 일을 맡겼다. 그러나 그가 그 작업을 할 수 없었기 때문에 작업을 다시 시작한 지난 성탄절까지 문서들은 다락방에 남아있었다. 당시에 10,000개가 약간 넘는 용어들이 문서로 만들어져 있어서 거의 5,000개 용어는 수정과 새로운 작성을 기다리고 있었다. 이 작업은 다른 용어 뿐 아니라 의학적이고 사업적인 단어들을 포함하여 교육적이고 전문적인 일의 모든 주제를 다루는 30,000개의 용어들을 포함할 것이다. 문서는 어느 때든지 검사를 받을 수 있었다. 유용한 용어를 제공할 수 있는 사람은 누구든지 큰 도움을 줄 수 있게 될 것이었다. 라이너가 작업한 이 용어들을 수정한 이후에는 자료를 갖고 있는 사람들을 모두 불러서 가능한 완벽하고 믿을만한 사전을 만드는 것이 라이너의 바람이었다.[56)]

한편 그는 사역을 하면서 한 가지 고민이 있었다. 학교와 사역에 있어서 가장 필요한 것이 무엇인지 생각하는 가운데 학문의 전문성과 전문용어의 집대성하기 시작되었다. 그는 학교와 교회 사역 뿐만 아니라 전문적인 용어 사전을 집대성하는 놀라운 열정을 보여 주었다. 그는 지난 6개월 동안 전문어 사전을 작업하는 일을 해오고 있다. 이 일에서는 어느 누구보다 라이너가 앞선 선구자였고 그만큼 어려운 일들이 과제로 남아 있던 것은 피할 수 없는 부분이었다.

당시 한국인들은 전문적인 개념에 대하여 많은 어휘를 가지고 있지 않았다. 한국어 사전 정리가 전혀 되어 있지 않는 상태에서 라이너는 개념어 사전을 정리하고 있었다. 그 당시 일본어 용어들이 혼용되면서부터 한글과 한자어 사용이 뒤섞여 있어서 혼동을 야기한다고 전했다. 그래서 그는 전문용어 사전의 필요성을 누구보다 인식하고 정확한 개념어 사전 정리를 시도했던 것이었다.[57)]

라이너는 이 네 가지 사역에서 어느 하나 소홀히 하지 않았다. 첫 번째 사역은 매일 분주하게 준비하는 가운데서 규칙적으로 가르치는 일

---

56) *Personal Report 1923-1924, R.O. Reiner.*
57) *Personal Report 1919-1920, R.O. Reiner.*

이었다. 특히 대학생들에게는 더욱 관심을 가지고 가르쳐야 했다. 사실 그들은 기초적인 교육을 받지 않는 상태에서 대학생활을 맞이해야 했기 때문에 많이 부족한 것은 사실이었다. 그럼에도 불구하고 그의 사역은 대학생들에게 초점을 맞추고 기본 소양이 부족하지만 라이너의 열정은 그들에게로 향하고 있었다.

2) 대학 교육의 체계화

라이너는 1926년에 이르러서 대학 교육을 체계적으로 정비할 수 있었다. 이 해에는 그가 다섯 가지의 임무를 완수할 다짐을 하였다. 이 시기의 사역은 다섯 가지로 나눌 수 있다. 첫째 대학의 가르침, 둘째 대학 주일학교사역, 셋째 회계담당자의 직무, 넷째 일반적인 선교지부 업무, 다섯째 외국인학교 사역이었다.

첫째, 라이너는 대학수업에 역점을 두었다. 한 주에 9시간에서 16시간까지 다양하며 두 개의 교육학과정 및 하나 이상의 영문학 수업을 포함해서 교육을 확대하기로 하였다.

둘째, 대학의 주일학교사역은 점차 확대되었다. 당시 수일중학 학생들과 정부학교의 학생들, 대학의 학생들뿐 아니라 젊은 사업가들이 참석하고 있었다. 참석자는 약 50명에 이르고 이전보다 더욱 흥미로웠다. 그림카드와 같은 교재와 참고자료는 영어로 되어 있지만 그 교재의 목표는 영적 메시지를 강조하여 젊은이들의 영적생활을 강화시키는 것이었다.

셋째, 회계담당 업무였다. 9월부터 라이너는 외국인학교와 남학교, 그리고 대학을 책임지고 한 해 내내 기계창의 회계장부들을 맡았다. 그는 이곳 소래장부뿐 아니라 12개의 크고 작은 선교지부의 장부를 추가로 맡았다. 이 일들을 수행하는 데 요구되는 업무량은 결코 작지 않아 하루에 세 네 시간이 쉽게 걸렸다. 하루에 다루는 총 자금은 약 1,000엔 정도이다. 각각 25센부터 1000엔 이상까지 다양한 항목들로 나누어진다. 기계창의 장부는 1926년에 1,500이 넘는 장부를 보여주었고 올해의 전망은 1,200 이상의 항목이 있다. 1월에서 4월의 기간 동안 600개의 수표를 각 개인으로부터 받았으며 수표 기입장에 조심스럽게 기입했을 뿐 아니라 은행에 넣어두었다.

넷째, 선교지부 일반업무이다. 선교지부의 재정총무와 감독위원회의 의장으로 선교지부의 업무는 정기적으로 수행하기에 결코 작은 일이 아니었다. 한 달 평균 이삼일의 전일근무를 필요로 했다. 이런 일들은 보여주는 것이 거의 없는 그런 종류의 일이지만 더 큰 선교지부의 사역을 순조롭게 해 주는 것이 바로 이 업무이기 때문이었다.

다섯째, 외국인학교는 사실 생각보다 더 많은 시간이 할애되었다. 그러나 그 노력은 아깝지가 않았다. 라이너는 외국인학교에서 교장의 역할 뿐 아니라 회계담당자로서의 업무도 맡고 있었다. 회계장부를 계산하고 개인성명을 발송할 준비가 될 때, 회계담당자의 업무가 대부분 완료되기 때문에 이것은 거의 불가피했다. 오직 교장만이 이 일을 할 수 있었다. 이 외에도 학교에서 매일 한 반을 가르치고 있었다. 담당자의 부재로 대학 내의 수업 외에 그의 대학사역과 아카데미의 회계담당자 업무를 도맡아 하였다. 이 일을 감당하려고 대학수업을 약간 줄였다. 아마도 많은 시간을 들여야 하는 이 사역의 일부에는 서신 교환이 포함되어 있었다. 학교의 업무들을 다루어 보지 않았던 사람은 누구든지 얼마나 많은 서신교환이 이 업무에 관련되어 있는지 모를 것이다.

이처럼 학교가 라이너에게 부여한 추가적인 직무와 책임은 라이너 사역 중 가장 흥미로운 부분이라고 말할 수 있었다. 선교지부가 본래 계획했던 일들을 훨씬 초과하여 라이너에게 주어졌고 많은 시간과 노력을 들여야 한다는 것도 깨달았다. 그의 생각으로는 이것이 비단 자신에게만 분명한 일이 아니었다. 지난 달에는 선교지부의 선량한 두 회원들이 이 많은 일들로 인해 교장업무에서 떨어뜨려 놓으려는 사탄의 덫이라고 라이너에게 말해주었다. 라이너는 선교지부가 이 자리를 매우기 위해 지역공동체에서 다른 누군가를 뽑도록 학교이사회에 요청해야 한다고 제안하고 싶었다. 솔직히 말해 그 자리를 수락할 자가 있을지 모르겠지만 그래도 분명 적합한 자를 찾을 수 있을 것이라 생각했다. 외국인학교가 요령껏 잘 운영되지 않는다면 선교지부가 직면할 수 있는 가장 심각한 문제의 원인이 될 수도 있었다. 외국인학교는 라이너가 연합하여 일하고 있는 다른 어떤 기관들보다도 개인적인 포부와 희망, 바람, 이상, 편견, 호불호 등을 더욱 불러 일으켜주었다. 라이너는 대학교육의 체계화를 구축하기 위해 회계당담 업무를 무엇보다 중요하게 여기고 이를 기반으로 다음 사역에 박차를 가하였다.

3. 합성숭실대학에서의 사역 (1927-1928년)

라이너는 선교 초기부터 교육에 역점을 두고 자신의 일을 잘 수행했었다. 특히 그는 새로운 건물 증축과 학교 시설의 확대를 다짐하고 일을 시작해 나갔었다. 1927년에 접어들어 라이너는 숭실대학을 새롭게 편성하여 합성숭실대학을 이끌어가기 시작했다. 이 당시 그의 사역은 기계창 도입을 시작으로 기독교 연합대학을 세우는 것까지 큰 일익을 담당하게 된다. 이후 그의 사역은 네 가지 즉 기계창(Shops) 관련 사역, 선교지부 업무, 외국인학교, 기독교연합대학(The Union Christian College 혹은 합성숭실대학)으로 나누어 설명할 수 있다.

1) 합성숭실대학 사역 1기: 대학시설 확충

라이너는 이 기간에는 기계창의 회계담당을 하면서 상당한 시간을 보내야 했다. 그는 한 해 동안 대략 1,714개의 청구서를 모았다고 하는데, 금액만 해도 대략 38,000엔에 달했다. 이 일에는 기계창의 자금을 다루는 것 외에도 청구서 상의 항목과 주문사항 및 정정사항과 관련된 질의를 다루는 상당한 양의 서신 왕래도 포함되며, 소래에서 담당자가 잠시 자리를 비운 동안 그의 모든 기계창과 관련된 서류를 꼼꼼히 챙기고 답장을 해야 하는 등 굉장히 업무 강도가 강했다. 그런데 다행히도 라이너에게는 장부기입이나 은행업무, 타이핑 모두에 유능한 한국인 보조자가 있었다고 한다. 그러나 기계창 자금을 다루는 방식은 만족스럽지도 그리 타당하지도 않았다. 회계담당자는 주로 청구서를 수집할 뿐 돈의 지출에 대해서는 관여하지 않았다. 이 문제가 라이너와 그의 동역자들에게 너무 많은 염려를 끼쳐서 그들은 항상 더욱 만족할 만한 재정관리법이 시행되기를 진정으로 바랬다.[58]

그리고 라이너는 몇 년간 세 가지 주요한 선교지부 업무를 담당하는 데에도 많은 시간을 투자하였다. 무엇보다 선교지부의 회원들은 이 일들에 소요되는 시간량에 대하여 충분한 아이디어를 갖고 있지 않았다. 선교지부의 총무부는 적게 어림잡아도 매달 하루 이상을 선교지부 기록을 보관하고, 선교지부와 미션의 사업에 관하여 회원들과 상의하고, 선교지부의 일반서신과 편지목록이나 돌아오는 선교사들의 출항일, 선교지부 방문객들의 이름과 주소, 선교지부 이사회의 비율, 이사회의 편지에서 보여지는 특정한 항목의 의미 등과 같은 온갖 종류의 정보를 선교지부회원들에게 제공하는 데 사용하였다.[59]

---

58) *Personal Report 1923-1924, R.O. Reiner.*
59) *Personal Report 1927-1928, R.O. Reiner.*

선교지부 회계부의 직무와 재정관련 문제는 일반적으로 많은 주의를 요구했다. 연례보조금 분배준비와 적자로 인한 지급과 잔고관리 및 봉급관리 그리고 중국에서 온 선교사 자녀들의 비용, 게다가 50개가 넘는 개인 계정과 단체 계정, 부동산 계정에 대한 회계감사를 돕는 일 등으로 라이너는 분주하게 시간을 보냈다. 게다가 환율에 관하여 자주 묻는 질문에 답하는 것, 월례 주문서(monthly orders)의 의미를 설명하는 것, 뉴욕이사회에 지급명령서 요청 작성, 이 명령서에 대한 착수금을 모으고, 담당자에게 똑같이 전송하는 일들은 주의를 요구하는 일이었다. 라이너는 한해 동안 이사회에서 약 100건의 명령을 발부했고, 이에 5,250엔이 예치되어 송금액과 함께 담당자에게 보고했다고 한다.[60)]

라이너는 감독위원회(General Oversight Committee)의 의장직을 맡으면서 많은 이들로 하여금 조언과 도움을 요청받았다. 특히 시간이 걸리는 면담들 가운데서도 가장 긴급한 요청은 여러 학교와 교회, 주일학교, 그리고 구세군과 아르메니아 난민소 등을 도와달라는 요청이었다. 라이너로 인해 선교지부의 회원들은 다수의 당혹스러운 면담을 모면하고, 선교지부의 사역 덕분에 소중한 시간을 절약했다.[61)]

라이너의 사역 가운데 가장 기쁘면서 가장 어렵기도 한 임무는 외국인학교였다. 출석하는 97명의 아이들은 어떤 선생이든 지도하고 싶어할 매우 훌륭한 아이들이었다고 한다. 라이너는 선교 보고서에서 아이들은 날개가 돋아 곧 날 준비가 된 작은 천사 케루빔이 아니라는 흥미로운 진술을 한다. 그는 케루빔은 "은총을 잃은" 자들로 그들은 "지성소"에서 무척이나 심각한 회의를 열기 때문에 아이들과는 다르다고 설명한다.

라이너는 이 사역의 놀라운 점은 그 당시 아이들의 반응이었다고 말한다. 그들에겐 자신이 옳다고 여기는 것을 따라 살려고 애쓰는 데서

60) *Personal Report 1927-1928, R.O. Reiner.*
61) *Personal Report 1927-1928, R.O. Reiner.*

자부심을 볼 수 있었다고 한다. 같은 해에 이들과는 다른 새로운 학생들이 약 40% 정도가 들어왔다. 새 학생들 중 몇몇은 이 곳 제도의 자유분방함에 대해 냉소적이었고, 그들 중 한명은 이 자유를 불쾌히 여겨 그의 부모가 다시 그를 집으로 불렀을 때에는 기뻐하기까지 했다고 한다. 그러나 라이너로서는 학생들 전체가 단일집단으로 그 체계 내에서 즐거워하는 것에 기쁨을 느꼈다.

라이너는 지식이 은이라면 인격은 순금이고, 학교가 애써온 것은 바로 이 순금과 같은 인격을 연마하는 장소라고 생각한다고 고백한다. 그가 보기에 모두가 각자 자신의 행위의지를 판단하는 상황 속에서 검증되는 인격이란, 아이들로 하여금 부모와 후원자가 그토록 진정 바라던 지도자와 봉사자의 자리에 알맞은 자격을 갖추는 것이었다.

외국인학교 사역 분야는 상당히 제한적이어서 결과와 보상이 밀접하며 풍요로웠다. 몰아치는 질문과 학생들 사이의 불만의 기류, 다양한 형태로 표명되는 반대 입장, 악의와 오해는 무시해도 될 만큼 사소한 것일 뿐이었다. 모두들 성령의 인도하심에 따라 지도사항들을 지키며 그들 나름대로의 삶에 적용하고 있었다. 라이너가 보기에 하나님은 이 학교에 풍성히 복을 주시고, 부모들, 특히 자녀를 다른 지역에서 이곳으로 보낸 부모들에게 한없는 은총을 베풀어 주셨다.[62]

그러나 이러한 사역은 가장 즐거울 뿐 아니라 가장 힘들기도 하였다. 외국 학부모들의 요구는 미션아카데미의 한국 부모들의 요구보다 5배에서 10배나 까다롭다고 말해도 과언이 아니었다. 오죽하면 라이너는 개인 보고서에서 한국 학부모가 외국 학부모만큼이나 까다로웠다면, 자신들은 말 그대로 오래전에 무덤에 들어갔을 것이라고 말했다. 물론 라이너는 부모들의 타당한 요구를 피할 생각은 없었고, 사실 이러한 관

---

62) *Personal Report 1927-1928, R.O. Reiner.*

심을 환영했지만 부모들의 요구는 때때로 담당자들에게 감당하기 힘든 부담을 안겨주기도 했다. 학생이나 학부모에게 선의로 조언했으나, 자녀들에 대해 조언해 준 것에 감사를 표했어야 마땅할 부모들의 태도는 달랐다. 그들은 경솔하다는 이유를 대며 고의적으로 매몰차며 고통을 안겨주는 편지들을 보내 왔고, 이 때문에 잠 못 이루던 라이너 교장의 몇날 며칠 밤을 그 누구도 알 리가 없을 것이다. 많은 호의를 입은 자들이 감사할 줄 몰랐고, 이로 인해 라이너는 비통한 실망감을 느꼈다. 그러나 이러한 실망감만큼이나 라이너에게 겸손의 의미와 필요성을 분명히 가르쳐 주는 것은 없었다.

이 해에는 몇 가지 중요한 일도 있었다고 한다. 그의 설명을 들으면 학교가 얼마나 역동적으로 성장하고 있었는지 알 수 있다. 라이너는 난방장치가 공기 가열방식에서 증기발전으로 바뀌었다는 점을 매우 기쁘게 생각했다. 이를 위해서는 대략 500엔 값어치의 라디에이터가 반드시 설치되어야 한다. 12월에는 대학 입학 이사회의 검정센터(examination center)가 들어설 준비가 되었다. 6월에는 새 피아노 한 대도 1,150엔에 구매하였다. 의자와 화장실 장비, 기타 용품 등으로 약 1,000엔이 마련되었다. 중국에서 온 열 네 명의 학생들과 만주에서 온 일곱 명이 넘는 학생들이 입학하는 등 총 입학생은 97명이었다. 라이너는 학교가 중등학년에서 뚜렷한 감소세를 보이며 80명을 약간 초과할 것으로 예상했다. 한국내 외국인학교의 학생 수가 서서히 줄어들고 있는데 이는 앞으로를 예측하는 데 있어 중요한 사실이었다. 외국인학교의 회계부 사역은 방대한 양의 업무를 포함했다. 한 해 수입은 대략 45,000엔에 이른다. 이 중 많은 부분이 다른 지역에 있는 학부모가 보내는 기숙사비며, 빈번한 서신왕래도 회계부 사역에 포함되었다.[63)]

---

63) *Personal Report 1927-1928, R.O. Reiner.*

라이너는 자신에게 주어진 모든 책무와 추가적인 요구사항들에도 불구하고 큰 기쁨으로 사역을 감당했다. 라이너와 그의 동역자들은 아이들을 마치 자신들의 자녀들처럼 사랑하고 그들과 이토록 친밀하게 함께 할 수 있는 것을 귀한 특권으로 여겼다. 라이너에게 특별히 만족스러운 것은 교사들 사이의 귀한 협동정신이었다. 그들의 충성스럽고, 애정이 깃든, 자기 헌신적인 모든 노고를 감사히 여겼다. 그들은 아주 훌륭한 일꾼들이었으며 따라서 하나님께 감사드릴 뿐이었다.[64)]

외국인학교는 온전히 헌신하는 교사들에 의해 운영되었다. 교육을 도와온 지역선교부에서 온 이들을 포함하여 양호교사와 지도교사와 선생들은 말 그대로 그들의 마음을 학교에 바쳤다. 그들은 모든 면에서 훌륭한 기준을 세우고 놀랍게도 그들의 이상을 실현하는 데 성공했다.

외국인학교의 학생 92명은 한국에서, 5명은 만주, 7명은 중국에서 왔고, 99명의 학생들은 선교사 가정에서, 5명은 사업가 가정에서 왔다. 학교재정은 라이너 생각에 아마도 연합병원(Union Hospital)을 제외하고 선교지부의 기관들 중 가장 많은 예산인 50,000엔 이상이었고, 한 해에 받은 기증은 거의 5,000엔에 이르렀다고 한다. 이 기증은 양호실과 남학생들의 새 기숙사, 운동 및 다른 장비들에 쓰여졌다. 이 총액 중 1,000엔은 미국 감리교 선교회(Methodist Episcopal Mission)에 의하여 양호실에 쓰일 책정액이었다. 1,100엔은 캘빈(Calvin)여사로부터 같은 목적으로 받은 기증액이었다. 440엔은 기숙사비용으로 한 친구로부터 받았다. 중국에 있는 많은 친구들이 한 해동안 거의 2,500엔 즉 전체 기부금 5,000엔의 절반액을 기부했었다. 평양에 있는 모든 미션 선교지부의 회원들로부터 한 해 동안 다양한 목적으로 학교에 쓰일 기부금으로 받

64) *Personal Report 1927-1928, R.O. Reiner.*

은 실제 총액이 고작 134엔임을 안다면 라이너가 외국인학교를 얼마나 잘 운영했는지 알 것이다.[65)]

라이너는 기독교연합대학(합성숭실대학) 사역에 집중했다. 이 시기에 라이너의 대학 내 사역은 세 가지로 첫째, 이미 열거된 임무 외에 한 해 동안 주당 10-12시간 가량을 가르치는 것이었다. 선교지부의 특별한 요청은 없는 상태였다. 둘째, 대학주일학교를 돕는 일이었다. 이전에 비해 해가 거듭할수록 참석자 수가 줄어들어도 이 일은 계속 진행되었다. 점점 더 많은 학생들이 시내나 시내근처의 주일학교로 가게 된 것이라 라이너는 감사할 따름이었다. 셋째, 대학 내 회계담당부의 업무이다. 담당자가 그해 11월에 돌아올 때까지 이 책임은 다소 가벼운 일에 추가되는 부수적인 일이었다. 그가 미국에 가 있는 동안 대학, 아카데미, 기계창, 외국인학교, 소래 및 다른 곳들을 포함한 모든 계좌에서 평균적으로 하루의 현금수입이 1,000엔, 즉 거의 300,000엔에 달했다. 선교지부는 거의 모든 기관의 계좌를 다루는 회계담당자를 뽑을 필요가 있었다.

라이너는 이 많은 일들을 하면서 한 해 동안 때에 따라 베푸신 하나님의 은총에 감사드리는 마음을 가졌다. 그의 가족들이 아프긴 했지만 하나님께서 모두를 지켜주시고 회복시켜 주셨고, 라이너에게 큰 실망도 있었으나 주님이 베푸신 은혜로 기쁨도 있었다. 이 땅에 복음을 전하려는 큰 목적에 있어 라이너는 특별히 쓰임 받은 것이 없고, 이룬 것도 없다는 기분으로 한 해를 마무리했다. 모든 경험에 비추어보아 선교지부와 미션은 지난 10년간 라이너에게 일을 맡겨왔던 대로 앞으로도 라이너가 이 사역을 이어나가리라는 뜻을 다짐했었다.

---

65) *Personal Report for 1928-1929, Mr. & Mrs. R.O. Reiner.*

2) 합성숭실대학 사역 2기: 교육선교 중점 사역

1920년에 접어들어 라이너는 다섯 가지 중점 사역을 준비하였다. 첫째, 대학수업에 역점을 두었다. 대학 수업이라고 해서 크게 달리 새로울 것은 없었다. 학생들은 예전과 같은 평균치의 역량을 지녔다. 그들은 삶의 더 유용한 곳에서 일하기를 바라고 있으나 모두들 같은 제분소에서 일하도록 되어 있었고, 졸업 이후에는 복음사역을 제외하면 그들을 받아 줄 곳이 매우 드물어서 매우 불리한 상황에 놓여있었다. 한 해 동안 많은 이들이 신학대학에 들어가는 것을 보기란 참 흐뭇한 일이기도 했다. 라이너는 한 학기 동안 영어수업 하나와 두 개의 교육학 수업을 지도했고, 보통 1년에 한 학기동안 다루는 두 개의 교육학 과정을 가르치는 중이었다.

두 번째 라이너가 집중한 일은 기계창(Shops) 사역이었다. 애나 데이비스 기계창(Anna Davis Shops)의 회계 담당자로서 3년 반을 보낸 이후, 2월에는 파커 박사님(Parker)에게 이 일을 맡길 수 있어 기뻤다. 이 일을 하는 데는 많은 시간이 들지만 라이너에게는 일을 줄여주는 반가운 일이기도 했다.

세번째, 선교지부 사역이었다. 라이너는 4월 1일, 선교지부 총무와 회계총무로서의 임무를 다른 이에게 맡길 수 있어 매우 만족스러웠다.

네번째, 라이너는 외국인학교에 많은 시간을 보내야 했다. 이 일에는 그의 시간 중 많은 부분을 할애했다. 117명의 학생들이 등록하여, 고등학교에서 64명, 초등학교 53명이 있었다. 한 해 동안 라이너는 마두원(Dwight R. Malsbary, 1899~1977) 부부를 음악선생으로, 로건(H. T. Logan)은 라틴어와 화학 선생으로 맞이하게 되었다. 그 해 몇 가지 주요사건들은 10월에 조선박람회를 다녀온 것과 Paik 기념관에서 가진 두 개의 큰 음악프로그램, 그리고 희극 '실수연발(Comedy of error)'과 5월에 서울에서 있었던 한국팀 간의 농구경기였다. 몇 년간의 기다림 끝에 새 기숙사가 들어섰음을 알리게 되어 기뻤고, 이 건물에 드는 돈이 부족했지만 기금이 계속 꾸준히 모여져서 모두 제 때에 이루어지리라는 믿음을 가지고 있었다.

그리고 나머지는 일본인 여성을 대상으로 라이너 부인이 수업을 시작했다. 이 수업은 보통 12-14명의 인원을 대상으로 하고 여러 경우에는 거의 스무 명의 여성들을 포함하기도 한다. 수업의 중요성이 과장될 수는 없었다. 다음 가을까지 이 수업이 계속 될 수 있는 준비가 되도록 진정으로 기도해야 했었다. 그런데 라이너 부인이 12월부터 몸이 너무 좋지 않아 라이너는 매우 염려되었다. 그녀는 다른 주중에 룻(Ruth), 필립(Philip)과 함께 미국으로 떠나 샌프란시스코 근처에서 그녀의 어머니와 함께 6주간 보낼 예정이었다. 나머지 가족들은 원래대로 7월에 미국으로 떠날 예정이었다.[66]

3) 합성숭실대학 사역 3기: 대학교 사역과 평양외국인학교 설립

(1) 평양외국인학교 사역과 동역자 라이너 부인의 사역(1930-32)

1930년 9월 라이너는 한국으로 돌아와 곧바로 평소에 있던 평양에서 사역을 시작했다. 그가 맡고 있던 외국인학교에서는 생각지도 못한 많은 문제들이 닥쳐왔고, 이 시기 라이너는 평양에서 무척 힘든 한 해를 보내야 했다. 이 사역은 거의 한 사람이 전담해야할 정도로까지 그 양이 복잡하고 많았다. 평양외국인학교는 이 당시 대략 102명의 학생들이 있었다. 재학생들 가운데 54명은 한국과 중국의 장로교 미션에서 왔다.

66) *Report, 1929-1930, Mr. and Mrs. R.O. Reiner.*

이들 가운데 5명이 고등학교를 졸업하고 9명이 8학년을 마쳤다. 고등학교 졸업생들 대다수가 이번 가을에 대학 입학을 기대하고 있었다. 그들에게 다음 해의 등록은 상당한 기대감으로 차올랐었다. 그 뿐만 아니라 학생들의 요구를 만족시키려고 여학생 기숙사에 여분의 방을 제공하기로 했다.

라이너가 이즈음 주목할 만한 사역 가운데 하나는 학교에 로버트 맥머트리(Robert Mcmurtrie) 체육관을 세운 것이었다. 믿음으로 시작한 이 사역은 믿음으로 완성하기를 라이너는 기대하고 있었다. 이를 위해서 4,500엔 이상에 달하는 건물기증이 필요했는데, 라이너는 이 사업에 함께 참여해준 모든 이들에게 감사를 드리지 않을 수 없었다. 이 사업의 총 비용은 대략 8,000엔으로 예상했었다. 이 사업을 하는데 부족한 3,500엔을 충당할 기부금을 받아야 했다. 이 사업에 동참하는 교사들도 특별히 함께 해 주었고 이 사역을 하는 도중 부득이하게 로건과 캐서린, 스위니와 매키넌 이 네 사람은 고국으로 돌아갔다. 그들 각자의 자리에서 매우 성실했기에 라이너와 그의 팀들은 그들을 몹시 그리워했다.[67]

그리고 이 시기 라이너는 바쁜 사업에도 불구하고 대학에서 교육학 수업 세 개를 가르치며 주당 7시간을 할애했었다. 그는 이번 학기 초부터 대학 내 남학생들을 대상으로 성경수업도 가르쳤다. 이 수업에 참석한 학생들은 보통 열 여덟 명이었다. 이 수업은 영어로 진행되었고 매우 초급과정이었지만 학생들은 이를 몹시 즐기는 것처럼 보였다. 그리고 라이너 부인은 공동체 내의 다른 여성들과 함께 매주 가르치는 성경수업을 통해 일본인들과 만나는 것을 즐거워했다. 이 수업에서 라이너의 부인은 많은 여성들이 함께 수업에 참여할 수 있도록 최선을 다하는 모습을 보여주었다.

---

67) *Personal Report, Mr. and Mrs. R.O. Reiner, 1931-1932.*

평양외국인학교는 많은 시간에 걸쳐 계속 사역이 진행되고 있었다. 이 일과 관련하여 학교에는 여러 문제들이 발생했는데 그 때마다 매 순간 라이너는 세심한 관심과 주의를 기울였다. 이 일을 하는데 안타까운 일들도 일어났었다. 가을에 게일 터커(Gayle Tucker)가 귀가하던 중 기차에서 내리다가 미끄러져 발 하나를 잃고 거의 다른 쪽 발도 잃어버릴 뻔하였다. 당시의 어려움에서 그는 헤어나와 그의 새 발로 편하게 다닐 수 있게 되었다는 소식을 접하게 되어 라이너는 한편으로 안도했다. 그러나 그 사고는 게일 터커에게 영구적인 장애가 될 것이 분명했고, 그가 매우 활달한 소년이기에 이 문제는 너무 심각했었다.[68]

이 기간 동안 라이너와 동역자들이 겪은 또 다른 위기와 상실감은 병으로 인해 집으로 돌아가라는 권고를 받은 애쉬(Ashe) 여사가 라이너 곁을 떠난 것이었다. 그녀는 출발일인 5월 8일에 앞선 지난 1년 몇 달간 건강이 악화되어 그녀가 평소 하던 일들조차도 할 수 없게 되었다. 샌프란시스코에서 도드(Dodd) 박사가 그녀의 병을 간호해 주었고 주의를 기울였다. 그녀의 병이 매우 위독하여 그녀가 다시 한국으로 돌아올 가능성은 거의 없어 보였으며 이는 라이너와 그의 팀들에게 더 많은 걱정을 안겨다 주었다. 애쉬 여사는 남달리 열정을 가지고 사역에 전념한 인물이었다. 그녀는 사역에 임할 때, 자신 스스로를 돌보지 않고 오로지 그녀가 돌보는 아이들만 항상 생각했었다. 밤낮으로 그녀는 어떤 위급상황에도 준비된 상태로 사역에 임했다. 10년 간 그녀는 온전히 아이들을 위해 헌신했고, 아이들 한명 한명에게 자신의 열정을 부어주었고, 아이들에게 높은 이상을 심어주었다. 라이너와 그의 사역자들은 그녀를 너무나 그리워했고 그녀의 회복을 간절히 바라고 있었다. 라이너는 그녀의 빈자리를 채우기 위해 고심했다. 그녀는 미션 회원이었기에 그 자리를

---

68) *Annual Report, 1932-1933, Mr. and Mrs. R.O. Reiner.*

대신하는 일은 미션의 역할을 보충하는 것이었다.[69]

앞서 라이너 부인은 함께 하는 여성들과 많은 시간을 보냈었다. 그녀는 시내의 일본 여성들과 함께 하는 성경수업을 계속 보조해 왔었다. 관리들의 안주인들과 시간을 보내다 보니 수업 참석률은 그다지 높은 편은 아니었다. 그러나 라이너와 함께한 동역자들이 보았을 때, 일본인들과 유대관계를 맺는 것은 상당한 가치를 있다고 판단했다. 게다가 많은 여성들 사이에서 라이너 부인의 가르침은 기독교에 대한 관심을 더욱 고조시키게 했고 이 사역의 결실은 생각 이상으로 많을 것이라고 확신했었다. 이 임무 외에도 또한 라이너 부인은 여성고등성경학교 자조부서(Women's Higher Bible School Self Help Department)에서 옷을 만드는 부서를 책임지고 있었다. 이 곳에 적응하기 위해서 그녀는 상당한 시간을 필요로 했지만 그녀와 함께 한 공동체 여성들은 라이너 부인이 함께 해주어서 고마워하는 것으로 보였다. 그 뿐만 아니라 라이너 부인은 시내의 여러 학교의 다른 자립부서가 하는 일들과는 다른 일을 해내고자 노력해왔으며 이런 점에서 라이너 부인의 성공은 실로 감탄을 자아낼만했었다. 이처럼 라이너와 부인은 학교 교육에 누구보다 애착이 강한 부부였다. 그들의 열정은 한국과 일본인까지 넘나들면서 유대관계를 중요시한 것으로 표현되었다.[70]

(2) 평양외국인학교 사역 구분과 사역의 연장선(1933-34)

1932년 라이너는 사역의 열악한 여건으로 인해 낙심과 슬픔, 상실감으로 가득한 시간이었지만 이 모든 것을 통해 하나님의 선하심이 나타난 시간임을 깨달았다. 1932년 여름, 라이너는 자신의 외동딸인 넷째 아

69) *Annual Report, 1932–1933, Mr. and Mrs. R.O. Reiner.*
70) *Annual Report, 1932–1933, Mr. and Mrs. R.O. Reiner.*

이를 대학에 보내야 했다. 사역지에 온 이래 라이너가 해야 했던 일들 중 가장 고된 일 중 하나는 자녀 양육이었다. 라이너의 사역과 함께 한 딸아이에게도 이 경험은 무척 힘들었다. 게다가 라이너의 스물다섯 번째 결혼기념일 다음 날, 사랑하는 어머니가 오랜 세월 병을 앓으시다가 하나님의 부름을 받았다.

또한 1933년 8월 10일에 평양외국인학교 수업을 들었던 졸업생 중 한 학생이 갑자기 사망하여 라이너와 모두에게 충격을 안겨주었다. 12월 13일, 기숙사 사감인 애쉬 여사도 부르심 받아 주와 함께 거하게 되었다. 라이너는 기숙사에서 아주 작은 것까지 세심히 보살피던 그녀의 삶은 정말 아름다웠고, 그녀의 엄마 같은 보살핌 아래 지낸 아이들에게 보여준 영향력은 생각 이상이었다고 고백했다. 그리고 다음 해 1월 6일, 교사인 앤더슨이 너무도 갑작스럽게 이해할 수 없이 라이너 곁을 떠나갔다. 그녀가 건강한 모습으로 라이너에게 온 이후, 그녀의 열정과 기독교 신앙이 주위를 온통 물들이는 것처럼 보였다. 라이너를 지켜 주던 사람들이 하나 둘씩 떠나고 결국 학교는 12월 18일 문을 닫았다. 19일 아침에 라이너는 자신의 곁을 지켜주던 이들이 떠났다는 그 끔찍한 고통 때문에 잠에서 깨어났다. 라이너는 앤더슨 양을 그리워하며 그녀의 유족에게 조의를 표했다. 7월에 역시 교사 중 한 명인 메리 토머스양이 소아마비에 걸려 미네폴리스에 있는 집으로 돌아가야만 했다. 그녀가 크게 호전됐다는 소식에 모두 매우 기쁨을 감추지 못했다. 그녀는 라이너와 함께 하기로 한 약속을 지키기 위해 한국으로 돌아오기를 바라고 있었고, 하나님께서 이 소원을 기꺼이 이루어주실 것이라고 라이너는 굳게 믿고 있었다.

이런 심각한 상황들 외에도 다른 많은 이상한 질병들이 사역팀들을 괴롭혔다. 어떤 질병은 심각했지만, 대다수는 회복되었다. 이처럼 라이너의 사역에 질병은 큰 걸림돌이 되었다. 그러나 그는 하나님을 굳게 믿고 이 어려움을 헤쳐 나가려고 무척이나 애를 썼다. 이 사역 기간 1년은 라이너에게 그 어느 때 보다도 가장 힘든 시기였다. 친구들의 기도가 없었더라면, 하나님의 사랑이 라이너와 함께 하고 있다는 것을 몰랐더라면, 끝까지 맡은 일을 수행하기란 불가능했을 것이었다.[71)]

이 힘든 시기에 라이너는 어려움에 굴하지 않고 사역을 외국인학교와 대학으로 나누어서 진행하였다. 라이너는 대학 사역에서 1년간 매주 7시간에서 8시간 가르치는 일을 하였다. 교실의 일상은 다른 해와 변함없었다. 대학과 연계하여 라이너는 매 주일 아침, 대학 및 학교의 젊은이들, 그리고 영어를 배우면서 충분히 이해하는 신학대학의 젊은이들과 함께 성경수업을 하였다. 이 수업은 다소 극심한 기복이 있었는데 학생들이 점점 주일학교나 다른 지역의 교회사역을 하러 옮기는 바람에 중도에 그만 두는 자가 생길 수밖에 없었다. 1934년 3월 하순에는 평균적으로 매주 10-12명이 참석했다. 학기가 시작되면서 숫자는 약간 더 늘었고 구성은 매우 크게 달라졌었다. 정기적으로 참석하는 다수가 신학대학의 학생들이었다. 수업이 처음으로 시작되었을 때는 일본인들이 등록해서 수업에서 다양한 학생들의 분포를 볼 수 있었다. 이들 중 한 명은 정부학교 중 한 곳의 영어 선생이었고 또 다른 한 명은 신문기자였다. 라이너 생각에는 둘 다 영어를 배우러 온 것이었지만 라이너의 속마음은 공부하러 온 그들 역시 복음을 받아들일 수 있기를 기도했다.[72)]

그리고 외국인학교 사역은 많은 시간을 필요로 했다. 매년 이 사역은 점점 더 어렵고 복잡해졌다고 한다. 대략 75,000엔의 예산 중에 3,000엔에 못 미치는 돈이 합동 선교회(Cooperation Mission)에 의해 기부되었는데 이를 라이너 혼자서 담당하는 것이란 여간 부담스러운 일이 아니었다. 가능한 공부하는 학생들의 부모들의 부담을 덜어주려고 라이너는

71) *Personal Report of R.O. Reiner, 1933-34.*
72) *Personal Report of R.O. Reiner, 1933-34.*

교사 한 명을 그만두게 했다. 대신 이 교사가 하던 업무의 상당한 부분을 라이너가 개인적으로 맡게 되었다. 그 뿐만 아니라 애쉬 여사의 죽음으로 그녀가 하던 많은 일들 역시 라이너가 맡게 되었다. 학부모들의 놀라운 협조가 없었더라면, 그리고 그들의 연민과 기도의 후원이 없었더라면, 1년을 더 계속하여 책임질 수 있으리라고는 생각지 않았다. 한 해 동안 많은 시간들 속에서 라이너는 이 사역을 포기하고 싶은 적도 있었지만, 문제에 직면할 때마다 하나님 나라를 이 땅에 건설하기 위해 가장 강력한 힘과 기회를 주셨음을 다시 한 번 생각해보았다. 라이너의 노력으로 외국인학교의 1년간 등록한 학생은 123명으로 이중 91명은 선교회에서, 21명은 중국에서, 2명은 일본에서 온 아이들이었다. 16명이 부모의 사업차 가족을 따라 왔었다. 이 중 74명이 기숙사에서 생활했고 14명의 상급자와 8학년이 6월에 졸업할 예정이었다. 이로써 고등학교 졸업생이 55명이 되었다. 그들은 훌륭한 젊은이들로 성장해서 좋은 일자리를 구하는 중이었다.[73)]

라이너는 부인인 제시와 더불어 큰 아들 휴(Hugh), 쌍둥이 형제인 도널드(Donald)와 유진(Eugene), 딸인 룻(Ruth)이 항상 하나님의 인도하심을 받고, 하나님 안에서 노력의 결실을 맺음에 감사했다. 휴는 샌프란시스코 신학교에 들어가서 이 공부가 자신에게 큰 자극제가 되고 앞으로 자신이 훌륭한 사역자가 될 수 있을 것이라는 깨달음을 얻었다. 쌍둥이들은 의예과 과정을 수료하고 가을에는 캘리포니아 의대에 진학하기를 기대하고 있었다. 룻은 캘리포니아대학교에서 1학년을 보내고 그녀가 했던 일들에 대해 만족스러워했다. 라이너의 자녀들이 수많은 문제에 직면하는 이 중요한 3년이란 시기동안 떨어져 지내는 것은 라이너 자신에게 너무 어려운 일이었다. 그러나 라이너는 그들이 하나님을 신뢰하고,

---

73) *Personal Report of R.O. Reiner, 1933-34.*

하나님께서 그 영광을 위하여 다스리시리라는 것을 믿었다. 라이너는 사역과 삶의 모든 것을 하나님께 맡기는 신앙을 가지고 있었다.

(3) 평양외국인학교 사역과 기계창, 낙농업 사역(1935-36)

라이너에게 1935-1936년은 홀로 힘든 시간을 보내야 하는 시기였다. 아내와 네 아이들이 미국에 있으므로, 라이너는 남은 사역에 대해 힘든 시간을 토로하면서 이겨낼 자신감을 마음속으로 그리고 있었다. 라이너가 생각했을 때, 자신들의 삶이 그리 권장할 만한 삶은 아니라고 솔직히 털어놓기도 했었다. 라이너는 힘든 사역 속에서 가족에 대한 그리움을 표현하기도 했었다. 특별휴가를 받아 잠시 가족에게 돌아가서 그들과 몇 달간 함께 지내는 것이 가장 좋을 것처럼 보였다. 그러나 라이너에게 그런 시간은 허락되지 않았다. 스스로에게도 바램과 달리 현실은 그에게 넉넉한 시간을 주지 않았다. 그 뿐만 아니라 허락된다고 해도 5개월 동안 가족들과 집에서 지내는 비용을 헤아려보고는 불가능하다는 것을 알게 되었을 때, 휴가 기간까지는 사역지에 머무르는 것이 최선이라고 결론 내렸다. 그래서 라이너는 부인에게 돌아와 달라는 전보를 보내기도 했다. 그 전보에 대한 답신은 없었지만 라이너는 이 계획이 만족스럽게 이루어질 것 같다는 생각이 들었다. 그리고 라이너의 부인은 9월 1일 경에 돌아왔다.[74]

그 후, 라이너의 부인이 돌아와서 1933년 한해 가족들과 집에서 화목한 시간을 보낼 수 있었다. 라이너와 그의 자녀들은 모두 건강했고 그로 인해 라이너 자신도 매우 만족하고 감사했다. 그러나 이 기간에 라이너는 학교 사역에 집중하느라 무척 바빴다. 라이너와 그의 사역자들은

---

74) *Personal Report, 1935-1936, R.O. Reiner.*

몇 년간 해온 모든 일들이 이전처럼 계속 진행되고, 이 외에도 기계창에서 일하는 맥머트리의 사역이 라이너의 몫으로 주어졌다. 물론 그의 자리를 누군가 대신하기란 불가능했기에 관리자와 함께 기계창과 관련한 온갖 문제들에 관하여 자주 오랜 회의를 했다. 여기에는 수취어음과 지급어음을 만드는 일도 포함되었다.

1935년 라이너가 마주해야 했던 가장 큰 문제점은 일하는 아이들을 새로이 받아들인 것이었다. 숭실중학과 대학 내 상황이 너무나 불확실하여 라이너는 앞으로 몇 년간 자신에게 부담이 될 새로운 일을 맡지 않기를 바랐었다. 결국 라이너는 예전의 연간 계약근거에 따라 학교에서 당분간 더 이상 남자 아이들을 받지 않기를 결정했다. 여섯 명의 아이들이 월급을 받고 기계창에서 일했다. 이전에 기계창은 그들에게 식사와 방을 제공하고, 휴식 등으로 인해 어떤 공제액이 발생하든 간에 연말에는 150엔의 보너스도 보장했었다. 이제 여건이 어려우서 라이너는 그 어떤 것도 보장해 줄 수 없었다. 매달 얼마가 절약되는지는 아이들이 떠나고 싶거나 혹은 라이너와 그의 사역팀들이 그들을 떠나보내는 뜻에 달려 있었다. 학교의 모든 것들이 불확실하긴 했지만 어떤 심각한 비상사태가 발생하지 않는 한 연말이 되기도 전에는 그 아이들을 내보내고 싶지 않았다. 이들이 그들 계약에 부응하지 못할 때에는 이중 일부가 지급되어서는 안 되겠지만, 그들은 적어도 2,000엔을 이의 없이 지급해달라고 요구할 것이 예상되었다. 학교가 빠르게 변하든 그렇지 않든 간에 기계창 위원회는, 아카데미와 대학이 어떻게 변하든지 간에 그들이 약속한 그들의 몫을 잘 이행한 경우에는 라이너가 보장하는 금액이 반드시 소년들에게 지급되어야 한다고 생각했다.[75)]

이 당시 기계창은 약 2,600엔의 실적을 올렸다. 라이너가 기대한 것보

---

75) *Personal Report, 1935-1936, R.O. Reiner.*

다도 많은 금액이었다. 이러한 실적을 올릴 수 있었던 이유는 공동체 내에서 몇몇 기관들이 다양한 건물을 지어 개조하여 새로운 프로젝트를 수행했기 때문이었다. 그러나 여전히 기계창의 장래는 너무 불확실하며, 라이너가 이것을 다음 봄이 오기도 전에 더 이상 운영할 수 없을까봐 우려하였다. 기계창에서 이루어지던 일부의 작업이 도시의 다른 기계공에 의해 만족스럽게 마쳐질 수 없기 때문에, 이는 공동체와 미션의 많은 이들에게 불편을 끼치는 걱정거리였다.[76]

여름에는 맥머트리의 기계창 임무를 라이너가 맡게 되고, 파커 박사는 휴가를 떠나기로 결정하였다. 지난 몇 년간 파커 박사가 성공적으로 수행해 온 기계창의 회계담당자의 임무 역시 라이너의 부차적 업무 중 하나로 맡게 되었다. 이 역할이 라이너에게 그리 큰 부담은 되지 않지만 라이너가 현재 기관의 자금의 출납을 다 관리하면서 모든 정책사항을 관리하는 자로서 동시에 조언자의 역할도 하고 있기 때문에 어찌되었든 상당한 책임을 지고 있는 것은 사실이었다.

라이너는 1년 전에 아침 고요 농장(Morning Calm Product)과 평양 낙농장의 회계 담당자로 일해 달라는 제안도 받았었다. 농장의 계좌는 아주 작은 항목들을 다소 포함하고 있었기 때문에 매우 막중한 일이었고, 동양인들과 서신교환을 필요로 하는 일이었다. 라이너가 이 일을 맡았을 때는 보다 더 수월한 작업을 위해서 수집할 많은 청구서들이 있었고, 이것들 중 꽤 많은 청구서들이 여전히 파일에 남아있었다. 이 파일을 정리하는 일들과 함께 기계창과 낙농장의 계좌와 관련된 추가적인 일을 수행하려면 총무 한 명을 더 고용해야만 했었고, 고용된 총무는 일을 매우 잘 해주어서 그 일의 부담이 전혀 무겁게 느껴지지 않았다. 이후 농장은 꽤 괜찮은 재정상태에 놓여있었다. 현금잔고는 모든 부채를 다 갚

76) *Personal Report, 1935-1936, R.O. Reiner.*

기에 충분했고, 팔리지 않은 주식 또한 상당히 남아 있었다.

마찬가지로 대학 내 사역은 이전처럼 계속 진행되고 있었다. 라이너의 수업은 영어와 미국문학으로 이루어져있고, 주제와 관련하여 토론수업이 가장 기쁜 일이기도 했다. 그러나 라이너는 교실에서의 임무는 실패했다고 판단했다. 4월의 학기가 시작된 이후로 상황은 좀 나아지긴 했으나 학생들은 아직도 수업준비를 하는 데 있어 부족했다.

대학에서 주일 아침 영어성경을 가르치는 것은 라이너에게 매우 큰 기쁨이 되었다. 이 수업은 국립의과대학과 신학대학, 그리고 기독교연합대학과 숭실중학에서 온 사람들로 구성되어 있었다. 1935년 봄, 보통 스물 여덟 명이 수업에 참여했으나 여러 사람이 영어에 대한 이해가 부족하다고 느껴서 낙심하고 그만두었기 때문에 그 숫자는 계속하여 감소하고 있었다. 그러나 몇몇 이들은 종교적 문제에서 아주 작은 가르침도 받아들여서 수월했고 라이너는 이 일을 매우 귀중하게 여기고 있었다.

평양외국인학교는 1935년과 마찬가지로 라이너가 많은 시간을 할애해야 했다. 시설을 더욱 확장할 필요 없이 지금까지 진행된 것처럼 외국인학교는 이전과 동일하게 역할을 분담했다. 외국인학교 등록생은 올해 107명이었다. 17명의 학생들이 6월에 고등학교를 졸업하고 미국의 다양한 대학에 입학할 예정이며, 학생 한 명은 호주로 갈 예정이었다. 두 명의 선생이 계약을 마치고 미국으로 떠났다. 교사 중 크라우더는 어머니의 건강 문제로 떠났고, 액스워시는 뉴욕의 성서신학교로 갈 계획이었다. 다음 해 교수진은 이 두 가지 예외사항만 빼면 금년과 동일했다. 광주의 플로라는 액스워시의 일을 맡고, 미국에서 온 새로운 사람이 크라우더의 일을 맡을 예정이었다.[77)]

1936년 외국인학교의 분위기는 꽤 좋았다. 다른 때보다 학생들의 징

---

77) *Personal Report, 1935-1936, R.O. Reiner.*

계문제가 적었다. 외국어 상급자 반이 변함없이 안정된 그룹으로 자리를 잡고 열심히 공부하는 사실과 모든 부서에서 교사들이 훌륭히 일을 해내고 있었기 때문에 비교적 학교는 안정적이었다. 특히 밀러 박사는 성경을 가르치는 선생으로서의 훌륭한 업적을 통해 학생들에게 긍정적인 영향을 주었다. 가을에 던롭 박사는 살아가는 일들과 일상생활 문제에 대하여 학생들에게 좋은 이야기를 들려주었고, 쇼 씨에 의해 이루어지는 일련의 모임과 단체생활 등과 관련된 계획은 잘 진행되고 있었다. 라이너가 생각한 학교는 학생들에게 영적 경험의 토대를 제공하는 것을 목표로 하는 것이다.[78] 지금까지 라이너는 외국인학교를 무사하게 잘 이끌어 나갔다. 그는 평양외국인학교에서 기계창과 낙농업 사업 등 다양하게 텃밭을 일구어 나갔다. 이제 그는 또 다시 기계창을 확충하고 영어 공부를 넘어 새로운 구상을 하게 되었다.

4) 합성숭실대학 사역 4기: 기계창 확충과 마지막 사역

(1) 애나 데이비스 기계창 확충과 일본어 교실 개시(1936-37)

1935년은 라이너에게 선교 생활 중 가장 바쁘고 다사다난했던 한 해였다. 2년 전에 맥멀트리가 떠나면서 기계창을 맡고 있던 그의 임무는 라이너 몫의 일부가 되었다. 기계창의 회계담당자와 외국인학교의 교사였던 파커 박사가 떠나자, 그의 사역도 분주해졌었다. 1934년 여름에는 러츠가 떠나면서 아침 고요 농장(Morning Calm Product Company)과 평양 낙농장(Pyengyang Dairy)과 관련된 그의 상당한 업무 역시 추가적으로 라이너에게 맡겨졌다. 현재 휴가를 떠날 예정인 클라크 박사는 세금 및 자

---

78) *Personal Report, 1935–1936, R.O. Reiner.*

산을 관리하는 업무를 라이너에게 맡겼고, 결국엔 선교지부가 여학교(Girl's Academy, 보성여학교를 가리키는 것으로 보이나 혼동을 피하기 위해 이하 여학교라고 칭함)의 설립자로서 일해 달라고 요청해 왔는데, 이는 라이너에게는 매우 많은 일들이었다. 라이너가 이전에 맡았던 일들 중 어느 것도 줄어들지 않았다는 사실로 미루어보아, 이런 추가적인 임무들은 라이너의 일정을 분주하게 만들었다. 지금까지는 이럭저럭 라이너가 힘들게 임무를 수행해왔으나 결국엔 라이너 자신이 넘을 수 없는 한계가 있으리라 생각했었다.

1935년은 라이너 개인적으로나 라이너 가족의 삶에서도 중요한 한 해였다. 라이너 부인은 캘리포니아의 산타 바바라에 위치한 코티지 병원(Cottage Hospital)에서 중대한 수술을 받아 상당히 회복했었다. 그러나 결국에 이 일이 그녀에게 얼마나 유익이 될는지 지켜보는 것이 남아있었다. 라이너는 그녀에게 크나큰 유익이 있기를 진정 바라고 있었다. 그녀는 거의 2년간을 떨어져 있다가 마침내 3월 23일 집으로 돌아왔다. 라이너는 그녀와 다시 함께 할 수 있으니 말할 것도 없이 당연히 행복할 따름이었다. 1934년 5월 1일에 라이너의 큰 아들인 휴가 베티 우덴버그와 결혼했다. 그는 12월에 샌 안젤모(SanAnselmo)에서 신학원 과정을 마친 후, 캘리포니아 브롤리에 있는 교회에서 목사직을 임명받았다. 8월 4일에 유진은 메리 애덤스(Mary Adams)와 결혼했다. 이 젊은이들은 자신들이 의학과 간호과정을 계속 공부하고 있는 샌프란시스코에 아파트를 얻었다. 룻은 1월 23일 찰스 A. 닷지(Charles A. Dodge)와 결혼하여 그들 역시 샌프란시스코로 옮겨 갔다. 그녀는 12월에 간호학 정규과정을 마쳤으며 4월에는 주 위원회 시험에 통과하였다. 그러나 그녀는 계속해서 오클랜드의 메리트 병원과 샌프란시스코의 카운티 병원에서 고등 공부를 이어가고 있는 중이었다. 이 시기 라이너는 가족과 떨어져 있던 시간 동안 베푸신 하나님의 자비에 대해 감사하고, 아내이자 엄마의 안전한

귀환을 허락하신 하나님을 찬양했다.[79)]

평양숭실에서는 선교지부의 세 학교를 다른 곳으로 이관하는 것과 작년 발생한 크고 작은 불미스러운 일들에 대해 서로 논의했다. 라이너는 뜻밖에도 블레어(Blair) 박사의 요청과 선교지부의 허가로 특별위원회 의장으로서의 역할을 맡게 되었다. 이 일을 맡기란 상당히 부담되어 라이너와 그들 동역자 중 누구도 좋아하지 않았고, 라이너는 어떤 이상적인 해결이 가능할지가 고민에 빠져 있었다. 그러나 계획을 세워서 차근차근 실행에 옮겨야 한다고 생각하고, 혹은 적어도 약간의 수정이 필요하다고 확신했다. 매일 지체하게 되면 긴장이 더해지고 있다는 것을 의미하기도 했고, 상황을 더욱 심각하게 만들 뿐이었다. 이런 상황에서는 어느 누구도 신속한 결정을 서두르려 하지는 않았고 조심스럽게 행동할 수 밖에 없었다. 라이너 앞에 막중하게 놓여 있는 문제들은 그의 사역에서 두드러지는 효율성을 저하시키고 있었다.[80)]

라이너는 대학 내의 사역은 전과 같이 영어와 미국문학을 7시간씩 수업하여 진행하고 있었다. 한 해 동안 학교에서 분주했던 상황들로 인해 학생들을 가르치는 일 이외에 다른 일들은 할 수 없었고, 특히 4학년 수업에서는 더욱 다른 일들과 병행하는 것을 못하게 했다. 그러나 심각한 언쟁 없이 한해를 잘 마무리했고 많은 일들이 잘 진행되었다. 올 봄에는 두 상위 학급 학생들이 더욱 잘 해내고 있었고 그 기량도 좋아 보였다. 지난 12월까지 라이너는 대학 내의 학생들과 시내의 다른 기관의 관심 있는 사람들을 대상으로 영어 성경반을 운영했으나 수업을 별로 원하는 것 같지 않아 중단하는 사태가 발생했다. 이후에 YMCA 총무가 다가와 도시 전역의 학생들을 대상으로 이와 유사한 수업을 시작하자고 제안하였다. 그 수업이 시작되자 대략 스무 명 가량이 등록했다. 이 수

79) *Personal Annual Report, 1936-1937, R.O. Reiner.*
80) *Personal Annual Report, 1936-1937, R.O. Reiner.*

업은 교회나 선교사를 만날 일이 없을 학생들을 가르칠 수 있는 하나의 방법이었고, 이전에 대학 그룹에 있었던 많은 학생들도 포함되어 있었다. 라이너는 얼마 안 되는 기간을 소년들과 즐겁게 보내고 있었고, 이 일이 가치 있는 노력임이 드러나리라 믿고 있었다.

그리고 외국인학교는 과거의 그 어느 때보다도 더 막중한 부담을 가지고 있었다. 많은 심각한 문제들은 라이너에게 마치 전쟁을 겪고 있는 듯한 기분이 들게 했다. 그러나 이 모든 문제에도 불구하고, 학생과 교사들의 기량은 훌륭했고, 라이너는 그 모두에게 충분히 감사를 표현하지 않을 수 없었다. 이른 가을, 학생 중 하나로 즈푸(芝罘, 중국 옌타이의 옛 이름)에서 온 밥 어윈(Bob Irwin)이 학교로 돌아오던 중 지나가던 열차 사고로 죽었다. 어두운 밤이었기에 그 사고를 누구도 목격하지 못했다. 그래서 그 사고가 일어났다는 것 외에 라이너가 설명할 수 있는 것이 없었다. 그 사건은 학교 전체에 어두운 그늘을 드리웠고, 다양한 방식으로 학생들의 사고에 좋지 않은 영향을 미쳤다. 그 일의 여파가 아직 완전히 가시지는 않았으나 다행히 첫 반응을 무사히 견뎌내었고, 이제는 안 좋은 영향이 더 이상 없으리라 확신하고 있었다.

거의 동시에 기숙사 고용인 중 하나를 해고하는 것이 불가피해졌고, 이것은 애덤스 양에 대한 인신공격으로 이어졌다. 그녀는 이전부터 오래도록 감기를 앓고 있었는데 그 감기가 크리스마스가 끝나고 난 뒤에 학교로 돌아오지 못할 정도로 심각해져서 신체적 안정을 취해야 했다. 그녀는 3월에 1년간 쉬기 위해 미국으로 돌아갔다. 라이너가 받은 편지들은 라이너의 바람 이상으로 상태가 훨씬 호전됐음을 보여 주었다. 이로 인하여 라이너는 매우 감사했다. 1월에는 더 많은 고용인들을 그만두게 하는 난처함을 다시금 겪어야 했고, 어쩔 줄 모르는 심정으로 라이너는 세 사람을 내보내야 했다.

4월 후반기, 애덤스 양이 떠날 때, 그녀를 대신해서 라이너는 마가렛

헌트 양의 복무를 확실시 해 놓았다. 마가렛은 매우 일을 잘 해내고 있었다. 처음에는 경험이 부족하여 힘들어했으나 자신감을 찾고 나서 점점 성공적으로 그 일을 감당해냈다. 애쉬 여사의 후임자는 뉴욕 이사회로부터 4년의 지연 끝에 임명받았다. 그에 따라 로이스 블레어 양이 라이너 팀의 양호교사가 되었고, 라이너는 이 임명에 기뻐했다. 그녀는 학생들에게 훌륭한 선생이자 친구일 뿐 아니라, 가장 유능한 관리자이기도 했다. 그녀의 행정 관리능력은 분명히 성공적이리라 믿었다. 한 해의 학교 등록은 작년보다 6명이 줄어들었고, 이들 중 64명은 고등학교에, 37명은 중학교에 다녔다. 라이너는 대략 100명의 학생들이 다시 오리라고 기대하고 있었다.[81)]

이 시기 라이너는 기계창뿐만 아니라 낙농업에도 시간을 할애하였다. 낙농장을 맡고 있던 담당자가 휴가를 떠나면서, 낙농장의 감독권이 맬스버리와 필립, 그리고 라이너의 손에 맡겨졌다. 그는 재정을 담당하고 있었기에 직접적으로 많은 문제들에 부딪쳤지만 맬스버리와 필립에게는 점검하고 감독할 시간이 따로 주어졌다. 낙농장은 때때로 어려움을 겪긴 했어도 대부분 거의 잘 진행되어 갔다. 한 해 동안 담당자인 양씨가 관리자 역할을 잘 감당해 왔으나, 가끔은 그의 경솔한 행동으로 불필요한 비판을 불러 일으켰다. 하지만 라이너는 그가 경솔함을 극복하고 그런 경험을 통해 배워왔으니 앞으로는 더 잘 하리라고 확신했다. 낙농장은 현재 외국인 공동체에 우유를 제공하고 있었으며, 그 양은 하루에 120쿼트에 달했다. 게다가 일일 50쿼트 정도가 한국인과 일본인들에게 팔린다. 우유에 대한 도시 내 수요는 꾸준히 늘어나고 있었는데 가정이나 호텔, 아이스크림 가게에서 사용되었다. 낙농장은 현재 열여덟 마리의 소젖을 짜고 있었고, 약 열두 마리의 어린 가축들도 있다. 몇몇 소들

81) *Personal Annual Report, 1936-1937, R.O. Reiner.*

은 한 해 동안 시골의 다른 낙농장에 팔렸고, 이 낙농장의 개발을 장려하는 것이 라이너의 정책이었다. 1936년 한 해 총 판매액은 외국인들에게 9,032엔, 한국인과 일본인들에게는 7,413엔에 달했다. 부수적인 수령을 포함하면 총액은 16,568엔에 이른다. 낙농장을 세울 때 발생했던 부채는 모두 갚았고 상당한 흑자 상태로 바뀌었다. 이로써 라이너는 추후 낙농장의 운영은 재정적으로 보다 용이할 것으로 예상했다.[82)]

그리고 라이너는 아침 고요 농장(Morning Calm Product)에 시간을 투자하였다. 농장의 감독권은 해밀튼과 라이너에게 맡겨졌다. 그러나 해밀튼이 9월에 사임하면서 사실상 그 일은 라이너가 담당하게 되었다. 라이너는 큰 사업을 해왔고, 한국 전역과 일본과 중국의 일부 지역 사람들에게 시리얼과 통조림으로 된 야채나 과일, 씨앗들을 제공할 수 있었다. 지난 여름에 만들어진 통조림은 만족스럽진 못했다. 그래서 재정적으로 적지 않은 손실을 입었고, 이것은 내년 가을 판매에도 불리하게 작용할 것으로 예상했었다. 올 여름에는 다른 방식으로 통조림을 만들 계획이며 더 나은 상품이 되기를 바라고 있었다. 판매는 1936년 한 해 동안 16,903엔에 이르렀다. 이 사업 역시 모든 부채를 다 상환했고 이제는 정기사업을 충분히 수행할 만큼 실적이 훌륭했다. 한 해의 수익은 만족스럽긴 해도 아주 많은 것은 아니었다.

이 시기에 라이너는 낙농업과 아침 고요 농장(Morning Calm Product)에만 몰두한 게 아니라 기계창에도 시간을 투자했었다. 기계창은 한 해 동안 상당한 양의 작업을 해왔고, 많은 방법으로 공동체 일원들의 필요를 충족시켜주었다. 게다가 상당한 사업이 도시 외곽에서 비롯되었다. 그러나 이 당시의 여건으로 볼 때, 외국인들과 정기적으로 만날 사람은 없기에 사업은 당연히 축소될 수밖에 없었다. 다행히도 봄에는 거의

---

82) *Personal Annual Report, 1936-1937, R.O. Reiner.*

2,000엔에 달하는 가구 주문을 대유동 광산에서 받았다. 그와 동시에 같은 곳으로부터 받은 거의 천 엔의 값어치에 상응하는 작업도 룰라 웰스 자조기관(Lula Wells Self Help Department)에 주었다. 사실 이러한 주문으로 함께 일하는 케참(Ketcham) 양은 거의 어쩔 줄 몰라 했다. 그녀는 이 일의 대부분을 완수했으며 나머지 일들도 여름까지는 끝내기를 바라고 있었다.

라이너는 윤창로와 함께 기계창의 판매와 사업, 공장과 부지를 협상했다. 윤창로는 기계창을 몹시 인수하고 싶어 하지만 자금을 모으는 데 어려움을 겪고 있었다. 인수하고 싶은 물품목록은 거의 완성되었다. 이 일이 끝날 때, 그와 함께 가격을 논의할 예정이었다. 과거에 라이너는 남학교와 대학에서 상당히 많은 젊은이들과 일해 왔었던 경험이 있었다. 과거의 그런 실습은 이제 더 이상 이루어지지 않았다. 이 때문에 라이너와 그의 동역자들은 계속해서 공장을 운영하고 싶은 마음은 없었다.[83)]

1936년은 라이너가 많은 사역에 집중했고 이미 열거한 일들 외에도 다른 여러 임무들을 수행했는데 그 임무는 다음과 같다. 첫째, 라이너는 선교지부의 회계총무로서 분기별 주문서를 작성하고 선교지부에 온 모든 특별기금을 기록해야만 했다. 서울의 은행들이 4월 1일에 모든 형식의 환전이나 시외수표를 취급할 때 수수료를 받기로 결정하였기에 선교지부의 돈과 회원들의 봉급은 모두 라이너가 회원들 각자에게 나누어 주고 있었다. 이것으로 미션과 회원 모두에게 상당한 절약이 되었다.

둘째, 라이너는 12월에 대학이사회로부터 대학 기부농장인 신화동 농장의 회계담당자가 되어달라고 부탁받았다. 또한 농장을 관리하는 대학이사회도 대표를 맡게 되었다. 이 일만으로도 많은 시간이 필요하고 사실 가장 힘든 경험이기도 했다. 위원회의 다른 회원들과 마찬가지로 선

---

83) *Personal Annual Report, 1936-1937, R.O. Reiner.*

임자들이 책임을 돌리면서 해결되지 않은 문제들이 농장에 남겨졌었다. 라이너는 이 불행한 상황을 바로잡고자 거의 피땀 흘리며 노력했다. 이제 해결할 길이 보이는 것 같지만 힘든 길이기도 했다.

셋째, 라이너는 10년간 선교지부의 빈민 재정을 관리하면서 시내의 가장 가난한 구역의 교회 빈민을 돕는 데도 시간을 아끼지 않았다. 그런데 불미스러운 일로 아주 적게 도움을 줄 수밖에 없는 상황이 있기도 했다. 불미스러운 일이란 한 목사가 1년 전에 기금을 모아 놓았다가 개인적으로 그 돈을 사용해버린 일이다. 그 목사는 다른 부정도 저질러서 교회에서 사임을 하게 되었다. 또 다른 교회에서 그 목사는 기금을 관리하다가 지난 가을에 장로 중 한 명을 위해 그 돈을 사용했다. 그가 비난받은 것은 돈을 부분적으로 사용하여 어떤 이에게는 호의를 베풀고 다른 이에게는 그렇지 않았다는 점에서 비롯되었다고 전해졌다. 라이너가 이를 알았을 때에는 그 교회에 더 이상 쓸 수 있는 돈이 없다는 것을 깨달았다. 그 결과 가난한 자를 구제하는 도움의 손길을 그만 둘 수밖에 없었고, 이를 대체하기 위해 새로운 형태의 계획을 구상해야 했다.

넷째, 특별교육위원회의 일원으로서 라이너는 다른 이들과 함께 선교지부에서 일어나는 막중한 책임감을 짊어져야 했다. 그러나 2월에 이사회가 세 학교를 맡아달라는 제의를 모리 박사와 라이너에게 함으로써 라이너와 동역자 모두에게 어느 정도 심적 고통이 되었다. 라이너는 다양한 방법으로 일의 요청을 받았고, 이 일은 라이너를 매우 당혹스럽게 했다.

다섯째, 라이너는 세금과 재산관리에 힘을 쏟았다. 그는 이 일의 초기단계에 있는 중이었다. 그 자산을 점검하고 토지를 양도하거나 세금을 다 지불하도록 관리하는 것이 작은 일이 아니었기 때문에 클락 박사가 떠났을 때에 라이너는 그 부담이 막중하리란 것을 알았다.[84]

---

84) *Personal Annual Report, 1936-1937, R.O. Reiner.*

라이너는 겨울에 공동체의 구성원들에게 일본어 교실을 편성하는 것이 바람직하다고 제안하였다. 이후 수업은 시작되었고 매주 두 번 모임을 갖게 되었다. 거의 20여명의 사람들이 정기적으로 수업에 참석하고 있었다. 사토 양이 일본어를 가르쳤다. 이것은 하나의 실험이지만 일본어 공부의 진짜 관심을 불러일으키는 방법이 되리라고 믿고 있었다. 라이너는 이 언어를 더 잘 알 필요가 있었다. 라이너와 팀원 중 몇 명은 이 언어를 유창하게 활용하여 직접 관리들을 만날 수 있어야 한다고 생각했다.[85)]

라이너는 위와 같이 열심히 사역을 감당하면서 신앙심을 한시도 놓지 않았다. 그는 늘 하나님의 도우심을 찬양하는 인물이었다. 하나님의 도우심과 인도하심을 찬양하며 항상 일을 마무리 하려고 했었다. 그가 해온 것처럼, 이토록 방대한 선교지부의 사업들 때문에 이 나라 사역지의 어느 곳에서든지 이른바 복음주의 사역을 맘껏하기란 분명 불가능했다. 그러나 학생들과 나누는 개인적이고 영적인 문제들, 책임 있는 자리에 오르기 전 기독교적 삶의 기준을 높이 설정하는 것, 정직과 사랑, 그리고 기독교 형제애의 이상을 심어주는 일들은 그 많은 수고로움도 감당하도록 직접적으로 기여하고 있었다.

한 가지 사례는 라이너가 하고 있는 일과 생각들을 잘 반영하고 있었다. 여름에 낙농장 관리인인 양 씨가 그의 무분별한 행동 때문에 시내의 다른 낙농장들과 마찰이 있었다. 그들은 기분이 매우 상해서 고의적으로 양 씨를 공격하기 시작했고 그를 여러 가지 방법으로 위협하였다. 양씨는 매우 흥분하고 분노하여 그들을 고소할 결심을 하게 되었다. 양씨는 먼저 자신의 생각과는 완전히 다른 라이너의 조언을 구했다. 양 씨는 그들을 용서하거나 잊기를 꺼려했다. 라이너는 마침내 그에게 그가

85) *Personal Annual Report, 1936-1937, R.O. Reiner.*

기독교인이라는 사실과 기독교인은 그러한 문제로 법정에 가지 않는다는 것, 또한 기독교인은 다른 쪽 뺨을 내어준다는 것을 기억하라고 권면했다. 그는 그러한 이야기를 듣고 싶어 하지 않았다. 그것은 그에게 어떤 복수도 되지 않았던 것이었다. 결국 라이너는 그에게 그가 좋을 대로 행동하라고, 그러나 그가 자신뿐 아니라 그와 협력하고 있던 라이너와 팀 동역자 모두에게 증오를 가져올 것임을 기억하라고 이야기 해 주었다. 며칠 뒤에 그는 고소를 하지 않겠노라고 결심했다. 그리고 며칠이 지난 후, 그의 일꾼 중 하나가 같은 낙농장의 사람에게서 공격을 받아 복수를 맹세하는 일이 일어났다. 양 씨는 라이너가 그에게 해 주었던 이야기를 그의 일꾼에게 다시 들려줌으로써 기독교적 사랑의 의미를 전할 수 있게 되었다. 이처럼 라이너는 단순한 경영자나 교육자가 아니라 하나님의 사랑을 전하는 전도자였다. 그리스도를 섬기는 기회는 반드시 거리 모퉁이에나 여행하는 중에 있는 것이 아니었다. 그리스도를 위한 가장 큰 승리 중 하나는 바로 순종하고 용서하는 것이었다. 라이너는 자신을 비롯해서 모든 가정과 팀원들에게 그리스도의 사랑을 배우고 가르치기를 멈추지 않았다. 그의 노력으로 사역자와 노동자 모두에게 자그마한 기적들이 일어나고 있었다.

(2) 미션스쿨의 변화와 기계창(1937-38)

1936년은 라이너에게 가장 바쁜 시기인 동시에 이제껏 겪은 문제 중에서도 가장 어려운 문제들이 발생했던 시기였다. 라이너와 그의 팀이 맡은 몇 가지 임무들은 어느 누구도 시도해보지 못했던 일들이었고, 라이너와 그의 동역자들은 검증되지 않은 미지의 분야로 나서서 이 상황이 잘 돌아가도록 해야만 했다. 이 경험들 중에서 평양에 있는 미션 학교를 폐교하는 것이 당연히 가장 힘들었다. 이 외에도 선교지부의 세금 사업과 평양에 있는 미션 부동산의 관리감독을 포함하여 클락 박사가 감당했던 수많은 업무 중 일부를 대신 맡아서 관리해야만 했었다. 이 일들은 라이너에게 새로울 뿐 아니라 초급자에겐 매우 복잡한 것이어서 상상하는 것보다 더 오랜 시간이 걸렸다. 비록 지난 18개월만큼이나 매일 밤낮으로 그렇게까지 피곤한 적이 없었다는 것을 고백할 정도였지만, 다행히 라이너는 건강이 한 해 내내 좋아서 이를 감당할 수 있었다.[86)]

이 당시 외국인학교는 항상 그렇듯이 많은 시간과 생각을 필요로 했다. 한 해 동안 108명의 아이들이 등록하였는데 그 중 31명은 중국에서 왔으며 11명은 만주에서, 2명은 일본에서 왔다. 중국의 상황은 불안정하고 위험하여 중국의 아이들은 1년 내내 한국에서 어쩔 수 없이 있어야만 했고, 이것은 라이너에게 다소 책임감을 불어넣어 주는 계기가 되었다. 다행스럽게도 아이들의 건강은 좋은 편이었다. 6월 7일에는 열여덟 명의 젊은이들이 졸업할 예정이었고 거의 그들 모두가 미국에 있는 학교로 바로 들어갈 예정이었다. 라이너는 지난 38년간의 학교사역에 대한 조사가 최근에 이루어졌는데 어떤 측면에서 그 결과는 매우 흥미롭다고 생각했다.

현재까지 495명의 다양한 아이들이 학교에 등록하였는데 이 중에서 1938년의 수업을 포함하여 144명의 아이들이 고등학교를 졸업했고, 167명은 8학년을 마쳤다. 총 등록생 중에서 219명이 현재 대학을 마치고 전문직이나 사업 분야로 진출하였거나 혹은 고등과정을 이수하고 있었다. 120명 즉 이들의 54%가 일종의 사업에 종사하고 있었으며 12%인 28명이 선교사를, 11%인 24명이 목사나 사모, 또는 평신도 사역자로서의 직책을 맡고 있었고, 9명은 신학훈련 중에, 5명은 의사로, 14명은 의사가 되기 위해 수련 중이며, 8명은 간호과정을 졸업, 8명 이상이 간호사로

---

86) *Personal Annual Report, Mr. and Mrs. R.O. Reiner 1937-1938.*

수련 중이고, 4명은 계약직 선교사로 사역하고 있었다. 이 수치를 요약하면 졸업생 중 30%에 해당하는 65명은 직접적인 선교사역이나 그 같은 사역을 위해 훈련 중에 있었고, 16%인 35명은 의학에 종사하거나 훈련 중에 있었다. 졸업생 중 17명은 한국에서, 7명은 중국에서, 2명은 만주에서, 또한 2명은 아프리카에서, 1명은 알래스카에서 선교사로 사역 중이었다. 이전에 학생 중 1명은 법학박사 학위를, 2명은 철학박사학위를 받았고, 또 다른 5명은 현재 철학박사학위를 받기 위해 공부하고 있었다. 144명의 졸업생 중에서 7명은 파이 베타 카파클럽(Phi Beta Kappa club, 미국 대학 우등생들로 구성된 친목단체)의 일원이 된 한편, 대학에 아직 남아있는 다른 7명도 그 클럽의 추가적인 일원이 되기 위해 도전하고 있었다. 라이너는 이러한 기록이 자랑하려는 것이 아니라 다가올 하나님 왕국의 사역에서 매우 중요한 의미를 갖는 것이라고 생각했다. 그는 이들을 통해 또 다시 하나님의 사역이 지속될 수 있을 것이고, 하나님을 섬기는 특권을 주신 하나님을 매일 찬양할 수 있게 된 것에 감사했다.[87]

매우 힘들고 불확실한 시기 동안 라이너는 매일 성실하게 수업을 하기 위해 애썼고, 문제 학생은 그들의 사기를 떨어뜨리지 않기 위해 그들의 문제를 드러내놓고 논의하지 않았다. 이수된 학업 성적은 당연히 가장 실망스러운 것이었지만, 라이너는 성적을 기준으로 학생들을 대하지 않으려고 노력했다. 무엇보다 그 학생들의 마음이 얼마나 무거운지를 이해하려고 노력했다. 라이너가 만났던 남학생들의 기상은 굉장히 좋았고, 라이너는 그들이 스스로 행하는 방식에 오로지 큰 칭찬만 해 주었다. 이 기간 동안에 오직 단 한번, 좋은 관계를 손상시키는 일이 일어났을 뿐이었다. 그들 모두 라이너가 얼마나 그들에게 연민을 갖고 있는지, 그들에게 할 수 있는 가장 좋은 것을 얼마나 해주고 싶어 하는지를 깨달

87) *Personal Annual Report, Mr. and Mrs. R.O. Reiner 1937-1938.*

았다. 물론 이것이 의미하는 바에 대한 그들의 해석은 라이너의 해석과는 다르지만 라이너는 여전히 항상 그들을 위로했다.[88)]

1937년 합성숭실대학은 폐교를 결정했다. 남학교와 여학교, 합성숭실대학의 폐교 협의와 관련하여 라이너와 스왈렌(Swallen)양과 모우리 박사, 블레어 박사 중 그 어느 누구도 완전히 이 사태를 이해할 수 없었었던 것은 사실이었다. 라이너와 동역자들 모두에게 놓인 이 무거운 짐은 1년이 넘도록 계속 어려운 숙제가 되었다. 그 경험을 되돌아보면, 라이너와 동역자들 중 누구도 정신적, 육체적으로 완전히 무너져 내리지 않은 채로 견뎌냈다는 사실이 믿기 어려울 정도였다. 라이너가 달리 할 일이 없었다 할지라도 이 무게의 중압감만으로 라이너가 가진 힘과 에너지가 다 소모되어 버리기엔 충분했다. 그러나 라이너에게 놓인 이 부담 뿐 아니라 다른 여러 문제들로 인해 라이너는 견디기 힘들 정도의 고통에 빠져 있었다.

라이너가 매우 힘들어 있을 때, 마펫 박사와 스눅(Snook) 양 모두 사역지를 떠나자, 설립자로서 갖는 막중한 학교의 공식적인 책임을 고려해볼 때에 새로운 설립자가 이 두 학교를 위해 임명되는 것이 뚜렷해졌다. 처음에 선교지부는 번하이슬(Bernheisel) 박사와 라이너에게 두 학교에서 공동으로 책임을 맡아달라고 요청했었고 라이너는 이에 동의했다. 그러나 설립자 변경을 정부에 요청하는 시간이 너무 오래 지연되어 그 변화가 실제로 효력이 있기도 전에 편하설 박사는 휴가를 떠날 준비 중에 있었다. 따라서 선교지부는 다시 블레어 박사가 남학교의 설립자가 되고 라이너는 여학교의 설립자가 되어 각각 학교의 역할을 맡아달라고 요청했다. 이러한 변경사항을 1937년의 이른 봄 정부에 신청하였다.[89)] 관리들은 처음에 그 신청서를 받기조차 거부했지만 결국엔 마지못해 그

88) *Personal Annual Report, Mr. and Mrs. R.O. Reiner 1937-1938.*
89) *Personal Annual Report, Mr. and Mrs. R.O. Reiner 1937-1938.*

것을 수용했다. 마치 어떤 일도 완료되지 않을 것처럼 여겨졌다.

어느 날, 형사 중 한 명이 라이너 사무실에 있다가 블레어 박사와 라이너가 새 설립자로 신청되었다는 것을 우연히 언급하였다. "예, 그것은 사실입니다만, 듣자하니 정부는 그 사안에 관해 아무런 조치를 하지 않는 것 같더군요." 라이너가 말했다. "지원 당사자들 앞으로 이 세 학교를 변경하도록 허가해야만 합니다. 이런 변경 서류에 누가 서명하나요? 정부는 그 신청사항에 따라 조치를 취해주지 않음으로 우리의 목적을 무산시키고 있어요." 형사는 이 상황에 놀라더니 분명 매우 불안해했다. 그는 아무 말도 하지 않았으나 한 달 내에 허가가 났었다. 일어났던 많은 일들을 되돌아보니 약간 흥미로운 상황들이었다. 만일 이 이야기를 자세하게 썼었다면, 상당한 흥미와 가치가 있을 것이었다.[90]

위의 일들이 순조롭게 진행되고 나서, 1937년 2월 11일에 학교를 인수하는 계획이 시작되었다. 남학교의 송목사가 그날 라이너에게로 와서 그 계획에 관해 대화를 나누자고 요청하였다. 그의 제안은 이전과 비슷했지만 오직 남학교에만 대한 것이었다. 모든 학교를 다 똑같이 다루어야만 한다고 생각했기 때문에 라이너는 그에게 어떤 개별적인 제의도 승인될 수 없으리라고 말해 주었다. 2월 17일에 대학의 양주동 교수가 라이너에게 여학교와 대학을 인계받겠다는 제안을 하였다. 송목사는 이춘섭 장로를 제시한 반면에 양교수는 한인보라는 인물을 제시하였다. 이춘섭 장로는 라이너가 잘 알던 사람이지만 한인보는 전혀 알지 못하는 사람이었다. 라이너는 만일 두 당사자가 함께 협력하지 않는다면 앞으로 유익한 진보는 없을 것이라고 말했다. 서로 협의 끝에 이 일이 마무리되었다. 2주일 동안 라이너는 거의 매일 두 당사자와 회의를 가졌다. 마침내 3월 3일, 두 사람과 세 학교의 회계이사회의 대표자들이 라

90) *Personal Annual Report, Mr. and Mrs. R.O. Reiner 1937-1938.*

이너 집에서 만나 이사회에 대한 신청서 초안을 논의했고 얼마간 논의 끝에 두 사람의 대표인들과 세 학교 이사회의 대표인들은 서류에 서명한 후, 미션의 행정위원회 의장인 졸타우 씨에게 갈 것을 그들에게 지시하였다. 미션 신청서 결과발표는 절차에 있어 중대한 문제를 제기하였다. 선교회가 이 문제에 있어 조치를 취할 수 없었다는 것은 분명하였고, 이사회의 방침을 기다리는 것은 시간이 너무 오래 걸려서 이사회의 총무인 레버와 도드 박사에게 조치를 촉구하기로 결정하였는데 이들은 그 때 동부의 미션을 방문 중이었고, 3월에 한국에 왔었다. 다행히도 그들은 신청서가 고려되고 있던 때에 집행위원회 회의에 참석할 수 있었다. 신청서는 집행위원회에 의해 효력이 발생하는 것은 아니지만 두 명의 총무들이 이사회에 직접 보고하도록 이를 건네 받았다.[91]

신청서의 효력은 이사회의 전보가 6월 이사회의 회의에 도착한 이후에서야 뉴욕에서 발생하였다. 그 전보는 이사회가 즉시 어떤 행동을 취할 수는 없으나 중요한 문제라는 점에서 앞으로의 전체적인 상황을 검토하고 있고 9월에는 최종방침을 내릴 것임을 말해주는 것이었다. 9월 이사회 모임에서 미션은 학교를 다른 이에게 옮기는 일은 '현재로선' 허용되지 않았고, 10월에 최종 결정이 이루어지면서 이 구절은 삭제되었다. 시간이 흐르면서 학교를 살리려는 희망도 점차 희미해졌다. 선교지부가 마침내 학교를 폐교하기로 공식적인 허가신청을 결정했을 때, 그 방침은 일반적으로 모두에게 예상되던 일이었다.[92]

이전부터 라이너는 애나 데이비스 기계창을 확충하고 나서 그 이후에 기계창은 윤 씨의 관리 아래 계속 운영되어 왔었다. 이 사업은 이전해와서 비슷하게 운영되고 있었다. 재고상품 중에 약 2,000엔 내지 3,000엔의 손실이 발생했는데 수중의 현금 잔고가 그 정도까지 유지하고 있

91) *Personal Annual Report, Mr. and Mrs. R.O. Reiner 1937-1938.*
92) *Personal Annual Report, Mr. and Mrs. R.O. Reiner 1937-1938.*

음에도 불구하고 발생한 손실이었다. 이것은 순손실을 의미했다. 공장의 전망과 관련하여 윤 씨와 매우 많은 논의를 했었다. 라이너는 이 사업권을 팔든, 아니면 다른 방법으로든 현재 맡고 있는 이 책임을 없애야 한다고 생각했다. 윤 씨는 공장의 작은 부분을 살 만큼의 돈도 없는 실정이었다. 만약 라이너가 절반만이라도 지불할 수 있다면 그는 지불일을 미루어서라도 팔 생각이었다. 그러나 그는 그만큼 지불할 돈이 수중에 없으며, 기계창은 적어도 2,000엔의 현금이 운영 비용으로 필요하기 때문에 그가 그것을 얻은 이후에라도 자금을 댈 현금이 여유롭지 않았다. 라이너가 떠나기 전에 만족스러운 해결을 하지 못하면 두 공장은 이후에도 라이너 자신에게 부담이 될 테지만 이를 너무 오래 고려해왔기에 라이너는 마냥 기다릴 수만은 없었다. 게다가 현 상황에 근거하여 보면 기계창 사업이 성공적으로 유지되리라고 근본적인 변화기 일어나야 하지, 운영계획의 변화를 곧 시행하는 것은 권할 만한 것이 못 된다고 생각했었다. 라이너는 정말 혼자서 수많은 일들을 일구어온 인물이었다. 그 당시 척박한 환경과 토지 그리고 모든 것이 갖추어지지 않는 상태에서 라이너는 무에서 유를 창조한 것처럼 건물을 증축하고 토지를 매매해서 또 다시 학교 시설을 확충했다.

라이너는 애나 데이비스 기계창과 대학실험 농장에 관여할 뿐만 아니라 일본어 공부반도 관심을 기울였었다. 선교지부에서의 임무가 일본어를 더욱 애써 공부하여 이를 유창하게 활용해야 한다는 생각으로 라이너는 지난 가을에 일본어 수업을 시작해야만 했다. 라이너는 이 공부반에 참여하면서 자신의 일에 매우 즐기고 있었으나 동시에 지난 학교 폐교 결정과 관련된 추가적인 부담을 안게 되어서 늘 마음에는 부담감이 자리잡고 있었다. 올 봄에는 이 수업을 중도에 그만두어야 했었다. 라이너는 이것이 매우 유감이지만 수업은 여전히 계속 진행되고 있고 선교지부의 몇 명의 회원들이 이 언어를 성실하게 공부하고 있다는 점에서는 나름 기쁘게 생각하고 있었다. 그리고 라이너는 휴가 이후에 다시 이 공부를 시작하고 싶었다. 이 표제가 라이너 사무실에 주어지는 것이 틀림없다고 짐작했다. 해결될 수 없는 문제들에 부딪칠 때마다 라이너에게서 이 작은 공간이 바로 모든 문제들을 해결해 주는 장소인 것처럼 느꼈다.

라이너에게 놓인 모든 요청을 분류하기란 불가능하지만 여기 몇 가지를 분류해 놓았다. 택시를 부르거나 전화로 정부 관리들과의 약속을 잡거나 전보 보내는 것에 대해 조언하기, 여행자수표 확보를 조언하기, 중국과 미국, 시베리아 등으로 떠나는 여행에 대해 조언하기, 모든 종류의 수표교환을 다루거나 다른 유통어음을 다루는 것, 땅의 매매와 등록, 개·자전거·자동차 등을 포함한 모든 것에 관한 세금 지불, 여권변경, 전파 허용 및 규칙과 관련하여 조언하는 것 등등. 도시 외곽의 부모들은 온갖 종류의 도움을 구하기 위해 이곳에 오며 해결방법을 모르는 사람들의 문제를 다루는 데에는 보통 하루 종일이 걸렸다. 라이너가 이 모든 일을 하는 것에 대해 기뻐했고, 이 일들은 사역의 상당한 부분을 차지하였다.

(3) 미션 스쿨의 폐지

1937년 라이너는 학교 폐지 신청을 하기로 했다. 학교폐교의 신청은 먼저 11월 2일에 제출되었다. 거의 한 달쯤 후에 신청서를 수정하라고 되돌려 보내 11월 29일에 다시 수정 후 제출하였다. 정부가 분명 그 요청을 수락할 것이라고 모두들 이해했음에도 불구하고, 그 날부터 이듬해 1월 20일까지 정부로부터 어떤 말도 듣지 못하였다. 1월 20일에 블레어 박사와 라이너는 관리들에게서 만나자는 연락을 받았다. 그들은 원만하고 만족스럽게 이 일을 해결하기를 바라고 있었지만 라이너가 특정

방식으로 그들에게 협조하지 않는 한 원만히 해결 할 수 있는 자리에 자신들은 있지 않다고 말했다. 그들은 한 가지 조건, 즉 라이너가 과학관(Science Building)과 남학교의 학습관, 여학교의 학습관 이 세 건물을 2년의 기간 동안 빌려주는 데 동의한다는 조건으로 교사와 학생들을 전부 책임지겠다고 제안했다. 라이너는 약속할 수는 없지만 이사회에 승인해달라고 요청하는 데에는 동의했었다. 이사회는 2월 22일까지 모이지 않았고 그래서 방침은 매우 지연되었다. 이 사이 선교지부 회원들의 마음은 매우 불안해져서 이사회가 요청을 승인하지 않을까봐 많은 우려를 표했다. 그러나 2월 22일에 허가가 났다는 전보가 도착했다. 이는 즉시 정부당국에 전달되었고 매우 호의적인 결과를 만들어냈다. 관리들은 건물을 살피러 와서 며칠 내로 라이너가 동의한 내용에 따라 건물 대여에 관한 계약을 준비하였다.[93)]

이후, 남학교의 학습관이 그것의 고정된 장비와 더불어 1940년 3월 31일까지 2년의 기간 동안 정부의 중학교로 사용되도록 허용했다. 또한 남쪽과 북쪽으로 난 학교 구내뿐 아니라 기숙사나 기숙사에 딸린 운동장 또는 바깥에 딸린 다른 땅이나 부동산이 포함되었다. 학교 장비 역시 검토 후에 정부에 대여하거나 라이너가 추후 결정해야 하겠지만 그것을 정부 측에 팔아야 한다는 것에도 합의하였다. 상당한 논의 끝에 정부에 팔기로 한 화학 장비를 제외한 과학 장비 및 건물 내의 모든 물품은 대여해 주기로 결정하였다. 정부는 29,500엔으로 이 건물을 대여하고, 그들이 좋다고 여길 좋은 조건하에 이 건물을 돌려주기로 약속하였기에 라이너는 이 건물을 잘 관리해 줄 것이라고 생각했었다. 대학의 과학관 건물은 그들이 대동공업전문학교로 알려진 새로운 사립학교에 재대여할 권한이 있다는 동의에 협의하고, 1940년 3월 31일까지 2년 동

---

93) *Personal Annual Report, Mr. and Mrs. R.O. Reiner 1937-1938.*

안 대여해 주었다. 대학 운동장의 절반 역시 정부에 대여되었다. 그 건물의 지속적인 유지비와 보장은 정부로부터 보장받고 이 부동산 외에 합성숭실대학에 속한 다른 건물이나 부지도 정부에 허용했다.

그리고 여학교 학습관의 1/3과 가정관 건물은 1939년 3월 31일까지 1년간 대여하여 건물 바로 건너편에 위치한 정부의 여자고등학교와 관련하여 사용되도록 했다. 학교 운동장의 일부 역시 그들이 건물을 사용하는 기간 동안 정부에 허용되었다. 3월 19일에 정부관리는 학교 폐교를 허락했다. 이 느낌을 표현할 방도가 그 어디에도 없었다. 모든 일은 평범한 사업문제들로 여겨졌다. 1939년 3월 31일, 선교지부와 선교회가 그토록 많은 시간을 들여 운영해왔던 세 학교는 문을 닫게 되었다. 슬픈 상황이지만 불가피한 일이라고 라이너와 그 팀원들 모두 느끼고 있었다. 정부와 미션 간 의견충돌이 너무 커서 타협은 불가능했다.[94)]

허가가 떨어진 이후로 정부는 라이너가 제공한 부동산을 서서히 인수하기 시작했었다. 4월 11일에 남학교 건물은 정부에 양도되었고 이제는 협의대로 그들이 사용하고 있었다. 과학관과 여학교 건물은 아직 사용되고 있지 않았다. 여학교 부동산은 보장사안에 있어 약간의 문제들을 보여주고 있어 아직 사용하지 않고 있었다. 과학관은 새 대학 인가서가 아직 발부되지 않았기 때문에 상당한 시간동안 인수되지 않을 것이었다. 여전히 오랜 시간 지연될 것 같았다.[95)] 라이너가 이 상황을 상당히 상세하게 보고하고 있는 이유는 이 사실이 어딘가에 반드시 기록되어야만 하는데 이 보고서보다 더 나은 것이 없다고 믿었기 때문이었다. 라이너가 보고한 사항 뒤에는 수많은 논의와 서신교환, 위원회 및 이사회의 여러 번에 걸친 회의들, 그리고 선교지부 내 특별그룹의 개별적인 심사숙고와 회의로 보낸 시간들이 주어졌었다. 다양한 곳에서 발생하는 문

94) *Personal Annual Report, Mr. and Mrs. R.O. Reiner 1937-1938.*
95) *Personal Annual Report, Mr. and Mrs. R.O. Reiner 1937-1938.*

제들을 해결하고자 라이너는 많은 시간을 할애해왔다.

당시 일을 진행하는데 있어서 여학교에 문제가 생겼었고 그래서 라이너는 자주 그곳 회의에 불려 갔었다. 이 모든 일에 블레어 박사와 라이너는 설립자로서 완전히 협력했으며 거의 모든 문제에 공동으로 일해왔었다. 라이너는 블레어 박사가 보여준 동료애와 협동정신, 인내와 지혜, 리더십에 깊은 감사를 표현하고 싶었다. 라이너와 그의 동역자들 모두 블레어에게 많은 은혜를 빚진 것이었다. 당연히 팀원들이 모든 사안에 의견일치를 보였던 것은 아니었지만 그들은 항상 함께 일했고, 라이너는 이런 식으로도 동료들에게 늘 감사를 표현했다.

이 끔찍하고도 거의 감당할 수 없는 책무에서 사임하여 물러나고 싶은 유혹은 항상 그들 앞에 놓여 있었다. 라이너와 팀원들도 얼마나 많이 그들 자신이 경험했던 것을 이겨냈는지 스스로 위로하고 있었다. 라이너는 하나님이 자신들 모두에게 그것을 감당할 힘을 주셨고, 매우 힘들고 어려운 길도 라이너로 하여금 능히 통과하게 하신다고 믿고 있었다. 그 어느 때보다도 믿음으로 하나님을 의지하고 라이너와 팀원들의 미래를 하나님께 바칠 필요가 있었다. 오직 그 팀원들은 그의 지도에 순종할 때에만 이 사역에서 승리를 바랄 수 있기 때문이었다. 라이너와 그의 동료들은 신앙에 있어서 흔들림 없이 자신들의 맡은 사역에 전념하였다. 라이너와 동역자들이 가졌던 신앙의 힘은 다음 세대에 수많은 유산을 남겼다.[96)]

1936년은 라이너에게 정말 많은 일들이 일어났다. 그 가운데서도 라이너가 생각해 온 새로운 일 중 중요한 한 가지는 평양에 있는 미션의 부동산을 관리하고 모든 세금을 지불하는 일이었다. 어떤 세금을 내야 하고 지불할 세금이 얼마인지를 알고 나서 세금 지불 업무란 힘든 일이 아니지만, 처음에 라이너는 지불할 세금이 무엇인지, 얼마에 달하는지

---

96) *Personal Annual Report, Mr. and Mrs. R.O. Reiner 1937-1938.*

등 상당히 많은 부분들을 알지 못하였다. 다른 기관마다 속해있는 세금을 누가 상환해야 하는지도 모르고 있었다. 이 사실들을 보여주는 어떤 언급도 없었고, 수반되는 문제를 해결하는 데 도움이 될 정확한 정보도 거의 주어지지 않았다. 그 결과 라이너는 이 사실을 가지고 정리하는 데 오랜 시간이 걸렸었다. 새로운 일정이 생겨나고 세부적인 일들이 실행되며 지불 기간도 기록되자 모든 것은 거의 잘 정리되었다.[97)]

그리고 이 일을 진행하면서 한 가지 라이너에게 걱정거리가 있었다. 미션의 부동산은 라이너에게 매우 큰 고민을 안겨주었다. 라이너가 가지고 있었던 자료는 턱없이 부족했었다. 그는 그 기록들을 활용하려고 노력했지만 불가능하기에 완전히 새로운 부동산목록을 만들기로 결심하였다. 거의 한 해 동안 30일을 꽉 채울만한 시간이 들었다. 라이너는 이 일을 하느라 성탄절 휴가도 써버렸고, 자료 구성과 타이핑을 마쳐야 하기에 사무실에 나와 2주일 내내 사람 하나를 고용하였다. 그 다음 모든 자산을 보여주는 지도를 그렸으며 청사진을 만들어서 선교지부의 자산위원회에 사본을 주었다. 라이너는 이제 이 일이 제대로 구색을 갖추어서 누구라도 쉽게 맡을 수 있다고 생각했었다. 이사회가 킨슬러 집의 서쪽 지역과 대학 실험농장의 판매 권한을 가지고 있긴 했지만 라이너는 한 해 동안 어떤 부동산도 팔지 않았었다. 그 당시 라이너는 그 킨슬러 집의 서쪽 지역을 파는 것이 적시가 아니라고 느꼈었고, 개인적으로는 잠시 이 매매가 지연되면 선교지부가 그것을 매도하지 않기로 만장일치의 결정을 하리라는 생각도 하였다. 또한 그것을 파는 것은 가장 심각한 실수가 될 것이기에 라이너는 선교지부가 그것을 재고할 기회를 주고 싶었다. 12월에 시장이 겐조 씨에게 라이너가 이것을 팔지, 혹은 정부에 의해 진행될 일에 복종할지를 단 3일 동안 결정하라는 편지를 라이

---

97) *Personal Annual Report, Mr. and Mrs. R.O. Reiner 1937-1938.*

너에게 보냈다. 라이너는 이 문제를 상의하고자 비서를 시장에게 보냈고 총독과 이 상황에 대해 논의하는 것을 그가 허가해줄 수 있는지 물었다. 그러나 라이너의 제안을 시장은 거부했다. 오후에 라이너가 직접 시장을 만나러 갔다가 이 일을 상의하기 위해 시장이 총독에게 갔다는 사실도 알게 되었다. 그 결과 총독은 시장에게 그 사안을 학교의 폐교가 마침내 결정되어 완료될 때까지는 내려 놓으라고 조언하였다. 라이너는 6월 1일 이후로 어떤 일도 하지 않겠다는 이야기를 사무실에 전하고 만일 그들이 방침을 시행하고자 한다면, 5월까지만 해야 할 것이라고 전했다.[98] 이처럼 사안의 중대성을 감안하고 라이너는 방침을 기다리고 있었다.

라이너는 이 당시 또 다른 일들을 구상하고 있었다. 다름 아닌 대학의 농장위원회로 활동하는 것이었다. 라이너에게 농장은 중요한 시설 가운데 하나였다. 농장회계부의 많은 문제들이 라이너에게 주어졌었다. 라이너는 이 시설을 운영하는 데 상당한 시간을 투자했었고 약 7,000엔에서 8,000엔의 수익을 실현시켰었다. 이 중 6,000엔은 지난 해 학교의 물품을 하고 필요한 부분을 충당하기 위해 보냈었다. 1,000엔은 그곳에 새롭게 지어진 교회에 보냈었다. 1,000엔은 올해의 농장을 운영을 위해 가지고 있었다. 농장은 시장가치의 3%정도의 수익성이 있었다. 말하자면 만일 땅을 팔아 보통 은행이자율에 투자한다면 지금 하고 있는 일의 1/3이상 가량의 수익을 내면서 그러한 프로젝트를 운영하는데 수반되는 문제들은 일어나지 않는 것이었다. 라이너가 생각했을 때, 개인적으로는 선교지부가 이 농장과 장기적인 관련을 맺는 것에 매우 반대하였다. 이후에 라이너는 이 자금을 적절한 과정과 적절한 방법으로 사용하여 가능한 빨리 팔아야 한다고 생각했다. 그곳에는 수많은 당혹스러운 상황들이 놓여 있었으며 더 심각하고 더 빈번한 문제가 될 것이라 여겼다. 라이너는 분명한 목적으로 사업

---

98) *Personal Annual Report, Mr. and Mrs. R.O. Reiner 1937-1938.*

하는 이들의 주장에 개입해서는 안 된다고 생각했다. 이 땅에서 라이너가 얻는 수입의 이익을 지키기 위해 할 수 있는 일을 알아내고자 미국에 있을 동안 이사회의 총무들과 이 상황을 논의하기를 바라고 있었다.

1936년과 1937년은 라이너에게 밝고도 힘든 시간이었다. 라이너는 휴가를 내어 고국의 가족을 보러 갔었다. 라이너 부인이 큰 두통을 겪었고 지금까지 증상에 별다른 호전이 없었다. 라이너의 첫 목표는 고향으로 돌아가서, 무언가 조치가 취해지리라는 희망으로 머물렀던 동안에 그녀의 병을 담당했던 자들을 다시 만나는 것이었다. 그녀는 병 때문에 한 해 동안 선교지부의 어떤 사역도 정기적으로 맡을 수 없었다. 라이너의 사역자 팀원들에게 이것은 매우 유감스러운 것이었다. 아이들 모두 자신들의 사역을 하고 있었고, 팀원들이 확신하기로는 그들 모두 자신의 재능을 잘 활용하고 있었다. 라이너의 사역자이자 아들인 휴는 루터 슈타인 박사로부터 조교로 일해 달라는 요청을 받아 캘리포니아 글렌데일(Glendale)의 제일교회에서 주일학교와 공려회(Christian Endeavor 교파를 초월하여 청년들이 전도와 봉사를 위해 설립한 단체) 등에서 젊은이들과 함께 일하고 있었다. 이것은 그에게 특히나 적합해 보이는 사역이었다. 쌍둥이는 5월에는 캘리포니아 대학에서 의학공부를 계속 하다가 짧은 휴식 후, 6월 1일부터는 샌프란시스코 시티 앤 카운티 병원에서 인턴이 될 예정이었다. 라이너의 또 다른 자녀 룻은 현재 샌프란시스코병원의 소아병동에서 부관리자로 있었다.

힘든 한 해였지만 이러한 다양한 방법으로 사역을 감당할 수 있어서 기쁨을 감추지 못했다. 한 해 동안 직접적인 복음사역을 할 시간이 너무나 적었다는 것이 안타까운 것은 사실이었다. 그러나 라이너는 하나님이 인정하신 사역의 현장에 함께 있음을 느끼고 있었다.[99]

---

99) *Personal Report, R.O. Reiner, 1939-1940.*

라이너는 1년이 조금 넘는 미국에서의 휴가를 마치고 1940년 10월 14일에 돌아왔다. 홀로 돌아와야 했기에 몹시 힘든 귀국이었다. 라이너 부인은 건강문제로 미국에 머물렀다가 여전히 지금도 그곳에 남아있었다. 동역자 필립이 라이너보다 앞서 증기선으로 왔고 다른 아이들은 모두 고향에서 자신들의 다양한 일에 정착하고 있었다. 그래서 이 해는 매우 외로운 한 해였다. 라이너는 누구에게도 이런 삶을 추천하겠노라고 말해 줄 수 없다고 생각했었다. 지금 이 순간으로선 확신할 수 없지만 이것이 곧 지나가기만을 바랄 뿐이었다.[100)]

라이너가 한국에 도착하자마자 여러 가지의 변화가 일어났다는 것을 알게 되었고, 이것은 장래에 대한 생각과 계획에 매우 많은 재조정을 요구하는 것을 의미하기도 했다. 그러나 외국인학교는 그 어느 때보다도 인기가 훨씬 많아졌다는 것만 제외하고는 라이너가 떠날 때와 달라진 것이 전혀 없었다. 기숙사 자리신청은 이미 수용력을 넘어섰다. 작년에는 대략 105명의 평균 출석율과 함께 학교 등록생이 111명에 달했다. 이 중 41명이 중국에서, 13명은 만주에서, 그리고 5명은 일본에서 왔었다. 최근에 지역 아동수가 크게 감소하고 있기 때문에 자연스럽게 거의 모든 학생들이 현재 기숙사에 들어가 있었다. 이 학교의 등록 사례는 기숙사 규모 때문에 매우 제한적이었다. 내년에는 아이들의 주거문제에 대해 이제껏 경험한 것 중 가장 심각한 문제들을 직면할 것이라고 생각하고 있었다. 라이너가 한 번에 기숙사에 수용했던 인원보다도 더 많은 신청을 사전에 받았고 여전히 신청이 계속 이어지고 있었다. 중국에 있는 한 학교는 25명의 학생 전체를 받아줄 수 있는지를 라이너와 팀원들에게 물어왔고, 그들 계획을 단념시켜야만 했었다. 이 사실에도 불구하고 라이너는 전례 없이 많은 신청을 받아 주었다. 이때 처음으로 미국학교

100) *Personal Report, R.O. Reiner, 1939-1940.*

가 잘 조직되어 있는 도쿄로부터도 신청을 받았다. 좋은 학교들이 세워져 있는 고베와 상해, 그리고 즈푸와 칭타오에 살고 있는 학생들도 이곳을 선호하여 오고 있었다. 라이너는 자신의 집이 있는 지역의 학교를 지나서 이 학교로 오기까지 며칠간 불편한 여행을 하게 될 학생들의 높은 기대를 만족시켜주어야 하는 책임감을 느꼈다. 라이너가 느낀 것은 교육의 여건과 환경을 건물과 장비들로 인해 변화된다고 생각하지는 않았다. 이곳의 상황은 상해나 고베, 도쿄의 학교들과 비교할 수 없으니 말이다. 그러나 라이너가 생각하기에 가장 중요한 것은 하나님의 성령이 동역자들 가운데서 역사하심을 믿고, 진심을 가지고 이 젊고 희망에 가득 찬 소년소녀들에게 다가가는 것이라고 여겼었다.[101]

라이너는 겨울과 봄, 매주 토요일 오후에 YMCA에서 만난 중학생 소년들을 대상으로 영어성경을 가르칠 기회를 얻게 되어 몹시 즐거웠다. 이 수업은 매우 뜻밖에도 성탄절 연휴동안 기차에서 만난 한 어린 학생과 나눈 대화의 결과로 비롯되었다. 그 아이는 선진상업학교에서 공부하고 있었고 중앙장로교회의 성도였었다. 그는 그에게 성경반을 시작하려는 간절한 라이너의 바람과 지금까지 어떤 기회조차 나타나지 않아 낙심하게 된 이야기를 건넸었다. 그는 관심을 보이더니 가능성을 알아보기 시작하였다. 몇 주 후에 라이너는 반을 조직하여 지금까지 계속 수업을 이어 오고 있었다. 참석율은 매우 다양하지만 정기적으로 참석하여 많은 관심을 보이는 몇 명의 아이들이 있었다. 이런 일을 하는 데 따르는 어려운 점은 많았지만 그럼에도 불구하고 방해 없이 이 일을 계속하도록 허가를 받았었다. 그리스도와 진리로부터 돌아서도록 만드는 많은 영향들에 매일 직면하는 이 학생들에게 영적인 삶의 진정한 성장이 있기를 라이너는 간절히 소망했다. 만일 더 많은 젊은이들이 이와 비

101) *Personal Report, R.O. Reiner, 1939-1940.*

슷한 방법으로 교회와 말씀 공부에 결부될 수 있다면 라이너에게 가장 행복할 일이었다.

이 해에 가장 최고로 기억될 만한 것은 지난 가을 제이콥스 양과 마레 양의 사역의 결과로 라이너 생활에 채워진 새로운 능력일 것이었다. 이제 라이너는 마음의 변화를 통해, 주님께 다시 헌신하기를 다짐했다. 라이너는 이런 경험을 하도록 하시는 하나님을 매일 찬양했다. 이전에는 한 번도 그랬던 적 없는 것처럼, 라이너는 주를 위해 자신의 삶이 쓰여지도록 그분께 늘 자신을 몸소 바쳤다.

(4) 한국에서의 마지막 사역과 라이너의 끝없는 여정(1940-41)

1940-41년은 다른 많은 사람들의 삶에서도 그랬듯이 라이너의 삶에 하나의 마침표가 된 해였다. 1940년 10월까지 한국에서 라이너는 사역 기간의 생활 중에 가장 멋진 시간을 보냈다. 그런 후 너무 많은 이들을 갑작스럽게 고향인 미국으로 떠나 보내도록 하는 충격적인 소식과 지시가 라이너에게 날아들었다. 그것은 마치 꿈처럼 여겨졌고 그는 종종 사실일 리 없다는 느낌으로 깨어나곤 했다. 그러나 그것은 사실이었고, 상황이 허락되는 대로 라이너와 그의 동역자들은 이전 사역과 같은 일을 수행하기 위해 이곳에 작은 무리로 남겨졌다.[102]

라이너는 일단 심적인 부담을 가진 사람에 한해서 철수를 독려했다. 다만 그는 여전히 남아있는 열정적인 사람들에게는 희망과 지속적인 후원을 당부하기도 했다. 그리고 라이너는 아직도 남아있는 사역지에 최대한의 인원을 유지한다는 입장을 전달받아 전적인 철수는 없을 것이라고 했다. 비록 전쟁이 나서 포로로 억류된다 할지라도 여전히 라이너는 한

---

102) *Personal Report of R.O. Reiner, 1940-1941.*

국 사역에 애착을 가지고 있었다. 라이너의 이러한 마음은 1941년 10월 11일 후퍼(Hooper) 박사에게 보내는 편지에 잘 나타나 있었다.

저는 특히 한 가지 이유에서 이를 말씀드립니다. "사역지에 최대한의 인원을 유지"한다는 입장을 취했던 이들은 어떻게든 떠날 것을 강요받았고, 저는 여전히 이곳에 남아 있습니다. 주요 쟁점에 있어서 제 입장에는 변화가 없습니다. 저는 우리가 현재 사역지 내에 많은 인원을 유지해야한다고 생각하진 않지만 그 숫자가 영점까지 감소될 필요는 없다고 생각합니다. 이것이 오늘날 우리가 당면하고 있는 것입니다. 현재 우리 앞에 놓인 위험은 사역이 완전히 중단되고 일을 계속 수행할 사람이 한 명도 남지 않으리라는 것이지요. 이 우려는 스미스(Smith) 박사와 스미스 여사, 그리고 제게 휴가를 승인한 박사님의 방침 때문에 더욱 증가되었습니다. 제가 제 자신을 다른 어느 사역자보다 가치 있게 여기는 것이 아닙니다. 그렇지만 사역자들이 하나씩 떠난다면, 그리고 휴가를 떠났던 자들 중 누구도 다시 돌아오지 않는다면, 불길한 징조를 읽지 않을 어떤 예언자도 없을 것입니다. 지금 현재 사역지에는 18명의 멤버들이 있습니다. 이들 중에 스미스 박사님과 스미스 여사, 그리고 제가 내년에 휴가를 가게 되지요. 언급된 이름 외에 거의 모든 남은 사람들은 근심하며 자문합니다. "남아야 하는가, 아니면 남지 말아야 하는가?" 선교회의 완전한 와해가 가능할 뿐 아니라 금방이라도 닥칠 것 같습니다. 밀러(Miller) 박사님, 쿤스(Koons)박사님과 함께 하루 이틀 전에 이 문제를 논의하면서 우리는 무엇인가 신속히 이루어지지 않는다면 1942년에 선교회의 폐쇄가 완전히 일어날 가능성은 충분할 뿐 아니라 사실상 확실시 되리라는 것에 모두가 동의했습니다.

1941년 그 해 라이너의 마지막 사역의 어느 날 아침 외국인학교의 아이들에게 그들이 마지막 예배를 드리고 있다는 소식이 전해졌고 그들 중 대부분이 학교에 참석할 수 있는 마지막 날로 기억되었다. 그리고 나서 거의 모든 학생들이 떠났고, 그 다음 목요일에는 선생들 모두 자신들의 집으로 돌아가기 시작했다. 얼마나 슬픈 이별이었는지, 라이너는 결코 그것을 잊지 못했다.

라이너는 학생들 모두 입학할 수 있는 곳을 찾았다. 교사들도 역시 복무할 수 있는 장소를 찾거나, 미국으로 건너가 결혼하였다. 라이너는 1941년 자신의 사역을 모두 마무리하는 것으로 보이는 서신을 후퍼(Hooper) 박사에게 다시 보낸다.

● 1941. 8. 29.

상해로부터 온 관련 전보를 받았다는 전보

이것이 지금까지 우리에게 온 전보입니다. 하루 이틀 내에 전보로 박사님께 보낼 것이 더 있지요. 첫 대피자들은 제물포에서 이번 주 토요일인 8일에 떠날 예정입니다. 특별허가를 제외하면 기차라는 수단은 우리에게 가까이 있지요. 외국인이 특별허가나 경찰의 동행 없이 기차 등을 잡아탄다면 즉시 내려져 거칠게 다루어질 일입니다. 몇 주 동안 우리는 여행이 허가되지 않았기 때문에 집행위원회 모임을 갖지 못했습니다. 몇 가지를 제외하고는 무슨 일로든 간에 외국인들은 여행을 하지 못합니다.

라이너는 1941년 8월 마지막 토요일에 제물포를 떠나 마지막 여정을 마쳤다. 그는 한국에서의 마지막 임무를 끝내고 남은 임무를 후퍼 박사에게 보고 하였다. 이제 그는 제한된 몇몇 사람만 남겨두고 자신에게 맡겨진 일을 마무리하려고 했다. 제물포에서 트럭으로 서울까지 오면서 라이너는 지나온 많은 추억들과 어려움 그리고 사역을 할 때 지나쳐 온 많은 생각에 사로잡혔다. 그는 와중에 언더우드 선교사(Horace Horton Underwood, 1890-1951, 원한경)와의 조우가 있었고, 미국으로 돌아가면서 한국에서의 사역을 잊지 못하였다. 그리고 1942년 라이너는 후퍼 박사에게 마무리 서신을 보냈다. 마지막 서신에는 그가 미국에 있는 선교후원자들에게 남아있는 사역지의 동역자들을 위한 배려도 잊지 않았다. 사역지에 최대한 인원을 배정하는 것은 그의 속마음이었다. 끝으로 라이너는 후퍼 박사에게 서신을 보내면서 끝까지 남아있는 사역자들을 최대한 인원으로 유지해 달라고 요청했었다. 그의 사역은 끝났지만 그의 마음은 여전히 한국을 사랑했었다.

제 생각에 몇 년간은 이동해야 할 방식이 쉽지 않을 것 같습니다. 그렇지만 제한된 몇몇 사람들에게 남아서 "진행하라"고 요구하는 것은 시급한 것입니다. 현재 여성들이 올 수 있는 방법의 어려움을 고려하면, 휴가를 얻어 그 이후에 상황이 허락되는 대로 행동하는 것 외에는 대안이 없을 것 같군요. 이것은 다른 이들과 마찬가지로 저 역시 고향에 무기한으로 머무르는 것을 의미할지도 모르겠습니다. 저는 이것이 반드시 필요한 것은 아니어도 가능성이 있기를 바랍니다. 제가 선교회의 몇몇 결정들을 이행하는 데 적극적으로 참여해야만 했음에도 불구하고 저와 관리들의 관계는 항상 좋았기 때문에 제가 돌아갈 가능성은 보통보다는 더 크다고 생각이 듭니다. 이후에 이것이 얼마나 도움이 될는지는 모르겠지만 관련이 있겠지요.

1940년 11월에 첫 철수가 시작되었을 때, 저는 철수에 강하게 찬성하는 입장을 취했습니다. 그 시기가 당분간 특별히 활동할 수 없는 사람들이 떠나는 바람직한 때라고 여겨졌습니다. 저는 그들의 체류가 감당해야 할 분명한 부담을 지닌 사람들에게 책임을 더하는 것이라 생각했고,

또한 그들은 개인적으로 위험을 무릅쓰면서 다른 이들을 불행한 상황에 포함시키는 경향이 있다고 느꼈습니다. 저는 제 의견을 써서 집행위원회에 보냈고, 제가 임원으로 선임된 이사회에 제 의견을 피력했습니다. 그러나 위원회는 강경하게 제 입장에 반대하였고, 그들은 박사님께 사역지에서 "최대한의 인원을 유지"라는 문장으로 요약된 전보를 보냈습니다.

라이너는 한국의 사역을 마감하면서 선교사 언더우드와의 짧은 인연을 소개했다. 한국 초기 기독교 역사의 산 증인들이 만나는 역사적 순간이었다. 언더우드가 한국에서 학교와 선교에 큰 역할을 할 수 있었던 것은 바로 라이너와 같은 초기 선교사들의 기반이 있었기에 가능했다고 해도 과언이 아니다. 라이너는 당시 언더우드 박사와 소래에서 만나서 열흘 동안 조우한 흔적을 후퍼 박사에게 서신을 통해 말했다. 그리고 라이너와 언더우드가 고국으로 돌아오는 과정에서 매우 험난했던 고충을 후퍼 박사에게 이야기 하는 대목을 서신으로 남겼다.

언더우드 박사는 여름에 소래(Sorai)에서 머무르고 난 후 집으로 돌아가려 했지요. 열흘간 그는 우리 몇몇이 정부 관리에게 가서 항의할 때까지 돌아올 수 없었습니다. 그리고 나서야 그가 돌아온 것입니다. 그는 자신의 차로 이동하고 있었고 경찰의 호위도 함께 해야 했지요. 그 다음, 철도는 승객 당 기껏해야 하나의 작은 짐만 운반할 것입니다. 이 나라를 떠나는 사람들은 반드시 그 이상을 가져가야 하지만, 현재까지 우리는 트럭을 탈 수도, 기차 편을 이용할 수도 없었습니다.

트럭은 우리를 도울 수 없지요. 왜냐하면 ①그 트럭의 주인들은 만약 외국인들을 도울 경우 생명의 위협을 느끼기 때문이고, ②장거리 여행자격증이 없기 때문입니다. 재령의 한 트럭 주인은 600엔을 주면 제물포까지 사람들의 짐을 실어 날라주겠다고 제안했습니다. 그것은 적정가의 네 배입니다. 그 제안은 거절했지요. 그러나 대구에서 마침내 우리의 해결책이 되도록 이사 회사가 서울까지 짐을 실어주겠다고 했답니다. 저도 그러기만 한다면 좋겠습니다. 그 다음으로, 우리는 모든 일에 대하여 허가증을 받아야만 합니다. ①S. S. 티켓, ②나라를 떠날 때의 출국허가증, ③떠날 때는 일본화폐를 가지고 다녀야 하며 ④미국 여행자수표와 ⑤은행에서 현 계좌로부터 돈을 인출하는 것 ⑥20엔 이상의 물건을 사고 ⑦파는 것 ⑧다른 외국인으로부터 돈을 받는 것 등등. 이 사항들을 적용하려면 여러 날 동안 기다리고 또 기다려야 합니다. 우리가 어떤 혼란 상태에 놓여있는지 박사님은 상상도 못하실 겁니다. 또 그 다음으로, 현재 새로운 법은 재화 처리방식에 훼방을 놓아 모든 사람들은 자신의 모든 소유물을 이곳에 남겨두어야만 합니다. 무용지물이 되도록 말이지요. 총독부의 관리들은 의도적으로 우리에게 말하길 그들은 우리가 떠날 때 이곳에 적어도 현금의 절반을 남길 것을 기대한다고 합니다. 그것은 명백히 자신들의 것으로 삼으려는 고의적인 계획입니다.

라이너와 언더우드는 고국을 떠나기 위해 서울을 이동하는데 무척이나 힘들었다. 그리고 그들은 한국에서의 사역을 마치고 모든 구성원들이 미국으로 돌아가려고 서울로 집결했다. 한국에서의 마지막 사역의 종지부를 찍는 라이너는 언더우드와 다른 사역자들까지 걱정하였다. 라이너가 후퍼 박사에게 보낸 편지에는 언더우드와 그의 아내까지 염려하는 모습이 역력했음을 보여주고 있다.

박사님. 이들은 각각 9월 6일, 16일, 그리고 21일로 나뉘어 한국을 떠납니다. 10월 1일 제 시간에 맞추어 상해로부터 Cooldge로 항해 중에 있을 것입니다. 상해에서 일본 돈을 중국 돈으로 환전하는 데에는 매우 큰 손실이 있기 때문에 그들은 여기서 돈을 많이 가지고 가지 않을 것입니다. 그래서 그들은 기금을 맡고 있는 상해의 회계담당자에게 의존해야만 할 것이고 담당자 또한 저희들에게 부족한 재정을 제공해주기로 동의하였습니다. 물론 박사님도 이를 그에게 상환하기 위해 마련해주셔야 합니다. 이들이 떠나는 결과로 안동, 강개, 재령 선교지부에는 상주하는 사역자가 없게 될 것입니다.

언더우드 부인이 아이들을 데리고 가지 못하여 걱정이 됩니다. 여기에 그들을 두는 것이 그녀에게 매우 부당하다고 생각합니다. 그들은 여기 남아있는 유일한 미국 아이들입니다. 저는 왜 이사회가 그 아이들이 떠나야 한다는 조언을 반복하여 들었음에도, 그들을 가르치는 선생의 월급을 지불할 수밖에 없었는지 모르겠군요. 그러므로 저는 제가 교사 임금 때문에 서울외국인학교(Seoul Foreign School)에 추가적인 기금을 더 지불해야하는 것인지에 대하여 박사님의 조언을 듣고 싶습니다. 저는 이미 1,000엔을 지불했습니다. 그러나 우리의 의무는 그 이상이라고 생각합니다. 조언 부탁드리겠습니다. 박사님으로부터 답변을 들을 때까지 저는 어떤 추가적인 지불도 하지 않을 것입니다.

위의 서신에서 보듯, 라이너는 그의 동역자들이 한국에서의 마지막 사역을 마치고 고국으로 떠나는 모습을 지켜보아야 했다. 당시 1940년에서 1941년 라이너는 한국에서 사역을 할 때, 고국은 일제의 식민지에서 많은 이들이 고통스러워하는 것을 보고 미국으로 발걸음을 옮기는 것이 쉽지 않았다. 라이너는 최후 마지막 남아있는 멤버들까지 모두 철수하기로 결정하고 이들은 각각 1941년 9월에 떠나기로 했었다. 그가 미국의 선교부에 보낸 편지에는 모든 멤버들 가운데 몇몇 남아있는 선교사들과 박사들을 기록했었다. 물론 라이너도 한국에 남아 있기로 결정했다. 라이너는 고국의 그리움도 많이 있었겠지만 일제 식민지에서 고통을 당하는 한국 국민에 대한 측은함으로 한국에 더 체류하기를 결정한 사람들 가운데 한 사람이었다. 그는 여전히 평양에 남아서 한국 국민의 안타까운 모습을 지켜야 한다고 생각했었다. 그 뿐만 아니라 라이너는 이 사회(당시 일제시대의 사회)에서 미국인들이 고국으로 떠날 것을 종용하고 있다고 서신에서 밝혔다. 과거 일제 시대의 한국의 모습을 들여다 볼 수 있는 대목이었다. 라이너는 평양에서 끝까지 한국 백성을 지켜야 한다는 마음을 버리지 않고 고국의 그리움을 포기한 인물이었다.

라이너는 또 1941. 8. 29, 라이너는 상해에서 후퍼 박사에게 아래와 같이 편지를 보냈다. 척박한 환경에서 당시 사람들을 검열하는 것들이 강화되어 라이너 자신도 매우 힘들다는 것을 서신에서 밝히고 있었다.

> 밀러 박사님께서 기도사건의 합의내용을 자세히 설명해 주실 것이므로, 저와 밀러 박사님이 며칠간 관리들에게서 심문을 받고, 모든 일을 결론맺은 다음, 집행위원회 모임을 조직 및 이행하며 지냈다는 말씀만 드려야겠네요. 관리들은 우리가 모임을 갖지 말아야 한다는 것에 단호하였고, 우리는 만일 우리가 모이지 않는다면 아무것도 이루어질 수 없다는 우리의 입장을 확고히 하였습니다. 마침내 허가가 났고, 모임은 어려움 없이 매우 순조롭게 진행되었습니다. 그리고 사람에 대한 검열이 더욱 강화되었습니다. 우리는 거의 바닥까지 이르렀습니다. 다른 선교지부를 폐쇄하지 않고 우리가 더 이상 어떻게 유지할 수 있을지 모르겠군요. 전반적인 상황은 선교사들이 돌아가는 것도 미심쩍게 합니다. 이를 알지요. 그러나 그들이 그렇게 하지 않는다면 우리는 곧 전부 폐쇄해야 할지도 모릅니다.

라이너가 한국에서 막바지 활동하던 1940~41년의 시기에 그의 모든 동역자들이 고국으로 떠나고 몇몇 사역자들만이 한국에 남아 있었다. 이 시기는 무엇보다 일제 식민지 시대가 절정에 달했었다. 이때 라이너와 그의 동역자들은 관리들로부터 심문을 받았고 여러 차례 선교지부의 폐쇄 명령을 받기까지 했다. 한국의 여러 상황들이 그들의 사역에 큰 걸림돌이 되었다. 이런 어려움에서 라이너는 관리들의 감시와 통제에 굴하지 않고 자신의 막바지 선교 사역에 몰입하였다. 라이너는 1941년 11월 13일 후퍼 박사에게 선교 현장의 모습을 서신을 통해 마지막으로 전달했다. 이 서신을 통해 한국에 대한 사역의 마지막 모습을 보여 주었다.

박사님. 이달 11일에 쓰인 제 편지는 즉시 부쳐지지 않아, 오늘 아침 박사님으로부터 어떤 선교사에게도 여권이 확보될 수 없기 때문에 현재로선 누구도 돌아가지 않을 것임을 알리는 전보를 받았습니다. 저는 현재까지의 상황을 알리기 위해 추가적인 언급을 하지 않을 수 없습니다. 이 소식을 들으니 말로 다 할 수 없이 괴롭습니다. 여기 사람들을 보내기 위한 모든 방안을 아직까지 찾지 못했다는 것을 믿을 수 없습니다. 저희는 몇몇 사람들이 사업차로나 다른 목적으로 일본으로 오는 소식을 지역 신문에서 보았을 때, 왜 어떤 이들에게는 가장 큰 목적인 주님의 일을 위해 오는 것이 허용되지 않는지 궁금합니다. 이 목적을 이룰 방법이 반드시 있을 것이고, 따라서 저는 그 결정에 있어서 아직도 변화가 이루어질 수 있는지 아닌지를 알아내기 위해서는 이 사안이 재고찰되어야 한다고 진심으로 요청하는 바입니다.

저의 관심은 또한 제 발언 중에 누락된 것으로 여겨집니다. 우리 동역자들의 철수가 발생한 이후에 비거(Bigger) 박사님이 우리에게 오셨고, 그의 도착은 우리 모두에게 매우 큰 감명과 축복이 되었습니다. 그는 선교회 전체에 새로운 정신을 주었을 뿐 아니라, 이곳 사람들에게 이사회가 이사회의 사역을 그만두고 철수하려는 의도가 없다는 상징으로 보였습니다. 저희는 그 분으로 인해 박사님께 감사를 전하고 싶습니다. 그러나 가능하다면 그 축복이 계속 되어져야 한다고도 요청하고 싶습니다. 박사님께선 아마도 제가 편지를 쓴 것과 같은 방식의 선교회의 편지를 다른 이로부터 받으실 것입니다. 다시 한 번 박사님이 위대한 지도자라는 우리의 믿음과 또한 주님이 이끄시는 대로 수행하고자 하는 우리의 결심을 확고히 하며.

위의 서신에서 보듯, 한국에 남아있는 라이너와 그의 사역자들은 한국에서의 철수를 희망하지 않았다. 그들은 계속해서 사역에 열의를 가지고 있었고, 남아있는 동안 지속적인 선교에 자신의 사명을 다할 것을 서신에서 보여주었다. 이 편지를 통해 라이너는 일제 시대의 감시와 제도적 어려움에도 불구하고 여전히 한국 백성들에 대한 측은함이 자신의 사명을 더욱 불타오르게 한다고 믿고 있었다. 라이너가 1910년 한국에 첫 사역을 시작한 이후, 30년이란 세월이 유수같이 지나가버렸다. 그는 한국에 와서 선교사역, 영어공부, 대학교 시설확충, 낙농업 사업 그리고 무엇보다 한국인에 대한 사랑을 실천하였다. 자신의 생애의 대다수를 가난한 백성, 먹을 것이 전혀 없는 굶주리는 백성에서 배움과 예절과 신앙을 가르쳤다. 그는 심지어 고국으로 떠날 것을 종용받았으나, 이에 굴하지 않고 일제 시대의 제도적 감시로부터 자유롭지 못했음에도 불구하고 여전히 한국에 남아 그의 마지막 열정을 불태웠다. 그의 30년 한국의 사역은 서서히 마무리 되고 있었다. 라이너의 사역으로 말미암아 한국의 선교는 빛을 발할 수 있었고, 그의 헌신과 열정은 새롭게 '숭실'이라는 최초의 민족 대학을 이어나가는 데 주춧돌이 되었다.

제5장

나오는 말

한국 기독교의 수용과 더불어 미션스쿨을 설립한 많은 선교사들과 그들의 피나는 순교정신으로 교회의 성장이 놀라울 정도로 발전되었다. 한글문화를 민중 속에 정착시키고 한국의 봉건사회를 개혁하는데 선교사들과 기독교가 앞장섰다. 한말 일제 치하에서 민족의 독립을 보전하고 잃었던 국권을 회복하기 위해 투쟁한 선교사들은 민족운동에 크게 기여했다.[103)]

한국은 기독교의 전래 이후 많은 변화를 가져왔다. 그 가운데 교육과 병원 그리고 사회발전에 엄청 큰 구심점 역할을 하였다. 그 가운데 숭실대학교는 기독교 대학으로서 한국사에 지대한 영향을 끼쳤다. 한국의 교육은 숭실대학교를 비롯해서 연세대학교, 이화여자대학교 등 기독교 대학교가 근대 교육의 중심 역할을 해 온 것에 대해 어느 누구도 반박할 수 없을 것이다. 이들 학교들은 오랜 전통과 역사 속에서 한국 민족사와 함께 했고 교육에 큰 역할을 하였다. 특히 숭실의 자랑은 기독교 학교로서 변함없이 지켜온 신앙의 전통이다.

라이너 교장은 한국의 복음화와 학원 선교에 지대한 공헌을 한 인물

103) 이만열, 『한국기독교와 민족통일운동』, 서울: 한국기독교역사연구소, 2001, p. 212.

이다. 라이너 교장은 숭실 역사의 산실이며, 제 1대 베어드 교장의 철학을 이어받아 숭실의 발전을 이룩했다. 그는 복음과 교육을 적절히 병행하면서 학교를 운영하였고, 한국의 현실에 대해 미국에 자세히 편지로 알리면서 지원을 받는 등 발전된 숭실의 모습을 갖추려는 노력을 아끼지 않았다.

숭실은 초기 교장들의 기독교 선교정신, 진리와 봉사 정신을 이어받아 도약하고 있다. 어디를 가도 최초의 수식어구가 붙어 다니는 숭실은 한국의 교육 발전에 크게 기여했다. 이들의 선교정신은 한국 최초의 근대 대학을 넘어 민족독립 운동을 주도하면서 신사참배를 거부하여 폐교까지 치닫는 민족 역사의 산실이 되었다. 또한 숭실은 사회봉사 활동과 전도계몽운동, 농촌진흥운동의 전개를 통해 진정한 기독교 대학의 전통을 수립하였다.

서구의 학문이 한국에서 꽃을 피운 가장 첫 무대를 장식한 곳이 바로 숭실 터전이다. 이 곳 숭실은 한국 기독교의 인재 양성의 성지라 불릴 만큼 수많은 인재들이 배출되었다. 한경직 목사님을 비롯해서 많은 목회자들이 교육을 받고 민족 역사와 기독교 신앙을 배우고 가르친 곳이다. 그 뿐만 아니라 기독교의 산실이자 민족 대학을 넘어 과학기술 교육과 한국 근대 음악의 선구자 역할을 하고, 축구 명문 대학으로 스포츠에도 지대한 영향을 미쳤다. 이제 숭실은 기독교 정신, 진리와 봉사 정신을 이어 받아 순금과 같은 인격을 가진 인재를 양성하고 있다. 숭실은 기독교 정신을 통해 진리를 추구하고, 이웃과 사회에 봉사하고자 하는 가치관을 가진 곳이다. 숭실대학교는 단순한 인재 양성과 학문 추구를 넘어 우리가 배우고 가르친 이 학문이 하나님의 영광의 도구로 쓰임받기 위해 준비하는 터전이 되었다.

앞으로 숭실은 통일 시대의 기독교 대학이라는 큰 과제를 남겨 두고 있다. 서울의 숭실이 평양의 숭실까지 달려갈 연료를 미리 준비해야 할 것이다. 베어드 선교사, 라이너 선교사와 같은 인물들은 척박한 한국의 토양에서 무에서 유를 창조했다. 낯선 한국에서 한국어를 배우며 소통하려고 했던 그들의 피나는 눈물을 기억해야 할 것이다. 그들의 정신이 지금까지 숭실로 이어져 내려오고 있고, 그 정체성은 여전히 숭실을 버티게 하는 에너지가 되고 있다. 이제 복음에 빚진 후배들은 숭실 초기 교장들의 신앙을 이어받아 서울에서 평양까지 한강과 대동강이 만나서 하나의 물이 실현되는 숭실을 꿈꾸어야 한다. 서울의 숭실이 평양의 숭실과 하나되는 꿈이 그것이다. 미래의 숭실의 멋진 모습을 기대해 본다.

부록

라이너 서간집

● 1911. 10. 5.

브라운(Brown) 박사님께

최근 선교회 모임에서 규칙 및 내규 위원회(the Rules and By-Laws Committee)는 선교회의 규칙 변경을 진행하는 권한을 부여받았습니다. 그러나 시간이 너무 제한적이라 그 일을 휴회 전에 만족스럽게 달성하지는 못했지요. 규칙을 변경하기 위해 기반으로 할 정보가 부족하다는 점을 고려하여 우리는 내년까지 활동을 미루기로 했습니다. 그동안 위원회는 선교회의 규칙과 내규를 확고히 하고, 다른 선교회들이 우리보다 더 훌륭한 방법들을 제안하면 그 방법들을 사용하기를 바라고 있습니다.

저는 위원회로부터 박사님께 모든 선교회의 총무들의 이름을 확보하도록 하는 편지를 보내라고 지시받았습니다. 제가 박사님께 너무 큰 과제를 부과하고 있는 것은 아닐 것이라고 믿지만, 만일 큰 부담이 되실지라도 그것은 여전히 중요한 임무이고 또한 저희들은 박사님의 도움을 감사히 여길 것입니다.

박사님께선 이곳의 새 계승자인 H.M 라이너(Hugh Munro Reiner)의 도착 소식을 들으셨겠죠. 그와 그의 모친은 훌륭히 잘 해내고 있답니다. 저는 그가 선교지의 유용성에 있어서 그의 부모를 능가하기를 바랍니다. 우리에게 이러한 일생의 일보다 더한 기쁨을 주는 것은 없지요.

얼마 전에 박사님께서는 애덤스(J.E. Adams) 목사님으로부터 우리가 부동산을 필요로 하는 것과 관련한 한 통의 편지를 받으셨을 것입니다. 제 생각에 두 가지가 그 편지에서 언급이 되었을 텐데, 하나는 Su 지역으로 알려진 우리 집의 뒤쪽 지역이고, 또 하나는 학교와 거주지 사이에 있는 기와 굽는 곳이죠. 기와 굽는 곳은 만족스럽게 매입되었고 소유증서도 얻었습니다. 그러나 집의 후방지역은 우리에게 많은 문제를 안겨주고 있어요. 그 증서들은 만들어지긴 했지만 등록되진 않았으며, 매매에 반대하는 무리 내의 알력에 의해 소송이 시작되었습니다. 이 소송은 본래 애덤스 씨를 기소한 것이나 그의 부재로 인해 제가 그 책임을 지게 되었습니다. 따라서 보고드릴만한 중요한 사안은 없지만, 새로운 국면에 관한 편지가 박사님께 보내질 때에 한 마디의 설명이 추후의 전개상황을 명료히 할 것이라 사료됩니다. 아직은 이 경우에 대해 이루어진 어떤 결정사항이 없으므로 이쯤에서 그 문제는 내려놓고 곧 박사님께 추가적인 결과를 알려 드리겠습니다.

당신의 진실한 벗

R.O. Reiner

● 1912. 2. 6.

브라운 박사님께

스위처(Miss Switzer) 양이 우리 사역지로 온 이후 상당히 중요한 문제가 제 마음을 사로잡고 있습니다. 선교지에서의 그녀의 자격과 입지를 다룬 박사님의 편지에서, 박사님께선 "보수를 제외하고는 그녀가 다른 모든 선교사들과 다름없는 선교사였다" 라고 말씀하셨죠. 스위처 양은 이것을 오로지 그녀의 보수만큼만 일을 감당하는 것으로 이해하고, 그러한 생각으로 우리에게로 왔습니다. 그러나 박사님도 아시다시피 보수 외에도 충족시켜야 할 다른 많은 비용들이 있지요. 순회라든지, 교사, 언어보조원, 그리고 선교회 모임의 경비와 같은 비용 말입니다. 그녀의 경우, 누가 이 비용을 다 감당해야 할까요? 우리는 이미 그녀에게 우리의 잔고에서 교사비용을 지불했지만, 경비 책정이 본래 이루어지는 시기를 위해 계획되었던 다른 항목에도 돈이 몹시 필요하기 때문에 이사회가 추가비용을 대비할 정당한 책임이 있는 것으로 보여집니다. 마치 그녀가 이사회로부터 전액을 받는 것과 마찬가지로 말입니다. 올해 그녀에게 승인된 액수는 43.75엔이고 내년에 필요한 액수는 150.00엔입니다. 대구 사역지는 이 무거운 부담을 감당하기 위한 책정예산이 충분치 않아 정보를 구하려고 이 편지를 씁니다. 1912, 1913년의 추정액이 구성된 이후 스위처 양이 왔다는 점을 고려하면, 그녀가 가지게 될 비용은 지난 연례 모임 이전에 도착했었던 다른 이들보다도 많습니다. 따라서 저로서는 6개월간의 순회 및 교사비용 등 한 해의 그와 같은 비용이 추가적인 책정으로서 인정되어야 할 것으로 보여집니다. 게다가 우리로서는 긴급한 항목들이 아닌 그녀의 가르침을 위해 1911~1912년의 잔고를 사용해 왔기 때문에 예산이 책정되면 우리는 반드시 이미 그녀에게 주어진 총액을 비록 비정기적일지라도

1912~1913년 동안 사용할 권리를 가져야 할 것 같습니다.

몇 달 전 박사님께 보낸 편지에서 저는 구내 뒤쪽 언덕을 구매하는 중에 진행된 소송 이야기를 말씀드렸었죠. 저는 애덤스 씨에게 판결이 나면 박사님께 즉시 결과를 알려드리기를 부탁드렸습니다. 그래서 저는 박사님께서 우리의 승소를 아시리라 생각됩니다. 승리입니다. 그러나 만족스러운 승리는 아니죠. 한국의 법은 현재 매우 급격히 변화를 겪고 있어서 가장 박식한 사람들조차도 어떤 것에든 확신하지 않는답니다. 우리가 승리한 이후에도 이상한 곤경에 빠져있음을 잠시 생각해 보십시오. 1908년 1월 25일 모든 언덕(그리고 다른 땅들 역시)은 반드시 정부에 보고되어야 함을 요구하는 법이 반포되었습니다. 이것은 이전 정부로부터의 소유증서를 소지했든 소지하지 않았든지 간에 모든 땅을 요구하고 있는 것이었습니다. 그리고 더 나아가 보고가 되지 않은 경우, 그 땅은 3년 후엔 정부로 귀속될 것임을 규정하는 것이었죠. 우리 땅은 신고 되긴 했지만, 증서가 만들어지는 사이에 사망한 남성의 이름으로 신고 되는 이상한 일이 일어났습니다. 따라서 재판부는 그 신고가 어떤 신고와도 동일하지 않다고 판결을 내리며 그 땅은 국가의 땅임을 공표했습니다. 그러나 지난 겨울, 땅의 작은 일부만이 정부의 방침에 따라 신고 되었으므로 이전 법을 따르는 것은 명백히 부당하다고 기술하는 새로운 법이 반포되었죠. 그러므로 땅을 신고하지 않은 누구든지 등기소에 가서 그 땅을 개량하려는 그의 의도를 분명히 말함으로써 여전히 그 땅에 대해서 주장할 수 있습니다. 그리고 나서 그의 선의를 증명할 충분한 시간이 흐른 후에 소유증서는 요구에 따라 얻어질 수 있습니다. 우리는 이러한 곤경에 놓여 있습니다. 그 땅은 우리 소유지만 약 2년간 증서를 확보할 수 없었고 이 증서를 확보하는 과정은 매우 이해할 수 없는 중에 있습니다. 하지만 저는 아직 총독에게 호소하고자 하는 의지가 있습니다. 저는 증서를 승인하는 관리들을 충분히 조사해왔고, 어느 누구도 그 땅을 우리에게서 앗아갈 수 없다고 확신합니다.

브라운 부인과 박사님께 안부를 전하며

당신의 진실한 벗 R.O. Reiner

대구 사역지의 총무

● 1912. 8. 13.

브라운 박사님께

저는 불과 몇 주 전에 이곳 대구에서 우리가 살고 있는 집 뒤쪽의 땅 일부의 매입과 관련하여 박사님께 편지를 썼었죠. 확신컨대 박사님께선 그 언덕을 기억하실 터라 저는 더 이상 그것을 묘사할 필요가 없으리라 생각합니다. 대부분은 아담스 씨가 미국으로 떠나기 전 매입되었고, 그가 돌아온 이후 그 땅을 보유하기 위한 오랜 법적 분쟁이 일어났었죠. 하지만 이런 분쟁을 하는 동안 우리는 승리했고, 이제 실제적으로 그 땅을 소유했습니다. 며칠 전 다른 일로 치안판사실에 있는 동안 토지부서의 책임자가 저를 그의 사무실로 불러 말했습니다. 정부가 우리에게 그 땅에 대한 완전한 소유권을 인정하기로 결정했다는 사전 정보를 받았다고요. 그리고 그와 동시에 나머지에 대한 소유권은 정리될 것이라고요. 만일 그렇다면, 우리는 추가적인 복잡한 일들이 일어나기 전에 즉시 구매해야 합니다. 비용은 적어도 1500엔이고 그것은 매우 가치 있는 부동산이므로 8000엔 정도가 될 것입니다. 땅을 활용하기 위해 세운 계획에서 볼 때, 그 땅이 매입되고 있지 않는 것은 단지 다른 용도로 활용되지 못하도록 하기 위함이 분명합니다. 여학교와 기숙사, 여성 성경교육기관과 기숙사, 진료소, 이 건물들을 위한 중앙난방장치, 현 주택들과 또 다른 주택들이 이 지역에 계획되어 있습니다. 그리고 이 건물들이 다 완공된다 하더라도 빽빽이 들어서진 않을 것이고요.

현재는 부동산 매입에 있어서 이전 보고에서 충분한 정보를 알리지 못했던 또 다른 단계 중에 있습니다. 정부 관리들은 굽이진 많은 골목들을 없애고 직각으로 거리를 만듦으로써 대구를 현대적인 도시로 만들려는 계획을 세우고 있습니다. 이미 많은 거리가 완성되었지만 몇 주

전까지 그 모든 거리의 보수를 위한 어떤 기본 계획도 사람들에게 알려진 바는 없었답니다. 도시계획은 가을에 착수될 것이고, 다른 도로들이 완성이 될 때, 현재 인구의 1/5은 완전히 집에서 내쫓기고 어쩔 수 없이 새 장소를 찾아야만 하겠죠. 지난 2년 동안 이러한 인구이동은 병원의 북동쪽, 저의 집의 남쪽으로 향했습니다. 그러나 이러한 큰 이동으로 우리 구내의 조금이라도 이용가능한 모든 땅은 매입되고 사용되어질 것입니다. 우리 사역지는 추후 사용을 위해 상당히 더 많은 부동산을 필요로 하고 있습니다. 우리는 플레처(Fletcher) 박사와 그린필드(Greenfield) 씨를 위한 집도 필요하여 선교회의 연례모임에서 그것을 검토해달라고 요청하는 중입니다. 우리는 주택용지를 가지고 있긴 하지만, 전원공간은 확보하지는 않았습니다. 남성 성경연구기관의 부지가 없으며 공장부지도 그러합니다. 이 모든 것들은 현재 우리 구내에 근접해야 하며, 만일 근접하다면 곧 그 부지를 얻어야만 합니다. 저는 이러한 필요가 우리 부지에 관심이 있는 사람들보다 우선될 것이라고 믿습니다. 사역지의 구성원들은 우리가 필요로 하는 가장 중요한 것을 보유하기 위해 그들이 가진 모든 현금을 거의 소비하고 있습니다. 그러나 현금의 공급은 제한적이죠.

당신의 진실한 벗

R.O. Reiner

● 1912. 8. 27.

세일러(Sailor) 교수님께

교수님의 분기별 편지는 정기적으로 송달되었고, 그 편지들을 받았다는 것을 알리지 못한 제 무례함에 대하여 유죄라고 말씀드려야 하겠습니다. 그러나 업무의 부담과 세부적인 일들은 편지를 쓰는 호화스러운 여가를 불가능하게 했죠. 우리는 그야말로 그러한 시간을 훔쳐야만 하고 그것이 바로 오늘 제가 하고 있는 일이랍니다.

1912년 6월자의 교수님의 마지막 편지는 특히 흥미롭고 유익했습니다. 특별히 교수님의 편지가 도착했을 때 교수님께서 말씀하신 방법인 조촐하게 경상남북도를 소개하는 과정에서 말입니다. 대구에서 2년간 거주하는 동안, 저는 기독교 교육의 질서를 확고히 하고자 고군분투해 왔습니다. 그리고 그간의 노력들이 어느 정도 결실을 맺은 것을 말씀드리게 되어 기쁩니다. 두 경상도의 장로회 모임에서 장로회 교육위원회의 방침아래 운영하고 장로회를 책임지는 "교육운영위원회"를 조직하는 것이 만장일치로 결정되었습니다. 이 위원회는 교육과정, 학교위치와 교사들을 승인하는 권한을 가질 것입니다. 그리고 또한 위원회의 관심사항이 되는 다른 주요문제들을 결정하는 권한을 가질 뿐 아니라 교원양성기관도 추진해 볼 것이며, 지방 학교들의 교육 수준을 향상시킬 것입니다. 오래전에 이루어진 시작은 매우 힘을 북돋아주고 있습니다만 현재의 방식에 있어서 완전한 계획 실현에 방해가 되는 것은 재정적인 지원입니다.

한국 장로교 조직들 사이의 학교시찰 문제에 있어 남쪽 지방이 우위를 잡고 있다는 것을 말씀드려야겠네요. 그러므로 그들의 정기적인 연례모임에서 앞으로의 우리 정책을 결정하기 위해서는 우리의 사명감을 검증할 필요가 있을 것입니다. 교수님께서도 언급하시겠지만 비용계획은 협회에서 이루어지나 우리가 이 일을 시작했단 것을 고려해보면 현재의 비용은 전적으로 대구사역지에 의해 충당되고 있습니다. 만일 이것이 지속된다면 관련된 다른 사역지와 파견지도 반드시 그 비용을 분담하도록 강요받겠죠. 우리는 선교회가 우리가 행한 일을 인정하고 다른 곳에서 유사한 일을 시작하기로 결정할 것이라 확신합니다. 사역 한가운데 있어보지 못한 그 누구도 우리 사역의 광대함을 상상할 수 없습니다. 장로회에는 80개의 학교에서 공부 중인 1981명의 학생들이 있으며 그 학생 수는 쉽게 두 배로 늘 수 있답니다. 만일 적절한 감독과 방침이 주어진다면, 어떤 식으로든 학교 수를 늘리지 않고도 말이죠. 그렇지만 관리비용은 적지 않으며 그 일의 세부적인 일은 그야말로 너무나 많습니다. 이 두 가지 이유로 과거에 사역은 지연되어 왔고, 같은 이유 때문에 앞으로도 사역이 신속히 진전되지 않을까봐 우려가 됩니다. 게다가 저는 저의 많은 시간을 할애해야만 하는 대구소년학교를 맡고 있습니다. 그래서 지방학교의 추가적인 업무는 거의 견딜 수가 없습니다. 하지만 저는 교육사역이 명의상뿐 아니라 사실상 기초를 반드시 마련할 것이라 확신합니다. 우리는 저학년(*역주: 보통11-14세) 학생들이 고등의 학업에 적합해질 때까지는 학교라는 이름의 가치를 지니리라고 바랄 수 없습니다. 마찬가지로 평양전문학교도 우리학교들이 전문학교에 적합한 소년들을 졸업시킬 때까지는 이름 그 이상을 결코 얻을 수 없겠죠. 견고한 토대가 필수적이라는 것을 믿기 때문에 저는 저학년 학교 체계를 감히 발전시키고자 저의 힘과 시간의 일부를 내어주고 있는 중입니다.

저는 한국에서의 사역에 관해 교수님께 다른 시기에 편지를 쓰고자 하는 계획을 해왔습니다. 하지만 저는 그 주제를 제대로 다루기 위해 시간을 좀처럼 내지 못했고, 지금도 또한 그러합니다. 저는 그저 애드

먼(Erdman) 목사님이 미국에 머무르는 동안 교수님께서 한국으로 오셔서 우리 교육시스템의 새로운 개발을 연구하시도록 초청한 것을 한 번 더 말씀드립니다. 이사회 총무로서의 교수님의 자리는 정부에 의해 수행되는 모든 부서의 일에 대해 접근 가능하게 합니다. 그리고 그 자리는 정부의 입장을 철저히 이해하는 데 있어 필요 되는 모든 것을 교수님 마음대로 다룰 수 있도록 합니다. 우리는 이러한 특권들을 허락받을 정도의 위치에 있지 않기 때문에 교수님은 모든 선교사들보다 유리한 위치에 계신답니다. 교수님은 한국을 방문함으로써 한국 내 기독교 교육에 실로 엄청난 공헌을 하실 수 있고, 현재 정부와 선교사들 사이의 더 깊은 이해를 향하여 길을 열어주실 수도 있습니다.

저는 1912년 6월의 교수님 편지의 특정한 부분과, 그리고 교수님께서 말씀하셨던 모든 글에 대해 언급하고 싶군요. 첫 페이지에서 교수님은 선교사들이 정부의 계획, 교육과정과 방법을 이전보다 더욱 철저히 공부할 것을 촉구하셨죠. 이 점에 있어서 저는 진심으로 동의합니다. 교육자들이 끊임없는 연구를 더 할 필요가 있는 곳, 사고와 연구의 결핍으로부터 틀에 박힐 위험이 더 큰 곳은 선교분야 외에 그 어디에도 없죠. 이유는 분명합니다. 먼저 선교사들은 업무의 과중한 부담을 받고 있습니다. 그들 중 몇몇은 십여 개의 돌봐야 할 교회가 있습니다. 교육방법에 무지한 많은 사람들을 증진시키기 위한 전체 교육 시스템, 장로회와 다른 많은 조직, 선교회와 관련된 성직자의 많은 사역까지도 포함합니다. 둘째로, 선교사에게 요구되어서는 안 되는 직무를 덜어주기 위해 충분하고 유능한 조력자를 고용하는 것을 허용할 만큼 재정이 풍부한 것은 아니라는 점입니다. 그리고 세째로, 그들은 대체로 교육방법에서 진보하고 있는 자들과는 거의 전적으로 동떨어져 있습니다. 저는 잠시 동안 믿을 수 없습니다. 우리 선교사이자 교육자들이 그 진보의 문제에 있어서 매일 만나는 일본인들과 동일시한다는 것을요. 일본의 관리, 교사들, 감독관들은 모두 최고 전문학교의 졸업생들이며 끊임없이 기관, 회의, 상호 만남으로 훈련받고 있습니다. 그들이 그들의 자리에서 일류가 되기까지 말입니다. 저는 정부의 계획에 관하여 그 이상을 우리가 알아야 한다는 교수님의 의견에 동의합니다. 그러나 현재 사역의 조직 하에, 그리고 현 기금과 힘만으로는 그것이 실제적으로 불가능합니다. 한국 내의 우리의 사역은 다른 선교지와 비교해볼 때 그토록 광범위한 것은 아니지만 만일 효율성이 좌우명이라면, 여전히 비통하게도 일손이 부족합니다. 정부는 한 명의 선교사가 책임을 맡기 위해 요구되는 그 일을 하기 위해 적어도 12명의 인원을 가집니다. 우리는 해야만 하는 일을 할 시간조차 결코 없으며, 이러한 이유로 저는 우리가 해야만 하는 것을 앎에도 불구하고 교수님이 말씀하신 것을 하기란 불가능하다고 말씀드려야 할 것 같습니다.

레반트(Levant, *역주: 소아시아, 시리아의 지중해 연안) 사역에 대해 교수님께서 주장하신 7가지 요점은 대체로 매우 진정성 있었습니다. No.1 정부의 기금은 아직 충분하지 않지만 매년 더욱 승인될 것으로 보여집니다. No.2 이곳의 조직은 대단히 훌륭합니다. No.3 이곳에 거의 존재하지는 않지만 때때로 돌발적인 사건들이 보고됩니다. No.4 조사관들이 매달 정부에 등록된 모든 학교들을 방문하고, 경찰서가 때때로 특별 조사관을 구성한다는 것은 다 사실입니다. No.5는 부분적으로 사실입니다. 그러나 많은 지원자들이 정부의 사범학교로부터 거절 받는 것만은 아닙니다. No.6 실업 및 상업학교를 설립하는 데서 좋은 시작이 이루어졌고, 교육부는 고등학문보다는 산업노동의 발전을 장려하고 있는 중입니다. No.7 여학교가 설립되고 여성교육은 촉진되고 있습니다.

3페이지에서 교수님은 학교조사관의 더 좋은 자재의 필요성을 이야기 하셨습니다. 교수님의 편지가 도착하기 이전에 저는 마음속에 의문을 가지고, 미국에서의 추가적인 연구를 허락해달라고 이사회에 요구

할까 생각했었습니다. 그러나 이사회의 정책은 저와는 반대였죠. 그 정책은 오직 5년간의 사역 이후에는 제가 다시 미국으로 돌아올 것을 요구하기 때문입니다. 이사회의 정책은 매우 건설적이어서 저는 부득불 저의 여행 왕복비용을 지불해야만 할 것이고, 전례 역시 제가 미국에서 1년간 남아 있는 것이 허용될지도 의심스럽게 만듭니다. 하지만 교수님께서 작성하라고 요구하셨던 교육정책을 포함한 브라운 박사님의 편지가 며칠 전 도착했을 때, 저의 바람은 되살아났습니다. 교육사역의 특별한 준비를 하고 이 곳 한국에 온 것은 오로지 저희 둘뿐입니다. 매큔(Macune) 씨는 감탄할 정도로 그의 일에 적합하지만 저는 얼마 전부터 행정이론에 대한 지식과 오늘날 미국에서 사용되고 있는 가장 좋은 방법론에 대한 지식이 확실히 부족하다고 느껴 왔습니다. 1~2년간 미국으로 돌아가는 것이 물론 선교에서 만만찮은 문제이겠지요. 그러나 궁극적인 이점은 일시적 손실을 상쇄하는 것 그 이상일 것입니다. 그럼에도 제가 여행경비를 부담하고 만일 제가 2년간 머무르게 되었을 경우, 저의 연구 2년째 되는 기간 동안 봉급을 받지 않는다는 것은 불가능합니다.

교수님께서 저의 긴 편지를 용서해주시기를. 그러나 제가 자주 편지를 쓰지 않기 때문에 교수님께서 이 글을 읽어 주시리라 확신한답니다.

안부를 전하며
당신의 진실한 벗
R.O. Reiner

● 1919. 11. 2.

브라운 박사님께

며칠 전 박사님의 105번째 편지를 받았고, 사역지의 필요가 충족되는 것이 신의 섭리 가운데 계획된 것처럼 보였습니다. 박사님도 아시다시피 우리는 돈이 책정되었던 언덕의 소유권 때문에 많은 고생을 해왔습니다. 그러나 결국 지역 치안판사는 분명한 소유권을 선언하고 우리에게 공인된 소유증명서에 대한 서류를 제출할 것을 지시했습니다. 이것은 지난 화요일에 이루어졌고, 오늘 오후 증명서가 우리에게 주어졌습니다. 그래서 이제 그 땅은 우리의 것입니다. 우리는 매우 기뻐하고 있습니다. 우리가 이전엔 매입할 수 없었던 그 땅의 잔금이 지불되었고, 현재의 소유증서는 전체를 다루고 있기 때문입니다. 이것은 대구 사역지만큼이나 오래 지속되었던 어려움의 결말이며, 우리는 확실히 이 결과에 대해 기뻐하고 있습니다. 구매된 추가적인 부분의 비용은 1500엔이고, 땅의 매입, 재판과 관련되어 감당해온 다른 비용들과 함께 이것은 1975엔까지 증가했습니다. 이것으로 박사님은 남은 것이 거의 없다는 것을 아시겠죠.

사역지는 우리의 필요를 매우 관대하고 신속하게 충족시켜 주었던 이사회의 행동에 감사를 표하고 싶습니다. 저는 누구도 이 땅의 매입에 대해 후회할 이유가 없으리라고 확신합니다. 지금까지도 우리는 몇몇 건물의 설치를 계획 중입니다. 그 건물들 중에는 성경연구기관의 기숙사와 여학교 기숙사가 있습니다.

박사님과 부인께 안부를 전하며

박사님을 존경하는

R.O. Reiner

● 1913. 9. 29.

브라운 박사님께

저는 건강이 매우 악화되어 26일에 미국으로 떠날 수밖에 없었던 밀즈(A.R. Mills) 양의 진단서를 박사님께 보내는 괴로운 일을 맡게 되었습니다. 그녀의 신경계는 정상이 아닌 상태가 되어 연례모임의 진행 소식이 그녀에게 이르렀을 때에는 모임의 결과가 그녀의 상태를 안 좋게 만들었고, 결국 그녀는 완전히 악화되었습니다. 저는 만일 지금 의사에게 question 8에 대한 의견을 구했다면 그가 다른 답을 주었을 것이라고 생각합니다. 이는 확실히 우리 여성 사역의 큰 타격입니다. 사역지에서 그녀의 자리는 매우 확고한지라 모든 여성사역은 몹시 손상을 입었습니다.

박사님께서 연례모임의 회의록의 신간 견본을 정독하시면 알게 되실 테지만, 저는 금년도 기록담당자로 선출되었습니다. 박사님께서 매큔씨 대신 이사회의 선교회 편지파일들을 제게 보내 주실 런지요. 이것은 두 부의 견본을 말하는 것인데 저는 선교지부의 총무이자 선교회의 총무이기도 하지요.

저는 한국 선교에 새로운 지명자를 박사님께 알려드릴 의무를 다하지 못했습니다. 박사님과 이사회의 다른 구성원들이 판단할 기회를 거의 갖지 못한 지명자 말입니다. D.E. 라이너(Donald Eugene Reiner)와 R.E. 라이너(Ralph Everett Reiner)는 8월 16일 도착하여 잘 지내고 있습니다. 오늘 아침 마조리(Majorie)는 잠깐 모습을 비추었습니다. 모두들 지금까지 잘 지내고들 있으며 우리는 주님이 그들에게 사역을 위한 굉장한 기회와 많은 시간을 주실 것이라고 믿습니다.

박사님과 부인께 안부를 전하며

당신의 진실한 벗

R.O. Reiner

● 1913. 12. 10.

브라운 박사님께

지난 정기모임 때, 대구 사역지는 저에게 대구 교육상황의 재정적인 면을 박사님께 보여드리라고 지시했습니다. 선교회의 1913년, 9월 11일 회의록의 교육위원회 방침과 관련된 것이기 때문이죠. 3600,00엔의 요청이 작년부터 반복되는 것을 보게 되실 것입니다. 선교회에 보내는 회신에서 박사님은 이 총액이 그 해의 정기적인 책정액에 포함되었던 것이라고 말씀하셨죠. 이것은 그 책정액에 포함되었을지도 모르지만 선교회가 비상상황을 감당하기 위해 필요한 돈을 받았다는 것을 의미하는 것은 아니었습니다. 그 당시에 비상상황은 그렇게 심각하지 않았지만 우리는 박사님께서 그러셨듯이 그 문제를 볼 수가 있었죠. 그러나 교육자금의 실제적인 인상에 대한 요구는 지난 해 동안 매우 크게 성장하여 모든 미션스쿨이 현재 심각한 재정적인 절박함을 겪고 있습니다. 선교회는 재량껏 사용할 수 있는 기금으로부터 금년도 교육비로 20%를 주고, 교육에 관심 있는 선교회의 구성원들은 우리가 이를 매우 잘 운영하고 있다고 여기고 있습니다. 그러나 57000.00엔의 20%는 11400.00엔이고, 이것은 4개의 남학교와 여학교, 그리고 평양전문학교로 나누어져 각각 평균적으로는 대략 1260.00엔에 이릅니다. 2년 전까지 우세한 상황에서는 이 총액은 대략 충분했었을 테지만 정치상황이 급격히 변하여 이는 교육자들을 상당한 어려움으로 몰고 있습니다. 정부는 일본인으로 하여금 우리 학교에서 일본어를 가르치도록 요구하고 있습니다. 이 뿐 아니라 그들은 우리가 최소 주 8시간을 가르쳐야 한다고 요구하고도 있죠. 양과 질에 있어서 이런 추가업무는 만일 우리가 현재의 책정액을 유지한다면 지속가능한 정도를 넘어서는 학교운영

비로 증가시킵니다. 주중 8시간의 가르침은 전체 학업 과정의 1/3을 의미하죠. 가장 비용이 적게 드는 일본어 선생은 월 40.00엔을 요구하는 반면에 우리에게 고용된 가장 비싼 한국어 선생은 고작 30.00엔입니다. 지난 모임에서의 선교지부에 대한 제 보고서에서 저는 선교지부가 현 책정액과 함께 약 500.00엔의 빚이 내년 말까지 있다는 것을 보여드렸습니다. 개인적으로 저는 그러한 책정액을 감당하고 싶지 않습니다. 만일 선교지부와 선교회가 현재 주고 있는 것 이상으로 줄 수 없다면, 그리고 제가 그 자금을 가질 수 없다면 말입니다. 상황은 확실히 심각합니다. 정부의 이러한 요구 때문에 추가비용은 매해 500.00엔의 실제적인 증가를 수반합니다.

여기 지역 상황을 보여주는 몇 가지 사실과 도표를 첨부합니다.

1. 국립학교의 모든 학생들은 수업료와 교재가 무료인 반면에 우리 학교의 학생들은 교재를 사는 것 외에도 매달 50~75전을 지불해야만 합니다.
2. 우리 학교는 1,500,000명이 거주하는 이 지방에서 유일한 크리스천 고등학교입니다. 따라서 소년들은 도보로 먼 거리를 이동해야만 합니다. 정부는 많은 장소에 학교를 설립함으로써 학생들의 출석을 촉진시킵니다.
3. 한국에서의 기독교 학교는 더 좋은 자재와 높은 이상 때문에 최근까지 교육의 선두에 있어왔습니다. 국립학교는 현재 자재와 관리면에서 우리학교를 능가하고 있으며, 우리의 이상과 같아지려고 노력하는 중이나 그것은 불가능하다고 생각됩니다. 그러나 만일 그들의 물질적인 장비가 어떤 식으로든 우리 장비를 능가한다면 우리의 이상도 학생들을 모으기엔 충분하지 않을 것입니다.
4. 정부는 일본어를 가르치는 것과 관련한 정부의 방침에 불복종하는 선교사들을 끊임없이 의도적으로 고소하고 있습니다. 사실 우

리는 너무 궁핍하여 그 방침에 따를 수 없으며 의도적으로 불복종하는 것은 아닙니다.

5. 선교회를 제외하고, 모든 공급원으로부터 나오는 우리 학교의 수입은 750.00엔인 반면에 선교회는 이전 학생들의 수업료 1200.00엔을 매년 550.00엔의 수업료로 주고 있습니다. 교사들의 봉급만 1500.00엔에 이르고 있죠.
6. 작년 교사들의 봉급은 1500.00엔에 달했습니다. 일본어 교사를 추가하는 것은 500.00엔, 즉 1/3까지 봉급을 증가시켰죠. 선교회는 1년에 이러한 증가를 감당할 수 없습니다. 3년간 이러한 부담을 감당하기 위해서는 우리 예산 중 다른 어떤 항목들에 한 푼도 더하지 않고 Class V에서 보통의 인상을 취하게 될 것입니다. 3년 후에 정부는 우리가 의무를 다하지 못할 경우 사라지는 것을 발견하게 될 테죠.

제가 말씀드린 이 모든 것과 관련된 사안의 중요성을 고려해 볼 때, 이사회는 어느 정도의 특별책정액에 의해서든 어떤 방법으로든 이 상황을 감당해야 한다고 생각합니다. 정부는 일본어 교사와 관련하여 상당한 요구를 해 왔습니다. 선교회는 이 특별한 상황에 맞추어 적절한 기금 요청을 했고요. 이사회는 항상 선교사들이 가능한 한 정부와 평화롭게 지내야한다는 원칙을 고수하고 있습니다. 그리고 이러한 경우, 우리가 믿기에 옳다고 여기는 사안에 관하여 들은 대로 행한다면 우리는 정부와 조화롭게 지낼 수 있습니다. 이사회의 자원 요청은 매우 큰 일임을 알고 있지만 제가 특별히 이것에 관해 편지를 쓸 만큼 긴박한 사안이기도 합니다.

안부를 전하며

박사님을 존경하는

R.O. Reiner

● 1914. 7. 27.

브라운 박사님께

작년 연간 보고서 한 부를 함께 동봉합니다. 특별한 것은 아니지만 남학교에서 진행되어가는 사역의 일부를 실감하시는 데 도움이 될 것이라 사료됩니다.

박사님께선 보고서 말미에 선교지부의 교육부서 사역이 원래의 규모보다 더 많아져서 현재는 한 사람이 다루기엔 너무 많고 다양하다는 사실에 선교지부가 주목하고 있다는 것을 보시게 될 것입니다. 저는 이러한 상황을 때로 실감하지만, 적합한 사람을 확보하는 것에 대한 즉각적인 희망이 없으므로 선교지부나 이사회에 관해 말씀드릴 것이 없었습니다. 그러나 이 기관의 산업적인 면을 수행할 한 사람을 강조할 때가 도래했습니다. 현재는 우리 부지내의 모든 초등학교의 일반 관리 뿐 아니라 행정, 재정, 교육, 그리고 자기계발 부서를 포함하여 남학교의 전체 책임은 저의 몫이고, 보통은 선교교육의 적절히 조직화된 체계 내에서도 그러한 책임을 맡고 있습니다. 저는 한국인들 중에 많은 훌륭한 조교들을 데리고 있습니다만 가장 막중한 책임을 수반하는 일을 수행할 수 있는 사람은 없죠.

박사님도 아시다시피, 사람들의 가난은 너무 심각하여 그들 중 리더십에 적합하다고 인정되는 자들 중 소수만이 가난을 감당해낼 수 있답니다. 이러한 상황을 다루는 두 가지 방법은 다른 사역에 의해 시도되어 왔습니다. 하나는 장학금의 형태로 돈을 주는 노골적인 방법이고, 다른 하나는 학업과 관련하여 자기 계발(자립)의 교육방법입니다. 후자는 우리 사역의 정책이고, 사회학적인 원칙과 철저히 조화를 이루는 것입니다. 그러나 자립부서는 그 부서가 동시에 가르침을 주는 것을 목표로 하지 않는다면 그만한 가치는 없는 것으로 밝혀졌습니다. 따라서 우리는 교육의 산업적인 측면이 과거에 그랬던 것보다 더욱 강조되어야만 한다고 믿고 있습니다. 저는 어느 한 사람이 이곳 대구에서 자리를 계승할 수 있을지 궁금해 하던 중에 몇 사람을 발견했습니다. 이들 중 한 명은 기술교과목의 선생으로 아프리카로 가기 위해 이사회에 의해 임명되었지만, 이사회가 현재 재정적으로 난감한 상황인지라 그 사람에게 1년을 기다려 달라고 부탁했었죠. 그는 몹시 가고 싶어 했기 때문에 이러한 이사회의 부탁을 마음 내켜 하지 않았습니다. 만일 이사회가 그에게 즉시 한 자리를 수락했다면, 확신컨대 그는 이곳 한국에서 일하기를 지원했을 것입니다. 그가 본래 지원했었던 이사회 총무들로부터의 추천서를 포함한 그의 추천서는 매우 훌륭했습니다.

저는 산업적인 임무로 최근 한국으로 임명받은 사람들의 경우, 연간 그들의 봉급이 이사회의 현 정규수입 외에서 보장되어야한다는 것이 그들의 마지막 조건이라는 것을 이해할만 합니다. 이 같은 상황이 이사회가 적자에 직면했다는 것을 알게 되는 상황이라 생각하지만 불행히도 휴가로 미국에 갈 특권이 주어진 자들만이 이 적자를 충족시킬 수 있습니다. 개인적으로 저는 필요한 자금을 확보하리라는 희망을 가지고 편지를 쓸 수 있는 친구가 없습니다. 그러나 이것이 그의 즉각적인 필요를 감소시키는 것은 아닙니다. 따라서 저는 박사님께서 하실 수 있는 한 이 문제에 대하여 호의적인 고려를 해 주시기를 간청합니다. 박사님께서 이러한 사람을 임명하실 수 있음을 제게 알려주시면 제가 그에게 박사님께로 바로 지원할 것을 알리겠습니다. 혹은 만일 이러한 일에 관심이 있는 누군가에게 제가 편지를 쓸 수 있다면 저의 간청을 더욱 유효하게 하는 그러한 정보를 주신 박사님의 친절에 감사드릴 것입니다.

박사님과 부인께 안부를 전합니다.

당신의 진실한 벗

R.O. Reiner

● 1915. 9. 15.

브라운 박사님께

지난 달, 저는 박사님께 평양전문학교의 교사를 구하는 것과 관련한 두 통의 편지를 썼습니다. 이 편지가 박사님 사무실에 도착했을 때, 박사님께서 부재중이셨으므로 헐시(Halsey) 박사님께서 회신을 하셨습니다. 저는 여전히 남아있을지 모르는 어떤 질문들을 분명히 하기 위해, 그리고 박사님께서 제가 지금 서신을 주고받는 지원자들의 지원서를 고려해보실 방법을 마련하기 위해 다시 편지를 쓰고 있습니다.

박사님께서는 기억하실 것입니다. 제가 미국에 있었던 6월, 우리는 평양의 주니어 칼리지의 과학교사가 필요하다는 것을 논의했었죠. 그리고 박사님께서는 제가 관심을 가지고 있는 사람들을 그들에 대한 지원이 확실하다는 희망을 가지고 추천할 만큼 저에게는 충분히 중요한 사안이라고 동의하셨습니다. 박사님은 또한 기억하시겠죠. 이 사람을 보내는 데 있어서 수반된 비용이 만일 어느 곳에서도 마련되고 있지 않다면 그 비용을 감당하기 위해 일시적으로 요청을 할 수 있는 기금이 있었다는 이야기를 말입니다. 그렇지만 만일 사역을 하는 친구들이 돈을 제공하도록 설득될 수 있다면, 제가 가진 이 기금은 쓰이지 않을 것이라는 조건 하에 그 제공된 돈이 사용가능 하다고 말씀드렸던 것 또한 말입니다. 그리고 만일 이 자가 임명된 이후에 관심 있는 분들로부터 자금이 확보된다면 제가 진행시켰던 그 돈은 제게 다시 반환되어야 합니다.

우리의 대화 이후, 저는 많은 친구들과 이 문제를 다루었고, 현재 사실 많은 젊은이들과 서신을 주고받고 있습니다. 그들 중 몇몇은 임명을 위한 지원서를 보낼 준비가 되어있지만 수행해야 하는 일에 있어 그들의 적격함을 충분히 조사해보지 않았으므로 저는 그들 중 누구에게도 박사님께 필요한 서류를 보내라고 요청하지 않았습니다. 제가 그들에 대해 분명히 알게 되자마자 그들로 하여금 박사님께 서신을 보낼 것을 요청하겠습니다.

헐시 박사님의 편지는 두 가지 중요한 요점, 제가 매우 중요하게 생각하는 두 가지 요점을 제기했습니다. 그 분은 만일 제가 Mr. _____(*역주: 원문에 빈 칸으로 되어 있음)에게 영향을 미친다면 이사회의 일반자금을 증대시키기 위해 그 영향력을 사용해야만 한다고 말씀하셨습니다. 저는 이 원리에 진심으로 동의합니다만 종종 이와 같은 특정한 물건을 주는 사람들, 그렇지 않으면 단지 적은 액수를 주는 사람들이 있고 저는 이러한 사람들에 제 힘을 기울이려고 노력했습니다. 다른 한편으로 저는 모든 기회를 활용하여 저의 교회 구성원들에게 자유롭고 충성스럽게 이사회를 지지해줄 것을 촉구했습니다. 그러나 제가 지금 제안하는 이 건의는 누군가 돈을 즉시 지불해주는 데 영향을 미칠 것이라고 기대하지는 않습니다. 비록 누군가 가까운 시일 내 그 책임을 맡게 되기를 진심으로 바라지만 말입니다.

두 번째 요점은 만일 제가 이 새로운 사역자의 지원을 책임지기로 했다면 저는 반드시 올해뿐 아니라 5년의 기간 동안의 책임 역시 받아들여야 한다는 것입니다. 저는 처음부터 제 생각이 바로 그것이었음을 인정합니다. 제 건의는 5년간, 혹은 기꺼이 저를 대신할 누군가가 나타날 때까지 이 사람의 봉급에 제가 책임을 져야한다면, 어떤 경우에든, 만일 기부자가 동의한다면, 저는 제가 미리 지급했었던 정도까지의 기금은 돌려받아야 할 것입니다. 만약 그가 과거의 의무를 떠맡는 것에 동의하지 않는다면 저는 이사회에 대하여 어떤 주장도 하지 않을 것입니다. 그리고 또한 만약 그러한 사람이 발견되어 그 책임을 받아들이겠다고 동의한다면 저의 책무는 결국은 완전히 마쳐지는 것이겠죠.

박사님께 쓴 편지에서 저는 그의 봉급, 즉 매년 750.00달러를 감당할 수 있으리라고 말씀드렸습니다. 이사회가 잔액을 맡을 수 있을 것이라는 것은 저의 생각이었습니다. 1000.00달러 전체를 책임지는 것이 매우 필수적인 것이라면, 비록 의무가 제겐 다소 부담되는 것일지라도 그렇게 할 수 있다고 생각해봅니다.

저는 이것이 현명한 절차로서 박사님께 호소될 것이고, 박사님께서도 우리가 몹시 필요로 하는 이 사람을 얻기 위해 도울 수 있다고 생각하시리라 믿습니다. 박사님도 아시다시피, 제가 이 간청을 하는 것은 교사수의 증가에 대한 어떤 바람과도 관련이 없습니다. 그러한 결과가 불가능한 것은 아닐지라도 말입니다. 그러나 이 부서는 몇 년간 심각히 문제를 겪어왔고 이런저런 임시변통에 의한, 매우 만족스럽지 못한 방법을 수행해 왔습니다. 고정직에 적합한 사람을 찾는 것이 확실히 필요합니다. 베어드(Baird) 박사님께서 제가 노력하고 있는 이 순간 이곳으로 돌아오신다는 사실은 교수진이 증대되어야만 한다는 것을 더욱 불가피하게 만듭니다. 그의 지도력과 경험이 안타깝게도 놓쳐지고, 그의 임무 수행 외에도, 과거에 그러했듯이 임시변통으로 가장 중요한 부서 중 한 곳의 부담을 제가 어쩔 수 없이 감당하게 된다면, 오로지 실패만이 그 결과일까 두렵기도 합니다.

박사님과 부인께 안부 전합니다.

당신의 진실한 벗

R.O. Reiner

● 1915. 10. 4.

브라운 박사님께

평양의 남학교 건축에 쓰일 예산책정과 관련한 박사님의 스물아홉 번째 편지가 오늘 오후 도착했습니다. 많은 수고와 계획, 그리고 기도의 결실로서 그것이 얼마나 큰 만족을 가져다주었는지 떠올려보시는 게 당연합니다. 박사님도 아시다시피 마퀴스(Marquis) 박사님이 최종 결정을 내리셨던 그 이후, 저는 이미 맥코믹(Mccormick) 여사와 마퀴스 박사님 내외분께 감사를 표하며, 브라운 박사님께서 추후 돈의 지급과 관련하여 그분들과 서신을 주고받으실 것을 알려드리는 편지를 썼기 때문에 다른 편지들은 현재 필요하진 않습니다. 그러나 저는 오늘 샌프란시스코에서 마퀴스 박사님 내외분을 만나 뵙게 되어 기뻤으며, 그분들은 이 사역에 있어 굉장한 기회를 갖게 된 것을 매우 기뻐하셨습니다.

그러나 저는 박사님께서 저를 비롯하여 마퀴스 박사님 내외분께 보낸 서신에서 상당히 중요한 오류를 발견하게 되어 너무 놀랐답니다. 분명 박사님은 마퀴스 박사님께 그 오류를 정정하는 편지를 보내시겠지요. 그 건물은 기숙사 건물이 아니라 학습관입니다. 따라서 그 명칭은 "Helen Marquis 기념관" 이 되어야 할 것입니다. 검토 중인 항목은 그 점에 있어서 완벽히 정리되었습니다. 제가 오늘 마퀴스 박사님을 만나 뵈었을 때, 그 오류를 말씀드리고 바로잡았어야 했는데 안타깝게도 그 편지는 제가 박사님을 만나 뵙고 난 이후 도착했답니다.

대학 내의 대학원 공부를 위해 지원해달라는 저의 요청에 대한 이사회의 관대한 해석에 감사하고 싶습니다. 대학이 기숙생들에게 수업료를 청구하지 않기 때문에 그 부담이 콜롬비아 같은 학교들에서 만큼 크진 않고 따라서 저는 전액을 받을 이유가 없으며 비용 37.50달러의 반액 이상을 주장했던 것을 철회하고 싶습니다. 박사님께서 저의 주장을 관계자에게 제출해주시겠습니까?

저는 박사님께 평양신학교의 공석을 채우기 위해 그곳에 가고 싶어 했던 많은 사람들의 이름을 써 보낼 수 있기를 바랐습니다. 그러나 제가 염두에 두고 있던 그들 대부분은 그 직책을 일반 선교로서 간주하지 않는 경향이 있으며 그래서 그들은 그 자리를 고려해보기를 거절했습니다. 게다가 저는 그 사역을 꽤 많은 사람들의 관심을 끌지 못하는 것으로 보이게 하고 있습니다. 만약 우리가 그들에게 기대하는 것이 교육사역뿐이라면 그들은 기쁘게 갈 테지만, 반드시 일반적인 선교사역을 돕지 않아도 되기를 그들은 또한 바라고 있는 것입니다. 저는 이것이 그들에 대한 첫 검증을 하는 훌륭한 기준이 된다고 생각합니다. 저는 몇몇의 가능한 후보자들과 여전히 서신을 왕래하고 있고, 꽤 만족스러운 자격을 갖춘 누군가 나타나자마자 곧 박사님께 알려드리겠습니다.

안부를 전하며
당신의 진실한 벗
R.O. Reiner

● 1915. 12. 1. (*브라운 박사로부터 구술되었으나 그가 다른 일을 하는 동안 쓰이고 부쳐진 편지)

라이너 씨에게

방금 막 도착한 카드로부터 11월 20일 당신의 작은 딸이 태어났다는, 그리고 산모와 아이 모두 건강하다는 소식을 듣게 되어 매우 기쁘네요. 진심으로 두 분 모두 축하드리고, 그 자그마한 아이가 자라서 부모에게 커다란 위안이 되기를 기도한답니다. 누가 알겠습니까? 그녀가 그리스도의 선교사가 되리라는 것을요!

당신은 베어드 부인의 암을 치료할 시기가 지났기 때문에 그녀가 회복할 가망이 없다는 이 곳 외과 전문의의 말을 듣고 매우 유감스러워 할 것입니다. 외과 의사들과 이사회는 세심한 숙고 후에, 즉시 평양으로 돌아가 그곳에서 여생을 보내고자 하는 베어드 부인의 바람을 순순히 받아들이기로 했습니다. 그러므로 그녀는 12월 18일 치요 와루(Chiyo Waru)호로 샌프란시스코를 떠날 예정입니다. 저는 베어드 부인께 그녀가 오클랜드에 타고 가는 기차를 당신에게 알려도 되는지를 물었었죠. 약속을 정해주실 수 있을는지, 혹 무리가 된다면 홀(Hall) 씨 또는 러플린(Laughlin) 씨에게 약속을 정해달라고 부탁해 주실는지요. 당신이 그들에게 베어드 부인의 도착에 관한 어떤 것이든 알려주신다면 기쁠 것 같군요. 예전에 선교회의 구성원이었던 홀 씨는 특히 의심할 여지없이 그리할 것입니다. 이 경우는 매우 비통한 상황입니다만 그녀는 놀라운 용기와 믿음을 보여주고 있습니다. 저는 그녀가 이런 상황 가운데 긴 여행을 하리라는 것을 생각하고 싶지 않지만 그녀가 가길 원하고 있고 의사들 또한 그녀가 갈 수 있다고 하네요. 그녀는 가릿트(Garritt) 부인과 중국의 피치(Fitch) 양과 함께 전용실을 사용할 예정입니다. 마음에 맞는 친구들과 함께 있을 수 있도록 말입니다.

라이너 부인께 안부 전합니다.

당신의 진실한 벗

● 1916. 1. 11.

브라운 박사님께

박사님도 이미 아실 테지만 우리는 이달 22일에 닛폰 마루(Nippon Maru)호를 타고 한국에 갈 예정입니다. 정기적으로 우리에게 보내지던 이사회의 편지는 박사님께서 틀림없이 취소해주실 것이라고 생각합니다. 우리가 여기 머무르는 동안 그 편지들을 지니고 있음을 매우 감사히 여깁니다.

평양에 나있는 자리의 후보자가 이사회와 현재 서신을 주고받고 있다는 것을 리드(Reed) 박사님으로부터 들었습니다. 이른 시기에 임명이 이루어지기를 바라지만, 우리가 좀 더 기다려야할지라도 그 자가 적격한 자이기를 더욱 바라는 바입니다.

박사님께서도 분명히 현지의 교육상황에 관하여 들으셨을 것이고 그래서 더 이상의 정보는 필요하지 않으실 것입니다. 우리 사역에는 많은 어려움이 따릅니다. 우리에게 놓인 위기를 성공적으로 대처하기 위해서는 높은 견식과 위대한 헌신, 그리고 무한한 외교적 수완을 갖춘 사람이 필요하죠. 상황을 보니 당분간 우리는 이미 존재하고 있는 학교로 제약을 받을 것입니다. 학년에 관계없이, 새로 생긴 학교들은 성경을 가르치는 것을 금지하고 있는 새 규정의 통제를 받아야만 합니다. 현재로선 이 규제에 대하여 우리가 성공적으로 대항할 가능성은 없죠. 고위 공직자들의 성미는 그들의 어떤 계획에 대해서든 타협하지 않을 정도이니까요. 따라서 한국 내 고등학습기관에서 기독교에 관해 긍정적인 설명을 할 기회는 오로지 평양신학교에 달려 있는 것으로 보입니다. 이 학교에서의 실패는 한국 내 진정한 기독교 대학의 전체적인 쇠약을 의미할 것이고, 이러한 실패로 학교들은 점차 줄어들고 사라지게 되겠죠. 그러므로 저는 이 중대한 시기동안 이사회가 학교 사역에 열렬한 지지를 보낼 수 있기를, 또한 최대한의 협조를 해줄 수 있기를 바랍니다.

지난 해, 저는 평양의 자리를 채우기 위해 사역자의 임금을 750.00달러까지 기꺼이 지불하겠다는 저의 의지와 관련한 편지를 박사님께 썼었죠. 사역자가 임명되지 않은 연유로 저는 그 사안에 관하여 더 이상 언급할 기회가 없었습니다. 제 예산은 현재 대부분이 한국에 묶여있기 때문에 제가 한국으로 돌아온 이후 그 돈을 지급하는 것이 더욱 편리할 것입니다. 그 때 저는 그 돈을 바로 박사님께 보내드리거나 선교회 회계담당자에게 지급할 수 있을 것입니다.

제가 기꺼이 이러한 책임을 맡는 동안, 이 나라에서 부담을 감당할 누군가를 찾을 수 있을지가 매우 걱정이 됩니다. 그 책임을 맡는 것은 제게 무거운 부담이지요. 만일 물질적필요가 그리 크지 않고, 우리 교육사업의 상황이 그리 심각한 것이 아니라면 제가 이 책임을 감당하겠노라고 제안하지는 않을 것입니다. 박사님께서 필요를 채워 줄 수 있는 누군가에게 이 문제를 제시하시면서, 제가 지급에 동의한 일부 대신 전액지원을 부탁하는 것이 가능하지 않으실는지요.

박사님과 부인께 안부를 전합니다.

당신의 진실한 벗

R.O. Reiner

● 1916. 3. 13.

브라운 박사님께

저는 방금 일리노이 주 록아일랜드의 데이비스(S.S. Davis) 씨에게 평양 남학교의 학습관에 쓰일 목재를 주문했습니다. 총 비용은 대략 2000달러가 될 것입니다. 저는 건축하는 데 있어 가능한 모든 것을 절약하고 싶어, 보통 청구비용의 반액을 부담하는 것이 이번 경우에는 면제되어야 한다고 요청하는 바입니다. 이는 거의 터무니없이 10.00달러에 달하는 액수이기 때문이지요. 또한 이 액수는 한국으로 보내질 필요가 없으므로 2000달러의 환전 때문에 할인액이 청구되어서는 안 된다는 것(293번 편지를 보십시오), 그리고 그 액수는 한국으로 부쳐지기 전 비용책정에 대비하여 청구되어야 할 것을 이사회에 요청합니다.

이사회의 293번 편지와 308번 편지는 선교회의 회계담당자와 서로 일치하지 않습니다. 293번 편지는 제게 그 건물의 건립을 "즉시" 진행하도록 하는 권한을 부여합니다. 피터스(Pieters) 씨가 주장하기를 그는 이 건물 때문에 오로지 308번 편지에서 언급된 금액만을 받았다고 하더군요. 저는 매우 당혹스럽습니다. 저는 맥코믹 여사가 담보 전액을 지불했다는 점과 이사회가 마퀴스 박사님에 의해 미결된 이 비용을 가불해주거나 빌릴 것이라는 점, 그리고 마퀴스 박사님이 곧바로 기증할 수는 없는 담보에 대해서는 이자를 지불하기로 동의한 점을 알고 있기 때문입니다. 이 문제에 대한 오해가 있기 때문에 만일 피터스 씨가 사전에 사실을 전해 듣지 못한 것이라면 박사님께서 그에게 그러한 정보를 알리시거나 전보로 설명하심으로써 그 문제를 해결하시리라 믿습니다.

우리는 마침내 목적지에 이르렀고, 웰스(Wells) 박사님 댁에 머무르는 중입니다. 저는 베어드 박사님의 불가피한 장기 부재 때문에 그렇지 않았다면 필요했었을 때보다 더 빨리 사역을 맡을 수밖에 없었습니다. 그 일은 매우 광범위하고 복잡한 것이라 저는 아직 그것에 완전히 익숙한 것 같진 않군요. 이 상황에 대해선 좀 더 나중에 자세히 말씀드리고 싶어요.

브라운 부인께 진심어린 안부를 전하며

당신의 진실한 벗

R.O. Reiner

● 1916. 4. 13.

라이너 씨에게

3월 13일자 당신의 편지가 막 도착하여 즉시 읽어보았습니다. 데이(Day) 씨의 부서가 편지 첫 단락의 "이 2000달러의 환전으로 인한 할인액" 과 관련한 사안을 다루고 있기 때문에 나는 즉시 그에게 이를 말해놓았습니다.

저는 편지의 두 번째 단락에서 선교회 회계담당자가 기금을 선불해 줄 수 있다고 생각하지 않았다는 점에 놀랐습니다. 당신이 편지를 쓰고 나서 그것을 부치기 바로 직전에 피터스 씨에게서 모든 게 해결됐다는 편지를 받은 당신의 추신을 읽게 될 때까지 말입니다.

당신이 중요한 사역을 시작할 때, 나는 내 소중한 형제인 당신을 매우 신임하고 있으며, 내 힘이 닿는 한 모든 협조를 하고 싶다는 걸 당신이 알아주었으면 좋겠군요. 나는 책임 있는 의무를 다하는 당신에게 풍성한 하나님의 은총이 있기를 늘 기도할 것입니다.

나는 우리가 사랑하는 베어드 부인의 소식을 가능한 자주 듣고 싶군요. 그녀와 그녀의 근심어린 남편을 위하여 여기서도 많이들 기도하고 있습니다.

라이너 부인께 안부를 전하며
진심어린 당신의 벗으로부터.

● 1916. 9. 9.

브라운 박사님께

8월 9일자 박사님의 애정이 깃든 편지가 어제 도착했습니다. 평양 사역에 대한 박사님의 공정한 태도에 관하여 느끼는 저의 이 감정이 그 어느 때보다 더 매우 확고해졌기 때문에 정말 큰 격려가 되었습니다. 이 사역에 관심이 있는 이곳 대부분의 사람들은 논란이 있던 여러 달 동안 박사님을 오해했던 것을 점점 더 깨닫고 있으며, 박사님께 보낸 편지를 후회하고 있습니다. 저로서는 작년에 뉴욕에서 짧은 학회를 가졌던 그날부터 박사님께서 온당한 범위 내에서 이곳 학교를 위해 무슨 일이든 몹시 하고 싶어 하심이 느껴졌습니다. 그리고 이는 그렇지 않다면 감당할 수 없이 어려운 상황이었을 것을 기쁨으로 만들었죠.

제가 박사님께 7월 1일에 쓴 편지에서처럼, 저는 캐나다의 선교회 모임에 방문했습니다. 그들이 저를 비롯하여 메서(Messre), 홀드크로프트(Holdcroft), 블레어(Blair) 등 모든 방문객들에게 베푼 환대는 매우 따뜻했습니다. 그들은 새로운 사정과 전개되는 상황에 비추어 볼 때, 대학 문제에 대하여 그들의 이전 입장을 재고해보라고 이사회로부터 단정적인 요청을 받았습니다. 그러나 저는 그 곳에 도착하기 전에 이에 대하여 전혀 알지 못했고 따라서 그들은 제게 "대학"의 미결문제에 관해 발언해줄 것을 부탁했죠. 저는 7월 1일에 박사님께 쓴 내용을 많이 말했습니다. 그 외에도 남부 장로회 선교회와 호주 장로회 선교회, 그리고 우리 선교회가 이미 이곳(미국)에서 통합을 했기 때문에 평양에서 협력하기로 한 캐나다 선교회의 결정은 사실상 서울의 장로교인들의 계속된 희망을 파기했다는 사실을 지적했었죠. 이런 이유로 이곳에서 협력하기로 하는 그들의 결정이 전반적인 논쟁을 해결하는 수단이 될 것 같습니다. 그러므로 그들은 이 사안의 심각성을 깨닫고 현재로선 어느 쪽이든 그들 스스로를 의무지우지 않기로, 그러나 정부가 서울전문대학(Seoul College)에 10년의 기간을 승인하는 것이 분명히 확정될 때까지 기다리기로 결의했습니다. 만약 승인되지 않는다면 결정된 앞으로의 계획은 없습니다만, 혹 (우리 중 누구도 막연한 희망을 품지 않은 것이) 승인이 된다면 본안에 따라 토론의 여지가 다시 남겠지요. 그 당시 에비슨(Avision) 박사님이 오셔서 발언해주시기로 요청 받으셨고, 그분은 그렇게 하셨습니다.

3년 전에 이 문제가 제기되었을 때, 선교회는 작은 규모였고 따라서 5명 중에 4명의 서울에 대한 찬성표가 기록되었습니다. 5명 중 찬성표를 던진 4명은 참석했었습니다. 3명은 여전히 서울을 찬성하지만 선교회의 나머지 구성원 사이에서 상당한 대다수가 평양을 지지하고 있습니다. 이것은 명백히 캐나다 이사회 측의 입장 변화의 전조이기 때문에 이를 말씀드리고 있는 것입니다. 물론 이를 단언할 수 없죠. 그러나 징후들은 그런 방향을 암시하고 있습니다.

대학 내 사역은 현재 훌륭히 진행되고 있지만 교사의 지속적인 철수는 매우 당혹스럽습니다. 스미스 씨의 미국으로의 귀환은 또 다른 공석을 남겼지요. 우리는 그 공석을 메울 수 있도록 선교회에 요청하고 있지만 이사회가 어떻게 그 일을 할 수 있을지는 모르겠습니다. 현재로선 우리 선교회의 34명의 구성원들이 휴가 차 고향에 머무르고 있습니다. 이 밖에도 2명이 최근에 사임했죠. 34명 중, 적어도 11명은 건강이 좋지 않아요. 이 모든 사실을 고려해 볼 때, 선교회가 무엇을 할 수 있을지 저는 알 수 없군요.

지난 봄, 스미스 씨의 귀국이 숙려되기 전, 이사회는 대학에 임명됐지만 일을 계속 할 수 없었던 호주선교사 로마스 씨의 자리를 대신하여 청주의 W.D. 레이놀즈(W.D. Reynolds)의 아들인 J.B. 레이놀즈(J. Bolling

Reynolds)를 1년간 고용하기로 결정했습니다. 그리고 그들은 호주 이사회나 남부장로교 이사회에 그의 봉급을 감당해 줄 수 있는지 요청하기로 결정했고요. 호주이사회는 전쟁 중이라 이를 정중히 거절했고, 남부장로교 이사회는 2년 내로 선교회의 20%를 감축하는 것이 불가피하다는 것을 알게 되어 몇 개의 학교들을 폐교할 처지에 놓여 있습니다. 저는 그들이 이 추가적 부담을 떠맡는 것에 동의할 가능성은 없는 것으로 보고 있습니다. 만약 위에서 언급한 두 이사회가 레이놀즈의 급여를 감당할 수 없다면 이사회는 이사회 스스로 그것을 부담하도록 했습니다. 스미스 씨가 돌아갔기 때문에 레이놀즈 씨를 고용하는 데는 추가적인 이유가 있고, 선교회가 스미스 씨의 자리를 대신할 누군가를 임명하지 않을 경우 이사회에 레이놀즈(Reynolds) 씨의 임금을 감당하도록 도와달라는 요청을 하는 그만한 이유 또한 존재하지요. 만일 이 임명이 이루어지지 않는다면, 저는 선교회에 이 임금을 위해 이사회에 공식적인 요청을 할 셈입니다.

브라운 부인께 안부를 전합니다.

당신의 진실한 벗

R.O. Reiner

● 1918. 1. 10.

브라운 박사님께

집행위원회의 지난 조치 중 한 가지는 저희 기숙사에 대한 특별한 요청과 관련이 있었습니다. 그 조치가 명확히 언급되지 않아서 그 사안이 선교회를 통과할 동안 이사회가 현명하게 그에 따라 조치를 취할 수 있기 이전에는 한마디의 설명이 필요하답니다. 기숙사를 위해 2550달러의 비용이 책정된 것을 박사님도 아시다시피, 낡은 웰(Well)의 집은 결국 팔렸고, 그것으로부터 생긴 돈은 위의 액수에 더해졌습니다. 아니, 만약 바람직하다면 그 낡은 자재들은 새로운 건축에 사용되어야 했겠죠. 그 낡은 집은 재건축시 쓰이는 것보다 팔렸을 때 우리에게 더 많은 수익을 안겨줄 것이 밝혀졌습니다. 이런 이유로 그 집은 팔렸고, 고작 800.00엔의 수익을 냈습니다. 이는 이사회의 책정액 5000엔(2550달러)과 함께 총 5800엔이 됩니다. 박사님께서 집행위원회의 이 같은 방책들 중에서 캠벨 씨의 책정액을 7000엔까지 올려달라는 요청을 보시면, 우리가 갖는 재정적인 당혹감을 쉬이 이해하실 것입니다. 우리는 이 기숙사 비용을 이른바 "적자"를 충당하기 위해 추가적인 120.00엔의 비용과 함께 6000엔까지 올려야한다고 요구하고 있습니다. 제가 아파서 불가피하게 스테이션에 불참했었던 동안, 기숙사를 담당하는 건축위원회가 저와 계약자의 협약과는 반대로 120.00엔의 비용을 더 늘리는 변화를 지시한 것이 아니라면, 우리는 120.00엔을 요구하지 말았어야 했습니다. 그들은 저의 명세사항의 요구대로 실행했다고 생각하고 있기 때문에 제가 그들을 비난할 수는 없지만 누가 그 비용을 부담했나요? 제가 부담했고, 함구불언하고 조용히 6000엔 이상이 청구되어야 한다고 요청했습니다. 제가 개인적으로 여기에 있었더라면, 그리고 단지 6000엔만 가지고 있었더라면, 그 건물은 보통의 책정예산 내에서 건립되었을 것입니다. 저는 우리의 고유한 전적을 생각해봅니다. 저는 틀림없이 요청된 추가금액이 어떤 출처로부터 확보되어지리라 믿습니다.

우리는 11월 23일 숙소로 이사했습니다. 이 날은 일본의 가장 중요한 추수감사절(제물을 바치는 날)이기 때문에 동양에선 다소 중요한 날이지요. 숙소는 우리에게 매우 큰 위안과 기쁨이 되는군요. 이 같은 혜택을 받지 못한 동역자들에게는 매우 부러운 것일 테죠. 이 선교지부에서 벽돌쌓기 하던 초기 단계부터 이 싸움이 얼마나 길고 가혹하며 끈질겼는지, 어떻게 그 싸움이 마침내 타협을 하여 1.5층의 회색벽돌구조물의 허가가 난 것인지, 어떻게 기와지붕을 갖춘 2층의 벽돌구조물로 바뀌게 되었는지 박사님께서도 아시겠지요. 우리는 그 모든 상황을 잘 통과해 왔고 완전한 2층의 석면 슬레이트 지붕의 집을 갖게 되었습니다. 맥머트리(Mc Murtrie) 씨가 지붕이 얹어진 후 말했죠. "당신은 평양에서 유일한 백인 집을 갖게 되었네요." 나중에 이 집의 사진을 박사님께 보내드리겠습니다.

최근 홀드크로프트 씨의 한 통의 편지로부터 스튜워트 헌터(Stewart Hunter) 씨의 한국 내 사역이 검토되는 중이라는 소식을 들었습니다. 그리고 그가 지원한다면 오로지 평양학원의 교장으로서의 임무를 맡게 되리라는 것도요. 저는 그에 대해 아는 바는 없지만 학교가 필요로 하고 있다는 것은 알고 있으며 이에 대하여 이번엔 한마디 말씀을 드리고 싶습니다. 지난 2년간 저는 선교지부와 선교회에게 이 필요의 긴급함을 설득시키려고 노력해왔습니다. 선교지부는 처음부터 제 의견에 동의를 했습니다. 그러나 선교회는 지난 7월이 되어서야 비로소 그 사안을 검토하도록 허용했지요. 그러고 나서 그것은 긴급목록에 놓이진 않았습니다. 그러나 솔직히 "비상전화" 라는 것이 있다면 이것은 그러한 성격의 것입니다. 이상하게 들리시겠지만, 몇 년간 이곳을 담당하는 자들은 그 심각성을 이해하지 못했죠. 그렇지만 베어드 박사님이 4

년간 대학부의 총장이 된 이후부터 학원의 교장이 절실하게 필요 되어졌습니다. 학원은 사실상 감독되지 않습니다. 자금의 부족은 대학 총장으로 하여금 무거운 교수 의무를 면하게 하는 것이 불가능합니다. 그리하여 필수적인 가르침과 준비를 제외하고는 거의 여유가 없는 시간이 대학과 학원 사이에서 할당되었습니다. 학원은 어려움을 겪었고, 여전히 같은 이유로 곤란을 겪는 중이며, 학원의 관리를 위한 얼마간의 적절한 공급이 주어질 때까지는 계속해서 그러할 것이겠지요.

우리 학원은 선교회 중에 가장 큰 학교입니다. 그 명성과 영향력은 이전이나 지금도 굉장하답니다. 우리는 시작된 이 사역을 잘 보존할 필요가 있지만 우리가 그 일에 적합한 사람을 얻지 못한다면 점점 더 엄격해지는 정부의 감독 하에서는 그리할 수 없을 것입니다.

일본인을 학교 교장으로 고용해야만 하는 시기가 그리 멀지 않았습니다. 그 시기에 학교에 대해 진심어린 영적 관심을 지닌 "그 일을 맡은" 자가 없다면, 통제와 관리는 우리 손을 벗어나 학교를 단순히 사적으로 기부된 공립학교로 만들고 마는 심각한 위험이 존재할 것입니다.

박사님은 이미 이곳 학교 내에 너무 많은 외국인들을 고용하는 문제에 관한 제 생각을 아실 테죠. 한 사람의 학원 교장을 임명하는 것이 고용된 인원을 증가시키는 것은 아닐 것입니다. 저는 대학 내에 좀 더 많은 원어민 선생이 있어야 한다는 것에는 납득이 가지만 재정적인 수단을 확보할 때까지는 우리가 현재 상황보다 더 고용할 수 없습니다. 그러나 대학 내 교사인력에 관하여 무슨 일이 일어나든 간에 외국인 교사가 중도에 그만두든, 그만 두지 않던 간에 그 중도 포기자들 가운데서 학원 교장의 인물은 없을 것입니다. 만일 그러한 가능성이 있다 하더라도 저를 믿으십시오. 저는 지금도 최선을 다하고 있고 앞으로도 최대한 노력할 것입니다.

현재 우리 대학과 학원의 인력은 '라이너(R.O. Reiner): 풀타임', '번하이젤(Bernheisel): 대학사역 2/3; 교회사역 1/3 타임', '모우리(Mowry): 위와 같음', '파커(Parker): 남부장로교 대학 풀타임', '레이놀즈(Reynolds): 올해 모우리를 대신하여 남부 장로교에서', '길리스(Gillis): 대학사역 1/3타임; 아카데미 자립부서 2/3타임', '맥머트리(Mc Murtrie): 자립부서 풀타임', '일본인 선생: 대학에서 3풀타임; 아카데미에서 1풀타임과 1하프타임', '한국인들: 대학에서 1풀타임과 1하프타임; 아카데미에서 9풀타임과 1하프타임'으로 구성되어 있습니다.

	대학	아카데미	종합
외국인(남부장로교 포함)	3 1/2	1 2/3	5 1/3
일본인	3	1 1/	4 1/2
한국인	1 1/2	9 1/2	11
	8 1/6	12 2/3	20 5/6

제가 대학에서 교장을 맡을 인물이 없다고 위에서 말씀드렸었죠. 모우리 씨 생각에 그것은 사실이 아니겠지만 모리 씨가 영구적으로 대학을 그만 두는 것은 대학이 입을 수 있는 가장 심각한 타격이 될 것입니다. 그는 학교를 세우는 데 말로 다 할 수 없을 만큼 많은 도움을 주었습니다. 그의 사역은 계속해서 저의 감탄을 불러 일으켰지요. 그의 인내, 불굴의 정신과 신앙은 무한한 것처럼 보이며, 세부적인 것에 이르는 그의 관심은 필적할 만하기 어렵습니다. 이와 함께 자신을 낮추는 그의 겸손은 그를 잘 아는 자들로부터 존경을 자아내지만 유감스럽게도 그것이 그가 채울 수 있고 채워야 하는 자리의 일을 할 수 없도록 하는군요. 그는 탁월한 교장을 양성하겠지만 현재나 추후에 학교에 시간을 내 줄 수 없습니다.

저는 이사회가 대학의 현 예산에 연간 2000달러를 5년간 정기적으로 추가한다는 조건으로 익명의 기증을 받았다는 이야기를 들었습니다. 이 소식을 들으니 기쁘군요. 그렇지만 한편으론 기부자에 의해 부과된 조건이 오랫동안 충족되지 않을까봐 우려도 됩니다. 우리가 어떻게 더 오래 새로운 규제를 따르지 않을 수 있을지 모르겠습니다. 저는 그저 이 사실이 박사님께 흥미로운 것일 수 있어 말씀드릴 뿐이지요.

이 편지를 쓰기 시작했을 때는 이리도 길게 쓸 생각은 없었지만, 제가 드린 말씀이 박사님께서 직면한 어려운 문제들을 해결하는 데 있어서 박사님과 이사회에 도움이 되리라고 확신합니다.

브라운 부인께 진심어린 안부를 전하며

R.O. Reiner

● 1918. 12. 16.

브라운 박사님께

저는 조선에서 사역을 계속 하는 데 있어서 매우 심각한 문제에 직면했습니다. 당연히 그래야만 하는 것이 아니라면, 선교회와 저 둘 다에게 영향을 미치는 그러한 중대한 결과를 수반하는 조치를 취할 마음은 없을 것입니다. 하지만 저는 오랜 기도의 숙고 끝에, 늦어도 1919년 7월 1일까지는 부득이하게 선교회를 사임해야 할 것 같습니다. 이사회에는 가능한 너그러이 사임을 허락해 달라고 정중히 요청해 놓았습니다. 관계의 해지란 미국에 도착하자마자 재조정하는 데 드는 적지 않은 비용을 의미하기 때문입니다. 만약 조금이라도 가능하다면 우리의 10년간의 사역을 고려해볼 때, 6개월간의 주거비용이 주어져야한다고 제안하는 바입니다.

제가 오랜 시간 이 같은 결정을 내리게 되는 데는 몇 가지 이유가 있습니다. 이 중 주요한 이유는 조선에서의 선교 교육 사업은 미래가 없다는 생각 때문입니다. 만약 이것이 사실이어서 제가 결국 교육사역을 포기하는 것이라면 저의 신학적 훈련이 부족하다는 것이 심각한 장애가 되며, 이러한 이유로 저는 매우 불안합니다.

그러나 이 경향은 감정과 미래에 대한 추측을 기반으로 한 것일 뿐이지, 중대한 결정을 내리게끔 한 것은 아닙니다. 진짜 이유는 지난 몇 달 동안 박사님께 보낸 많은 편지에 포함되어 있지요. 이사회는 기숙사의 적자를 후히 충족시켜 주었습니다. 그러나 봉급문제에 있어서는 저는 적어도(제 생각엔 선교회의 대다수가 똑같이 느낄 것이지요) 매우 실망했습니다. 이사회는 9/10 가 환전되는 동안 10%의 인상을 허락했죠. 연료, 음식, 의복 등을 포함한 생활의 주요한 모든 물품들은 엄청나게 인상되어 한 마디로 진짜 이유는 결국 우리가 현재 월급으로만은 살 수 없고 따라서 우리가 바라는 것이든 바라지 않는 것이든 간에 어쩔 수 없이 생계를 유지할 수 있도록 하는 다른 일을 찾아야만 한다는 것이지요.

저는 평양 선교지부와 선교회의 집행위원회와도 이 문제에 대하여 꽤 자세한 논의를 했습니다. 봉급 문제에 관하여 저는 집행위원회가 박사님께 다시 한 번 편지를 보내드렸으리라 생각하는데요. 휘트모어(Whittemore) 씨가 위원회 내의 회의에 관련하여서도 박사님께 편지를 썼는가는 잘 모르겠군요. 저는 그가 추후에 이 문제에 관하여 박사님께 편지를 쓰도록 그에게 이 편지의 사본을 보낼 것입니다.

만일 이사회가 이미 승인된 10%의 인상 외에도 우리에게 하나에 두 개를 주어서 지난 4월부터 시작된 환전을 감당할 수 있다면, 선교회에 남을 수 있습니다. 그렇지 않다면 사임을 수락해달라고 요청할 의지 외에는 어떤 의지도 없겠지요. 저는 이사회가 제 요청에 응해주기를 진실로 바라고 있답니다. 그러나 그럴 수 없는 경우에 박사님의 답변을 제게 전보로 보내주실 수는 없을는지요. 이곳의 사역과 관련한 다른 중요한 많은 결정사항들은 그 답신에 달려 있으며, 저는 가능한 빨리 박사님의 답변을 알고 싶습니다.

이 결정의 불가피함을 유감스럽게 생각하고 있지만 박사님께서 호의를 가지고 이 편지를 읽어주시기를 바라며 서신을 보냅니다.

안부를 전하며

R.O. Reiner

● 1920. 2. 26.

브라운 박사님께

평양 선교지부의 의장으로서, 저는 우리의 급여와 수당을 인상시켜준 이사회의 방침에 따라 우리 모두가 느끼는 굉장한 희열을 표현하고 싶습니다. 높은 생활비와 고정급으로 생활해야 했던 궁핍으로 인해 우리가 어떤 역경을 헤쳐 왔고, 어떤 손해를 입었었는지 거듭 말할 필요는 이제 없겠지요. 새로운 급여는 우리 모두에게 큰 위안이 됩니다. 이사회가 교회로부터 기부된 자금을 집행하는, 특별히 어려운 직책을 맡았음을 또한 기억하고 있습니다. 일을 집행하는 데 있어 증가된 비용은 우리의 문제가 우리에게 심각했던 것처럼 박사님께도 심각한 것이 되겠지요.

제가 만약 원어민 수업도 상당히 증대시켜야 한다는 간청을 빠뜨린다면 스테이션이 이 편지를 승인해주지 않을 것이라는 것을 알고 있습니다. 우리는 현재 몇 마디의 말로는 다 표현 못할 상황에 직면해 있습니다. 한국인들은 우리를 의지하고 있습니다. 우리는 이 기회가 무르익는 동안 최대한 활용해야만 합니다. 1년의 지연은 불행을 가져오고, 우리가 사람들에게 미치는 영향력을 유지하는 데에도 어려움이 많아질 것입니다. 가장 긴박한 필요는 바로 학교에 있죠. 줄잡아 추산해보면 4월 1일 이후, 지난 몇 년간 우리가 가진 것들의 50% 이상의 증가가 학교 내에 있는 것으로 보입니다. 모든 사람들이 우리를 의존하고 있어, 평양 학원을 크게 힘들이지 않고 500개까지 늘릴 수 있을 것이라 생각됩니다. 우리는 그들을 감히 거부할 수 없죠. 그러나 현 금융협정 아래에서는 우리는 그들을 신경 쓸 수 없습니다. 우리는 예산에 있어 즉각적이고 많은 증대를 필요로 하고 있습니다.

저는 틀림없이 박사님께서 내년 예산을 구성하는 데 있어 이 간청을 신중히 고려해주시라 믿습니다. 우리가 요구하는 것이 사역을 유지하기 위해, 그리고 사람들을 보살피기 위해 꼭 필요한 것임을 알고 있기에 참으로 요청하는 바입니다.

선교지부를 대표하여 기도해주시는 많은 분들께 인사와 안부 말씀 전합니다.

변함없는 당신의 진실한 벗

R.O. Reiner

● 1924. 9. 17.

브라운 박사님께

한국으로 돌아온 지도 벌써 1년이 되었군요. 그러나 박사님께 우리의 사역과 관련한 편지를 한 번도 쓰지 못했습니다. 이는 제가 쓰려 하지 않아서가 아니라, 몇 통의 편지가 쓰이긴 했으나 결국 모두 만족스럽지 못하여 버려졌기 때문이랍니다. 사역이 완전히 만족스럽지 못한 것으로 드러났다고 말씀드리기란 참 어려웠습니다. 사실 작년은 가장 불만족스러운 해였고, 정말이지 우리 생애의 가장 불행한 시간이었습니다. 우리가 있을 곳은 이곳이 아니라는 것을 명백히 깨닫게 되었죠. 우리의 귀환이 엄청난 실수였음을 이제는 알겠습니다. 우리가 현장에 있던 1주일 전, 우리가 한국으로 돌아오지 말았어야 했다는 사실이 완전히 분명해졌고, 일 년 내내 우리가 이곳에 없기를 몇 번이나 바랐습니다.

저는 그 이유들에 관하여 상세히 설명하는 것을 바랄 수도 없고 또한 바라지도 않습니다만 이러한 저의 심적 태도를 야기한 상황에 대해서는 개략적인 설명은 해드리고 싶어요.

첫째, 제 일반적인 정신구조는 자유롭고 진보적입니다. 한국의 선교회는 이 두 가지를 허용하지 않죠. 이러한 태도 때문에 제가 조금이라도 방해를 받고 있는 것은 아니지만, 일하는 조직들과 제가 완전히 조화를 이루고 있지 않다는 것은 항상 자각하고 있습니다.

둘째로, 저는 여러 해 동안 선교회가 힘들게 싸워온 몇몇 프로그램들에 반대해왔습니다. 이 프로그램들 중 주요한 프로그램은 교육적인 것이죠. 그것들 중 일부는 정착되어 이제는 지나간 쟁점들이 되었지만, 이제는 선교회에 대하여 매우 동의하지 못하는 저를, 수년간 옹호해왔던 문제를 마주하는 저를 발견하게 됩니다. 공교롭게도 이사회는 선교회에 바로 그와 동일한 문제를 제기하고 답변을 요구했습니다. 이것은 가능성 있는 수입에 부응하기 위해서 학교 수를 감소시키는 문제입니다. 선교회는 항상 모든 선교회의 학교들을 유지해온 것처럼 주장을 하지요. 사실 이사회가 선천(Syenchun) 여학교의 공동 관리를 승인했기 때문에 그것을 확장시킬 계획이 진행 중이고 따라서 선교회의 부담이 추가됩니다. 저는 수년간 학교 수를 줄이는 것을 지지해 왔습니다. 조금도 진척이 없었죠. 이제는 그 문제를 더 이상 옹호하는 것이 소용없는 것이라 확신합니다. 변변찮은 규모로 학교를 유지하는 것은 불가피한 결과임이 틀림없고, 그렇게라도 유지하는 것이 아니라면 모든 학교들을 폐교시키는 결과를 낳겠지요. 이는 학교를 운영하려고 노력하는 자들에게 어떤 희망도, 미래도 없다는 것을 말하는 것과 같습니다. 그러므로 저는 이러한 사역을 계속하는 것을 시간낭비라고 여기고 저의 시간과 노력을 다른 곳에 더 잘 이용할 수 있다고 생각하는 것입니다. 저는 저와 선교회 사이에 존재하는 견해차이의 한 예로서 이 한가지의 문제만을 언급했었습니다. 제가 임명받은 사람이라면 다른 임무로 맡게 해달라고 주장할 수도 있겠지요. 그러나 저는 임명받지 않았고, 저의 유용함이 이곳에서 끝날 때, 선교회와 관련한 그 유용함도 전적으로 끝을 맺을 것입니다.

셋째로, 두 번째 이유의 당연한 귀결이겠지만, 선교회는 저를 필요로 하지 않고, 그해 내내 저의 일에 관심이 없었다는 충분한 근거를 제공합니다. 두 번째 이유에 비추어 볼 때 이것은 놀라운 일도 아니지요. 평양 선교지부도, 선교회도 제가 어떤 방식으로든 사역의 정책에 영향을 끼칠 여지가 있는 임무를 맡기지 않았습니다. 비록 제가 너무나 아웃사이더처럼 느껴질지라도, 대학에서 이런 상황은 다소 낫군요.

넷째, 저의 부인의 건강이 만족스러운 것이 아니랍니다. 우리가 현장으로 돌아온 이후, 1921년 그녀를 미국으로 돌아가게끔 했던 동일한 증상이 매우 분명히 나타나고 있습니다. 그런 그녀에게 건강을 악화시키는 지속적인 긴장을 겪게 하는 것이 타당한 것이라 생각하지 않습니다. 이런 신경계 질병은 종종 다른 사람들에게는 잘 눈에 띄지 않아서 이해받을 수 없지만 그들도 고통을 공감하려고 노력하고 있습니다. 현재 그녀의 상태로는 건강진단서를 다시 요구하는 것을 장담할 수 없지만 저는 그녀가 여기 오래 머물러서는 안 된다고 매우 확신합니다.

이 문제들을 고려해 볼 때, 우리가 이곳에 머무른 거의 모든 시간동안의 그 문제들을 오랜 시간 신중히 고려한 후, 우리는 우리의 사임서를 박사님께 건네는 것이 최선인 것 같습니다. 우리는 처음에 단기의 임무 기간을 다 채우려고 노력했지만 이는 불가능하네요. 사역에도, 또한 우리에게도 바른 것이 아닌 것 같습니다. 우리는 이사회가 관련된 모든 문제들을 생각해보고 약간 이르지만 시기적절한 때에 우리의 사직을 대비해야 한다고 요청하는 바입니다. 6월 1일이나 내년의 좀 더 이른 시기를 제안하고 싶군요. 귀국 비용은 우리 스스로가 지불 할 수 없기 때문에 반드시 이사회의 방침을 기다려야 합니다. 또한 적절한 이동비용과 퇴직수당이 고려되어 그러한 비용이 공정하게 이루어져야한다고 요청하는 바입니다.

이러한 불가피한 결정이 유감스럽지만, 이 불가피함을 절실히 느끼기 때문에 박사님께 요청 드리는 것입니다. 우리는 계속해서 이 사역에 깊은 관심을 가질 것이고 결실을 위하여 기도할 것입니다.

박사님의 많은 호의에 감사드리며

당신의 진실한 벗

R.O. Reiner

● 1924. 11. 3.

라이너 씨에게

사임을 표하며, 미국으로 가는 비용 및 "적절한 이동비와 퇴직급여"를 제공해달라고 이사회에 요청하는 9월 17일자 당신의 편지로 내가 얼마나 괴로운지 말하기란 쉽지 않군요. 저는 그 사안을 면밀히 검토하는 행정위원회의 회의에 이 편지를 가지고 갔습니다. 선교회의 권고 없이 당신이 제시한 이유들이 당신의 사임을 필요로 한다고 가정하는 것은 선교회와 이사회의 사역에 온당하지 않다는 것이 만장일치의 결론이었습니다. 당신의 편지는 이사회가 당신의 동료들에게 들을 기회도 주지 않고, 공식적인 조치를 그들에 기반하여 하지 않았다는 의견을 상정한 것이지요. 이 편지에는 당신이 그 주제에 관하여 선교회의 집행위원회와 협의했거나 우리로 하여금 당신의 사임이 바람직하다고 생각하게 하는 선교회의 구성원들이나 집행 위원회와의 일치된 의견이 나타난 것도 없습니다. 우리가 라이너 부인의 건강에 관한 당신의 이야기를 간과하는 것은 아닙니다만 건강상 문제에 대한 이사회의 방침이 존재하고, 저는 틀림없이 당신이 의사의 전문적인 건강진단서에 입각하여, 이사회가 진단서 없는 이 건강상 문제가 당신의 사임을 정당화할 수 없다는 것을 알 것이라 생각합니다.

또한 위원회는 라이너 부인의 병 때문에 당신이 미국으로 돌아가야 함이 선교회의 둘 이상의 의사에 의한 건강진단서나 집행위원회에 의해 인정되는 건강진단서로 요구되는 것이 아니라면, 이사회는 당신과 당신 가족의 미국으로 돌아가는 경비전액이나 퇴직급여를 지급하지 않을 것입니다. 당신은 작년 이사회가 2,206달러를 조선에 있는 당신과 당신가족에게 보냈던 것을 기억할 것입니다. 이사회가 어떻게 1년이 조금 더 지난 복무 후에 당신이 미국으로 돌아가는 그와 같은 비용전액을 지불하고 또 퇴직급여까지 지급할 수 있겠습니까? 이사회가 매뉴얼에 명시된 복무기간 이후를 제외하고는 왕복여행경비 전액을 지급해야 하는 것은 아닙니다. 건강상의 긴급한 이유가 아니라면, 내가 명시한대로 증명되는 것이 아니라면, 그리고 당신이 꼭 돌아가고 싶은 것이라면, 당신은 반드시 선교회에 의해 허락되는 시기에 사임일을 맞추어야 하겠지요. 당신이 여행비용을 감당할 수 없다고 말했기 때문에 만일 가능하다면 개인적으로 친구들로부터 돈을 빌리기 위해 노력해야합니다. 만약 우리가 선교회의 권고를 받고나서 이사회로부터 돈을 빌려주라고 허가 받지 못한다면 선교회의 회계담당자도 그것을 빌려줄 권한이 없을 것입니다. 그리고 그러한 과정 중, 이사회에 전달하기 위해서 당신은 회계담당자에게 이후에 동의될 내용인, 당시의 선불금을 상환할 대출금으로 인정하겠다는 진술서를 보내야합니다.

● 1924. 11. 3.

라이너 씨에게

경애하는 라이너 씨, 이런 식으로 편지를 할 수 밖에 없으니 정말로 유감이군요. 이렇게 편지를 쓰는 대신에 당신 곁에 앉아 그 문제에 관해 계속해서 함께 얘기 나눌 수 있기를 진심으로 바라고 있답니다. 우리가 무정하다고 생각하지 않았으면 좋겠군요. 한편으로는 만약 이사회가 당신의 사임을 바로 수락함으로써 협의도 하지 않고 선교회의 구성원 한 명을 없앤다면, 선교회를 숙고하는 것처럼 보이는 이유, 이야기를 들을 기회도 없었던 이유, 비용의 이유와 6개 교회의 해외선교에 드려지는 연간 헌금을 나타내는 액수의 이유로 볼 때, 이는 공정한 것이 아니라고 당신은 분명히 생각할 것 같군요.

그러므로 곧바로 선교회의 집행위원회에 이 문제에 대해 이야기 해 보겠습니까? 원한다면 이 편지를 보여주어도 좋습니다. 한편 나는 의장인 호프만(Hoffman) 목사님에게 편지를 쓰고 있으며, 내가 그분께 말씀드리는 것을 당신이 알 수 있도록 사본 한 부를 동봉하겠습니다. 이것이 어떤 식으로든 당신을 곤란하게 하는 것이 아님을 당신도 알 것이라고 믿습니다.

형제여, 내가 당신을 생각하고 기도한다는 것을 확신하십시오. 하나님이 당신을 바르게 인도해주시기를 바란답니다. 조선에서 선교사로 사역해오다가 다시 이곳으로 돌아오기란 중대한 문제이지요. 당신의 주장과 행동이 단순히 자신만의 의견에 기반을 둔 것이 아니라 동료들의 판단도 기반으로 해야만 하는 그러한 상황에서 이 문제가 중대하지 않겠습니까?

이 편지를 자세히 작성하기 전, 약속이 있어 이만 나가봐야 하겠군요. 가장 빠른 선편으로 이 편지를 부치고 싶어 나를 대신하여 속기사가 서명하고 편지를 부칩니다.

라이너 부인께 안부를 전하며
친애하는 브라운으로부터

● 1924. 11. 5.

라이너 씨에게

9월 17일자 당신의 편지와 집행위원회의 의결사항으로 내가 보내기로 되어있던 11월 3일의 공식적 답변은 내 마음을 무겁게 하여 지금부터 이 말을 해야 할 것 같습니다. 나는 당신이 일시적인 것으로 보이는 우울 기간 동안 사임서를 보냈던 것인지가 궁금합니다. 당신의 편지에서 작년에 당신이 조선으로 돌아오기 전 당신이 매우 잘 알고 있던 일반적인 건강상태와 다른 어떤 특별한 변화를 보여주는 것은 없습니다. 당신은 15년간 선교회의 구성원이었고, 평양에 주둔했었죠. 당신은 선교사들의 자세와 정책을 알고 있었습니다. 그러나 다시 돌아가기를 원하고 있지요. 게다가ㅋ 당신과 당신의 태도를 아는 선교사들은 당신이 돌아오기를 바라고 있습니다. 이런 상황을 바꿀 만한 어떤 일이 그 시기동안 일어난 것인가요? 일시적 우울기간동안 당신이 나에게 편지를 썼다면, 내 경험에 비추어 나는 당신에게 공감할 수 있을 텐데요. 이사회에서의 나의 지난 30여년을 돌아보면 내가 몹시 의욕을 잃고 낙담하여 앞으로 어떤 노력을 해도 쓸모가 없는 것처럼 여겨지던 몇 몇의 경우들을 생각해봅니다. 그러나 더 냉정한 고찰과 그분의 인도를 구한 후, 모든 경우에 있어 하나님과 교회와 이사회에 내가 있는 이 자리로 부름 받았다는 모든 증거가 있기 때문에 나뿐 아니라 나의 동역자들과 이사회에 분명한 신적 징후들 없이 내가 그것을 저버릴 어떤 도덕적 권리도 없다는 결론을 내리게 되었습니다. 나는 오롯이 혼자서 그 문제를 결정하는 것이 적절치 않다고 느꼈습니다. 다른 누군가에게 그것에 관하여 말을 꺼내기 전에 균형을 되찾았지요. 그리고 하나님이 저를 그러한 어리석은 일을 하지 않도록 하신 데 대하여 감사합니다. 나는 우연히 나의 동료와 나의 지인 중 저명한 사역자들 가운데, 국내든 해외든, 몇몇이 그러한 경험을 겪어왔다는 것을 알게 되었습니다. 성경은 그러한 기간이 하나님을 예배하는 자들에게 알려지지 않은 것이 아니라는 풍성한 증거를 제시하지요. 나는 한때 스코틀랜드의 복음전도자인 맥닐(John MacNeill) 목사님이 "침울한 다윗"이란 주제에 관하여 설교하시던 것을 들었습니다. 그는 저자가 깊은 절망에 있던 시기를 보여주는 다윗의 시편 말씀구절을 인용했지요. 나는 선교회뿐 아니라 당신에게도 타당성이 있다고 확신하고, 이사회가 선교회의 이야기를 듣지 않는 것 뿐 아니라 적어도 당신의 이야기도 듣지 않고 사임을 수락해서는 안 된다는 것을 분명히 요구하고 있다고 생각합니다.

사랑하는 형제여 진심으로 바라고 기도하건대 당신이 이 문제에 있어서 하나님의 인도하심을 받기를. 당신의 문제가 이사회의 임원으로서만이 아니라 개인적으로 당신에게 관심을 가지고 당신에게 가장 최선의 것을 간절히 해주고 싶은 형제에 의해, 그리고 동시에 당신의 삶을 바친 그리스도의 뜻을 위해 최선을 다하려는 형제에 의해 다루어지고 있음을 느끼기를 바랍니다.

친애하는 브라운으로부터

● 1924.

평양 선교지부의 전체투표

4월 10일에 있었던 평양 선교지부 모임에서 다음과 같은 2가지 방책이 선교회의 전체 회의와 투표를 통해 통과되었습니다.

1. "평양의 소일도 하우스(D.L. Soltau house)에 대한 6000.00달러의 책정액을 보충하기 위해 500.00달러의 예산이 책정되었음을 보고하는 이사회의 722번 편지에 비추어 볼 때, 선교회는 V, 723 소일도 하우스의 토지이용매출액(SOLTAU HOUSE, USE OF LAND SALE PROCEEDS)을 재검토하기를 요청하는 바입니다."

2. "우리가 다음 사항으로 V, 723을 대신해야 함을 제안; 선교회와 이사회가 반하트(Barnhart) 씨에게 부지를 매각함으로써 발생된 456.00엔을 선교회의 우선적인 재산의 2번 항목인 평양연합기독병원 잔금에 적용하는 것을 승인해 주기를 요구한다."

이 방침에 대한 추가적인 설명은 거의 필요하지 않습니다. 이사회는 Soltau's house에 대한 요청을 전부 감당했습니다. 선교지부는 새로운 병원건물을 세우기 위해 필요한 자금을 갖추려고 모든 노력을 기울이고 있습니다. 이는 선교지부의 가장 긴급한 필요이므로 선교회가 우리의 제안에 호의적인 검토를 해 주기를 부탁드립니다.

R.O. Reiner

● 1934. 10. 11.

홀드크로프트(Holdcroft) 씨에게

이 달 3일, 당신 편지가 며칠 전에 도착하기 이전에 제가 도리스(Doris) 양에게서 온 편지를 지연시키게 되어 유감스럽습니다. 그녀는 편지를 써서 제게 맡겼고, 저는 그녀에게 다시 편지를 쓰라고 제안하려 했지만 신속히 권하지는 못했죠. 그녀를 결코 비난할 수 없습니다. 그러나 당신의 편지가 도착한 이후로 그녀는 며칠간 그녀의 새로운 편지를 제출하기를 지연했고 그래서 우리는 그 편지를 몇 주간 가지고 있습니다.

하루 이틀 전에 도리스 양은 그녀의 편지 사본 한통을 제게 보냈고, 그녀의 문제를 해결하는 문서로서는 결코 만족스럽지 않음에도 불구하고 저는 그것을 통과시켰습니다. 그녀가 모든 상황을 간결하고 용이하게 할 편지를 쓸 수 있으면 좋겠군요. 그녀가 그렇게 할 수 없었기 때문에 저는 여기서 보완이 될 편지를 쓰는 중이고 이것이 상황을 분명히 하는 데 도움이 되길 바라고 있습니다.

당신이 여기 머무르는 동안 말씀드렸듯이, 선교지부는 도리스 양을 지지하고 있습니다. 도리스 양은 그녀의 의지만으로 이 일에 종사하는 것이 아닙니다. 이렇게 된 연유는 매우 분명하지요. 제 부인이 몇 년 전 선교지부에 도리스 양이 그 일을 맡아야 한다고 권고했던 것 같은데요. 다른 여성들이 이전에 그 일을 했었고 그들은 그 일이 감당하기엔 너무 무거운 책무라고 여겼습니다. 따라서 제 부인은 도리스 양이 그 일을 맡아야 한다고 추천했고, 도리스 양은 이에 동의했습니다. 저는 왜 그녀가 이 일을 하는 지에 대한 오해를 해결하기 위해 이 말씀을 드리는 것입니다. 이를 맡은 후, 이 일이 거의 그녀의 전적인 임무로 점차 드러났고 선교지부는 수년간 이에 동의해왔습니다.

도리스 양은 이 사역에서 자신의 입장이 선교지부나 선교회, 뉴욕 이사회의 구성원들에 의해 오해받고 있다고 느끼고 있습니다. 그러므로 저는 모든 당사자들 앞에서 그녀의 직위를 정하고 싶습니다. 그녀는 선교지부의 요청으로 일을 해왔고, 선교지부의 동의 가운데 그 일을 계속해왔습니다.

선교지부는 그 일을 그만두어야 한다고 생각하지 않으며 우리도 도리스 양이 그곳에 남아야 한다고 생각합니다. 그 뿐만 아니라 선교지부는 그녀에게 우리가 할 수 있는 한 개인적으로 그녀의 사역을 지지한다는 확신을 줍니다. 학교는 수업료를 내는 학생들로부터의 상당한 수입이 있고 부족한 비용은 비교적 작은 액수에 달할 뿐이기 때문에 이는 우리 모두에게 막중한 부담이 되지 않는답니다.

이 상황을 해결하기 위해 선교지부는 올 여름 특별위원회를 지정했습니다. 도리스 양의 문제를 다루고 계획을 실행하기 위해, 또 그렇게 함으로써 과거의 비판이 제거되도록 하려고 말이지요. 다음과 같은 사항들이 결정되었고, 이는 도리스 양의 진심어린 동의를 얻었습니다.

1. 협회는 이후 선교지부에 의해 선출되는 관리인위원회의 방침에 따라 관리된다는 점. 이 위원회는 경영과 재정을 포함한 모든 사안을 다룰 권한을 가질 것이다.
2. 재정은 이사회로부터 정기적으로 관찰, 감사 받고 그 총액은 빠짐없이 유지된다는 점
3. 도리스 양의 어떤 개인 자산도 그녀가 무제한으로 학교에 기부하고 싶을 때를 제외하고는 학교에서 사용되어서는 안 된다는 점. 게다가 그녀는 본인의 사적 재산을 학교재정과 함께 둘 수 없고 개별적으로 두어야 한다는 점.
4. 과거에 학교 지원을 위해 후원자 협회가 있던 것은 유지된다는 점.

제가 보기에 이 사항들은 프로그램 내에서 주요한 항목들을 나타내고

있으며 대부분은 이미 실시되고 있는 중입니다. 이 계획들이 완전히 실행될 때, 학교운영에 대한 비판의 근거는 거의 없어질 것이라 생각합니다.

현재 다음과 같은 많은 일들로 도리스 양은 비판을 받아왔지요. (1)장로회로부터의 자금요청, (2)그녀의 동역자를 비판한 것, (3)뉴욕 이사회에 대한 비판, (4)선교회 사외이사회에 관여한 것, (5)선교지부, 선교회와 이사회에 속하지 않는다는 것 등등. 이 비판 중 일부는 사실이었을지 모르고, 제 생각에는 사실이었다고 여겨집니다. 그러나 도리스 양은 이 문제들을 종식시키기를 원하고 있고, 오래된 문제들이 결말을 맺어 모든 관계자들로부터 신임을 되찾는 소망 가운데 새로이 시작하고자 하는 진정한 열망을 표현했습니다. 특히 위에 언급된 사항들을 참고해 보면, 그녀는 편지에서 말하길 마이네스(Meines) 여사 외에는 그 누구에게도 기금 요청을 하지 않았다고 합니다. 우리는 그 말을 기꺼이 사실로 받아들이는 것 외에는 방도가 없으므로 이 부분에 대하여는 더 이상 논할 수 없습니다. 그녀는 의심할 여지없이 여러 번 그녀의 동역자들에 관하여 부적당한 말을 했고 그 증거가 우리에게 있습니다만, 그녀의 성공을 돕고 싶은 진실한 바람에서 우리는 그녀에게 불리한 이 일을 기억하며 신경 쓰고 싶지는 않습니다. 이사회에 대한 비판도 사실일지 모르지만 명확한 정보는 가지고 있지 않지요. 사외이사회에 관한 문제에 대한 그녀의 답변은 명료하여 그 사안을 종식시켰고요. 그녀는 예전에 선교지부에 협조적이지 않았고, 종종 사적으로나 선교지부 모임에서 우리를 냉철하게 비판했지만 문제를 해결하려는 바람에서 이는 걱정되지 않습니다.

저는 홀드크로푸트 씨와 이사회 모두 그녀의 문제, 특히 그녀의 (1)봉급과 여행, (2)연금과 관련한 문제를 만족스럽게 해결해 달라고 촉구하는 바입니다. 저는 선교지부의 이름으로 이사회가 그녀의 여행비용을 지불해야 하고, 그녀가 여행한 시간과 일본에서 보낸 시간을 제한 후에 그녀에게 주어야 할 임금을 주어야 한다고 권고합니다. 일본에서 머문 시간은 그녀가 일본에 도착한 때로부터 평양에 도착한 대략 5월 22일까지로 생각되는군요. 일본에서 연장된 그녀의 체류를 생각해 볼 때, 이사회는 일부조정을 요구하는 것이 타당하다고 여겨집니다. 여비는 전액 지불되어야 한다고 생각하고요. 저는 이사회가 그녀의 연금에 관한 방침을 재고하고, 그녀에게 과도하게 부담되지 않도록 지금까지 해온 몫을 추정해보기를 바랍니다.

제 편지의 취지는 우리가 도리스 양에게 이 상황 가운데서 가능한 가장 동정어린 해결책을 제공해야 한다는 것이고, 그녀는 이미 모든 일에 있어 정신적으로 심히 고통을 겪었으므로 그녀의 마음을 불안하게 할지도 모르는 더 이상의 이야기는 그만 두어야한다는 것이며, 저는 진심으로 그녀가 그 어느 때보다도 선교회와 이사회에 동조하려고 진정으로 애쓸 것이라 믿고 있습니다.

다음 연례모임에서 선교회와 학교의 관계에 관한 몇 가지 문제들을 제기하고 싶습니다. 그 중 하나는 장비와 자산 유지를 위한 선교회의 일람표(자산)에 한 가지 항목을 덧붙이는 것입니다. 만약 그럴 수 있다면, 앞으로 받을 작은 선물들이 이 항목에 적용될 수 있다면, 그녀의 재정에 대한 현재의 비판이 더 오래 가지는 않을 것이라고 생각합니다. 그녀는 때때로 작은 액수를 받고 있지만 메인즈(Maines) 여사 외의 그 누구에게도 요구하고 있지 않지요. 제 생각에 메인즈 여사는 사역에 대한 관심을 중단할 것 같지 않습니다.

저는 이 사안에 관하여 바람직한 것이라면 앞으로도 기꺼이 편지 쓰겠습니다. 가장 동정어리고 유익한 방법으로 이 문제가 해결되기를 바랍니다.

이사회에 이를 전해주는 당신의 호의에 감사드리며

당신의 진실한 벗

R.O. Reiner

● 1941. 9. 4.

Hooper 박사님께

블레어(Blair) 씨와 밀러(Miller) 박사님이 이곳에서 보낸 전보의 확인서를 박사님께 보내드렸는지 모르겠군요. 저는 그 확인서를 거의 다 보내드렸기 때문에 7월 1일 이후의 모든 일을 다루고 있는 확인서를 제가 박사님께 보내드리는 것이 가장 좋을 것 같습니다.

1941. 7. 11.
로우(Lowe)와 디캠프(Decamp)의 판결이 21일로 미뤄짐. 두 사람은 타투마루 10호로 항해. 윌리엄 블레어는 가능하다면 항해 일정을 즉시 앞당기기를 원했음.

1941. 7. 22.
로우와 디캠프는 징역 10개월에 집행유예 2년을 선고받다.
21일에 석방은 보류/ 8월 5일 모든 항해중인 히카와마루(*역주: 일본의 원양정기선) 중단. 라이너.

1941. 7. 30.
집행위원회 모임은 현재 불가능함. 선교회 법위원회의 견해로는 사건을 종결하기 위해서는 매우 심각한 희생이 불가피하다고 보임. 추가적인 협의 바람. 라이너.

1941. 8. 16.
로우와 디캠프의 상해를 경유하여 스와(*역주: 일본의 Suwa) 컨퍼런스로 가는 여행 계획 변경.

집행위원회 모임에서 3분기에 충분한 열여덟 번째 기금을 진행. 추가적인 자금 운송방법 마련.

1941. 8. 26.

집행위원회 모임은 성공적. 의장 밀러는 마련된 10월 1일. 상해를 통과. 버츠(Butts), 커빙턴(Covington), 델마터(Delmarter), 힐(Hill), 폴라드(Pollard), 로스(Ross), 편하슬(Bernheisel), 블레어(Blair), 크로더스(Crothers)는 기도 사건을 설명하다. 킨슬러(Kinsler), 하트니스(Hartness)는 건강상의 이유로 떠남. 핸드릭(Raugh Hendrik) 박사 내외가 특별휴가. 라이너.

다음의 전보는 박사님으로부터 받았습니다.

1941. 7. 22.

일본 참사관의 요청에 따라, 세계기도의 날 사건과 관련하여 그와 함께 협의를 한 사항. 선교회의 집행위원회가 이 사건을 다루는 권한 중단. 선교회가 충분한 고려를 해야 함을 촉구하는 것을 중단. 건강과 관련된 요인들은 계속하여 전보로 알려주기 바람. 후퍼.

1941. 8. 14.

워싱턴에서의 총회는 변경사항이 없음. 문제가 되고 있는 이 사건에 관한 일반적 입장은 당신이 서울의 조선총독부의 스와 외교부서와 협의하여 아픈 사람들을 위한 특별휴가를 마련하길 바람. 후퍼

1941. 8. 29.

상해로부터 온 관련 전보를 받았다는 전보. 후퍼

이것이 지금까지 우리에게 온 전보입니다. 하루 이틀 내에 전보로 박사님께 보낼 것이 더 있지요. 첫 대피자들은 제물포에서 이번 주 토요일인 8일에 떠날 예정입니다. 알려진 모든 장애물이 이동하려고 기울이는 우리의 모든 노력을 방해합니다. 말로는 정부 관리들이 가장 고무적이지요. 사실 모든 것이 우리에게 놓여있습니다. 특별허가를 제외하면 기차라는 수단은 우리에게 가까이 있지요. 외국인이 특별허가나 경찰의 동행 없이 기차 등을 잡아타는 것은 즉시 내려서 거칠게 다루어질 일입니다. 몇 주 동안 우리는 여행이 허가되지 않았기 때문에 집행위원회 모임을 갖지 못했습니다. 몇 가지를 제외하고는 무슨 일로든 간에 외국인들은 여행을 하지 못합니다. 언더우드 박사는 여름에 소래(Sorai)에서 머무르고 난 후 집으로 돌아가려 했지요. 열흘간 그는 우리 몇몇이 정부 관리에게 가서 항의할 때까지 돌아올 수 없었습니다. 그리고 나서야 그가 돌아온 것입니다. 그는 자신의 차로 이동하고 있었고 경찰의 호위도 함께해야 했지요. 그 다음, 철도는 승객당 기껏해야 하나의 작은 짐만 운반할 것입니다. 이 나라를 떠나는 사람들은 반드시 그 이상을 가져가야 합니다. 현재까지 우리는 트럭을 탈 수도, 기차 편을 이용할 수도 없었습니다. 트럭은 우리를 도울 수 없지요. 왜냐하면 (1)그 트럭의 주인들은 만약 외국인들을 도울 경우 생명의 위협을 느끼기 때문이고, (2)장거리 여행자격증이 없기 때문입니다. 재령의 한 트럭 주인은 600엔을 주면 제물포까지 사람들의 짐을 실어 날라주겠다고 제안했습니다. 그것은 적정가의 네 배입니다. 그 제안은 거절했지요. 그러나 대구에서 마침내 우리의 해결책이 되도록 R.R. Express 회사가 서울까지 짐을 실어주겠다고 했답니다. 저도 그러기만 한다면 좋겠습니다. 그다음으로, 우리는 모든 일에 대하여 허가증을 받아야만 합니다. (1)S.S. 티켓, (2)나라를 떠날 때의 출국허가증, (3)떠날 때는 일본화폐를 가지고 다녀야 하며, (4)미국 여행자수표와, (5)은행에서 현 계좌로부터 돈을 인출하는 것, (6)20엔 이상의 물건을 사고, (7)파는 것, (8)다른 외국인으로부터 돈을 받는 것 등등. 이

사항들을 적용하려면 여러 날 동안 기다리고 또 기다려야 합니다. 우리가 어떤 혼란 상태에 놓여있는지 박사님은 상상도 못하실 겁니다. 또 그다음으로, 현재 새로운 법은 재화 처리방식에 훼방을 놓아 모든 사람들은 자신의 모든 소유물을 이곳에 남겨두어야만 합니다. 무용지물이 되도록 말이지요. 총독부의 관리들은 의도적으로 우리에게 말하길 그들은 우리가 떠날 때 이곳에 적어도 현금의 절반을 남길 것을 기대한다고 합니다. 그것은 명백히 그들의 것으로 삼으려는 고의적인 계획입니다.

박사님께 보낸 마지막 전보 이후로 선교회의 다른 멤버들이 철수하기로 결정했습니다. 밀러 박사님께서 그들의 이름을 말씀드리겠지만 저도 그 명단을 보내드리지요. 저는 그들을 위해 여행일정을 준비 중이기 때문입니다. 그들은 다음과 같습니다.

브루온(H.M. Bruon) 목사 내외와 아이들, 대구의 쉐락(E.J. Sharrocks) 양, 대구의 핸더슨(L.P. Handerson) 여사

이들은 각각 9월 6일, 16일, 그리고 21일로 나뉘어 이곳을 떠납니다. 10월 1일 제 시간에 맞추어 상해로부터 Cooldge로 항해 중에 있을 것입니다. 상해에서 일본 돈을 중국 돈으로 환전하는 데에는 매우 큰 손실이 있기 때문에 그들은 여기서 돈을 많이 가지고 가지 않을 것입니다. 그래서 그들은 기금을 맡고 있는 상해의 회계담당자에게 의존해야만 할 것이고 담당자 또한 제공해주기로 동의하였습니다. 물론 박사님도 이를 그에게 상환하기 위해 마련해주셔야 합니다. 이들이 떠나는 결과로 안동, 강개, 재령 선교지부에는 상주하는 사역자가 없게 될 것입니다. 선천에는 스미스 박사님 내외 분과 잉거슨(Ingerson) 양만이 남아있을 것이고요. 청주에는 밀러(F.S. Miller) 여사와 데이비(M.C. Davie) 양이 남을 것입니다. 대구에는 플레처(A.G. FLetcher) 박사님 내외 분과 애덤스(E. Adams) 목사님이, 평양에는 비거

(J.D. Bigger) 박사님과 러츠(D.M. Lutz) 씨, 마이어(E. Myers) 양과 베리만(A.L. Bergman) 양이 있을 것입니다. 서울은 언더우드(H.H. Underwood) 박사님 내외 분과 두 명의 아이들, 쿤스(E.W. Koons) 박사 내외 분과 밀러(E.H. Miller) 박사님, 그리고 라이너(R.O. Reiner)가 남아 있을 것입니다.

언더우드 부인이 아이들을 데리고 가지 못하여 걱정이 됩니다. 여기에 그들을 두는 것이 그녀에게 매우 부당하다고 생각합니다. 그들은 여기 남아있는 유일한 미국아이들입니다. 저는 왜 이사회가 그 아이들이 떠나라는 조언을 반복하여 들었을 때 그들을 가르치는 선생의 월급을 지불할 수밖에 없었는지 모르겠군요. 그러므로 저는 제가 교사임금 때문에 서울외국인학교에 추가적인 기금을 더 지불해야하는 것인지에 대하여 박사님의 조언을 듣고 싶습니다. 저는 이미 1000엔을 지불했습니다. 그러나 우리의 의무는 그 이상이라고 생각합니다. 조언 부탁드리겠습니다. 박사님으로부터 답변을 들을 때까지 저는 어떤 추가적인 지불도 하지 않을 것입니다.

밀러 박사님께서 기도사건의 합의내용을 자세히 설명해 주실 것이므로, 저와 밀러 박사님이 며칠간 관리들에게서 심문을 받고, 모든 일을 결론 맺은 다음 집행위원회 모임을 조직 및 이행하며 지냈다는 말씀만 드려야겠네요. 관리들은 우리가 모임을 갖지 말아야 한다는 것에 단호하였고, 우리는 만일 우리가 모이지 않는다면 아무것도 이루어질 수 없다는 우리의 입장을 확고히 하였습니다. 마침내 허가가 났고, 모임은 어려움 없이 매우 순조롭게 진행되었습니다.

강화된 문제는 심각합니다. 우리는 거의 바닥까지 이르렀습니다. 다른 선교지부를 폐쇄하지 않고 우리가 더 이상 어떻게 유지할 수 있을지 모르겠군요. 전반적인 상황은 선교사들이 돌아가는 것도 미심쩍게 합니다. 이를 알지요. 그러나 그들이 그렇게 하지 않는다면 우리는 곧 전부 폐쇄해야 할지도 모릅니다.

당신의 진실한 벗

R.O. Reiner

● 1941. 10. 11.

후퍼(Hooper) 박사님께

이사회가 1942년 9월 1일에 저의 특별휴가를 승인한다는 것을 무어(Moore) 박사님을 통해 방금 들었습니다. 이 방침에 대하여 감사를 표하고 싶습니다. 제 가족이 미국에 있어 제가 그들에게 가기 전까지는 3년 이상 떨어져 지내야한다는 점을 제외한다면, 필요한 휴식과 변화, 혹은 다른 이유들로 인해 미국으로 돌아가고자 하는 강력한 촉구를 이번에는 제 개인적으로 하지 않았기에 이 휴가가 반드시 필요한 것이 아니기를 바랐답니다. 라이너 부인이 오는 것이 가능하기만 하다면 저는 제가 있는 곳에 남아있는 것이 더 좋습니다. 이는 매우 힘든 상황 아래서 오랜 기간의 사역을 의미하는 것을 알기에 말씀드리는 것입니다. 제 생각에 몇 년간은 이동해야 할 방식이 쉽지 않을 것 같습니다. 그렇지만 제한된 몇몇 사람들에게 남아서 "진행하라"고 요구하는 것은 시급한 것입니다. 현재 여성들이 올 수 있는 방법의 어려움을 고려하면, 휴가를 얻어 그 이후에 상황이 허락되는 대로 행동하는 것 외엔 대안이 없을 것 같군요. 이것은 다른 이들과 마찬가지로 저 역시 고향에 무기한으로 머무르는 것을 의미할지도 모르겠습니다. 저는 이것이 반드시 필요한 것은 아니어도 가능성이 있기를 바랍니다. 제가 선교회의 몇몇 결정들을 이행하는 데 적극적으로 참여해야만 했음에도 불구하고 저와 관리들의 관계는 항상 좋았기 때문에 제가 돌아갈 가능성은 보통보다는 더 크다고 생각이 듭니다. 이후에 이것이 얼마나 도움이 될는지는 모르겠지만 관련이 있겠지요.

이는 이번 기회에 논의하고 싶은 더 큰 이슈를 제기합니다. 이사회는 7월 22일 79번 편지의 7쪽에서 "우선사항"에 대한 문제들의 논의를 보고했습니다. 박사님께서 이 논의를 매우 현명히도 일찍이 시작하셨다고 생각하는데요. 그 문제를 다각도로, 특히 사역을 전체의 관점에서, 그리고 별개의 선교회들과 그들의 특별한 문제의 관점에서 고려할 때가 되었습니다. 며칠 전에 밀러박사님과 제가 보내드린 전보에서, 저희는 박사님께서 명명하신 우선사항의 세 번째를 선교회가 강조하고 있다고 말씀드렸지요. 제가 지금 쓰고 있는 내용이 이를 더 상세히 설명하려는 것입니다.

1940년 11월에 첫 철수가 시작되었을 때, 저는 철수에 강하게 찬성하는 입장을 취했습니다. 그 시기가 당분간 특별히 활동할 수 없는 사람들이 떠나는 바람직한 때라고 여겨졌습니다. 저는 그들의 체류가 감당해야 할 분명한 부담을 지닌 사람들에게 책임을 더하는 것이라 생각했고, 또한 그들은 개인적으로 위험을 무릅쓰면서 다른 이들을 불행한 상황에 포함시키는 경향이 있다고 느꼈습니다. 저는 제 의견을 써서 집행위원회에 보냈고, 제가 멤버로 선임된 이사회에 제 의견을 피력했습니다. 그러나 위원회는 강경하게 제 입장에 반대하였고, 그들은 박사님께 사역지에서 "최대한의 인원을 유지"라는 문장으로 요약된 전보를 보냈습니다. 저는 이 전보에 놓인 해석—사역지의 가능한 많은 사람들이 그들에 대한 공무상 태도로 개인적으로 파생되는 문제와 관계없이, 그리고 그들의 유용성과는 관계없이 자리를 지키는 것—을 고려할 때 그것이 현명한 입장이 아니라고 생각했습니다. 어떤 이들은 줄어들지 않는 의심 속에서, 우리가 통과해 온 것과 같은 그런 힘든 시기동안 오래도록 애써왔기 때문에, 이 의심들은 개인적으로 관련된 사람들 뿐 아니라 다른 이들에 대한 관리들의 태도에 불리하게 영향을 미치리라는 것은 필연적이었지요. 그 견해를 따라 저는 평양 선교지부의 몇 사람에게 가서 그들에 대한 관리들의 태도로 볼 때 그들이 남는 것은 위험한 일이라 여겨진다고 조언했습니다. 저는 또 다른 몇 사람에게 앞으로 한 동안은 그들이 할 수 있는 일이 없기 때문에 떠나는 것이 좋겠다고 권면했습니다. 이들 중 한 명만이 유일하게 제 조언에 귀를 기울였습니다. 그들은 "다가올 무엇과 관계없이 입장을 고수할 수 있다"는 생각이지요. 그렇게 조언을 들은 그들 중 세 사람은 모두 기도사건에 심각하게 연루되어 있었습니다. 그래서 곤경에 빠진 이후에서야 그들은 떠나야만 했습니다. 그들이 떠나야만 하는, 특히 이러한 불행한 상황 가운데 떠나야만 하는 것에 저보다 유감을 느끼는 사람은 없을 겁니다. 그러나 제가 아는 한 어떤 방식으로든 그들의 철수는 이미 예정된 것이었고, 이번이 적당한 때이지요. 이 지역 상황에 어떤 변화가 일어나든 간에 그들 중 누구라도 돌아올 수 있을지는 확신할 수는 없군요. 편하슬과 클라크 박사님에 대해서도 말씀드려야겠네요.(편하슬 여사도 연루된 분이지만 편하슬 박사님은 그에 반한 견해를 고수하고 계셨지요.) 1940년 10월에 한 저의 조언은 제가 유념해둔 특별한 어떤 가능성에 기반을 둔 것이 아니라 그들을 대하는 관리들의 태도에 관해 개인적으로 알고 있던 것에 근거했습니다. 저는 어떤 방식으로든 그들이 비참한 결과를 낳을 어떤 일에 연루될 것이라는 생각이 들었습니다.

편하슬과 클라크 박사님께 떠날 것을 조언했듯이, 저는 또한 버츠(Butts) 양과 다른 몇 명의 독신 여성들에게도 알렸습니다. 그들 대부분에게는 일도 없고, 그들의 존재는 오로지 잠재적인 법적책임을 입증할 뿐입니다.

저는 특히 한 가지 이유에서 이를 말씀드립니다. "사역지에 최대한의 인원을 유지"한다는 입장을 취했던 이들은 어떻게든 떠날 것을 강요받았고, 저는 여전히 이곳에 남아있습니다. 그들은 전쟁이 일어나 모두 억류된다 할지라도 남아있기로 결심했다고 거듭 말했습니다. 저는 상황이 심각해진다면 그렇게 할 가치가 없다고 생각하므로 남을 의도가 없음을 말했었지요. 그들은 떠났고, 저는 여전히 여기에 있습니다. 주요 쟁점에 있어서 제 입장에는 변화가 없습니다. 저는 우리가 현재 사역지 내에 많은 인원을 유지해야한다고 생각하진 않지만 그 숫자가 영점까지 감소될 필요는 없다고 생각합니다. 이것이 오늘날 우리가 당면하고 있는 것입니다. 현재 우리 앞에 놓인 위험은 사역이 완전히 중단되고 일을 계속 수행할 사람이 한 명도 남지 않으리라는 것이지요. 이 우려는 스미스 박사와 스미스 여사, 그리고 제게 휴가를 승인한 박사님의 방침 때문에 더욱 증가되었습니다. 제가 제 자신을 다른 어느 사역자보다 가치 있게 여기는 것이 아닙니다. 그렇지만 사역자들이 하나씩 떠난다면, 그리고 휴가를 떠났던 자들 중 누구도 다시 돌아오지 않는다면, 불길한 징조를 읽을 어떤 예언자도 없을 것입니다. 지금 현재 사역지에는 18명의 멤버들이 있습니다. 이들 중에 스미스 박사님과 스미스 여사, 그리고 제가 내년에 휴가를 가게 되지요. 언급된 이름 외에 거의 모든 남은 사람들은 근심하며 자문합니다. "남아야 하는가, 아니면 남지 말아야 하는가?" 선교회의 완전한 와해가 가능할 뿐 아니라 금방이라도 닥칠 것 같습니다. 밀러 박사님, 쿤스 박사님과 함께 하루 이틀 전에 이 문제를 논의하면서 우리는 무엇인가 신속히 이루어지지 않는다면 1942년에 선교회의 폐쇄가 완전히 일어날 가능성은 충분할 뿐 아니라 사실상 확실시 되리라는 것에 모두가 동의했습니다.

제가 말씀드려야 하는 것에 도입부에 불과한 것을 장황하게 이야기하고 있었네요. 그러나 제가 강조하고 싶은 것을 이해하기 위해서는 이 도입이 중요하답니다. 만일 선교회가 신속히 사기를 높이지 않으면 불행한 결과를 보게 될 것이라는 게 저의 생각입니다. 현재까지 우리는 뉴욕으로부터 의욕을 잃지 않기 위해 받은 것이 거의 없었습니다. 가장 잘 보내졌어야 할 시기에 어떤 격려의 편지도 없었지요. 휴가 중인 몇몇의 사람들이 돌아오는 데에 얼마간의 가능성이 있는지에 관하여서도 말이 없습니다. 지금까지 누구도 돌아오지 않았고요. 이보다 더 사기를 세워 줄 수 있는 것은 아무것도 없는데 말입니다. 두 세 사람의 귀환은 선교회의 요구가 충분히 고려되고 있는 중이라는 증거입니다. 제가 누구든 비판하고자 하는 것이 아니라 마음 속 깊은 감정을 말씀드리고 있는 것임을 부디 이해해주십시오. 이사회가 이 사역이 계속되어지기를 바란다면, 즉시 자신의 주둔지에 남아있는 자들의 의욕을 북돋아줄 필요가 있습니다.

저의 주장을 과장하여 말씀드리고 있다고 생각하지는 않지만 혹 그렇다면 박사님께서 저의 이 열의를 못 본 체 넘어가주실 것이라 믿습니다. 저는 풀이 죽어 있는 것이 아니라, 사역지에 남아 이 일을 지키고 보호하는 것에 대해서 몹시 걱정하고 있습니다. 다른 이들에게 한 저의 조언을 저 역시 따랐다면, 저는 지난 11월 떠났을 겁니다. 제가 우려하는 것은 저의 개인적인 편의가 아니라 선교회의 사역입니다.

따라서 박사님께서 이미 그렇게 하지 않으셨다면, 즉시 저희에게 도움을 주시기 위해 박사님의 권한 내에서 모든 것을 해주시기를 바라는 바입니다. 평양 선교지부는 절망적인 상황입니다. 일반적인 사업에서 행해져야 하는 지시를 할 수 있는 이가 아무도 없습니다. 예전에 신학교와 직접적인 관련이 있던 모든 이들이 떠났습니다. 신학교는 독립된 재단법인입니다. 그러나 재단법인장은 떠났고, 신학교 교장도 떠났으며, 모든 외국인 선생들도 가버리고 오로지 재단이사회의 한 명의 멤버만이 사역지에 남아있습니다. 이 기관에 대해 마음 깊이 관심을 가진 누군가가 곧 오지 않는다면 저는 미래가 걱정이 되는군요. 그러면 평양은 축복을 받아(혹은 그렇지 않아) 다른 종류의 재산(*역주: 부동산)을 누리겠지요. 십여 개의 큰 건물은 사용되지 않는 채로 서 있고 학생들로부터의 대여금 요구는 거의 견디기 어렵습니다. 그 건물들 중 일부를 사용할 계획도 가능합니다만 그것을 현지에서 관리할 사람이 없습니다. 재령, 강개, 그리고 안동은 이제 폐교되었지만 관심이 필요하지요. 우리는 이들을 돌볼 사람이 필요합니다. 저는 이 문제를 상세히 설명할 수 있습니다. 우리 중 누군가가 그만둘 때마다 이는 다른 이들이 감당해야 할 부담을 더해줍니다. 그래서 우리는 다른 이가 올 수 있는지를 확신할 수 없는 한 이제는 더 많은 이들을 잃을 수만은 없습니다.

그들이 오는 데에 어떤 어려움들이 있는지 저는 알지 못합니다. 아마도 그 장애물은 넘을 수 없는 것이겠지요. 넘을 수 없는 것이라면 우리는 이것을 알아야만 합니다. 그렇지만 사람들이 오는 모든 가능한 방법들을 찾게 될 때까지는 노력을 그만해야한다고 생각하지 않습니다.

우리는 박사님을 위해 기도하고 있으며 계속 기도할 것입니다. 박사님은 한 사람이 감당하기엔 너무 큰 짐을 지고 있으시지만 주님은 우리에게 지속적인 은혜의 확신을 주시고 그러므로 우리는 그분이 인도하실 것임을 알고 있습니다.

이 힘든 시기 우리 주 곁에서 신앙을 지키며, 주님이 이끄시는 대로 변함없이 주를 섬기려는 간절한 열망의 확신을 가지고.

당신의 진실한 벗

R.O. Reiner

● 1941. 10. 13.

후퍼 박사님께

이달 11일에 쓰인 제 편지는 즉시 부쳐지지 않아, 오늘 아침 박사님으로부터 어떤 선교사에게도 여권이 확보될 수 없기 때문에 현재로서는 누구도 돌아가지 않을 것임을 알리는 전보를 받았습니다. 저는 현재까지의 상황을 알리기 위해 추가적인 언급을 하지 않을 수 없습니다. 이 소식을 들으니 말로 다 할 수 없이 괴롭습니다. 주된 편지에서 제가 강하게 주장해 온 그것을 성취하기 위해 할 수 없는 것이 거의 없다는 것을 분명히 보여주기 때문이지요. 사람들을 보내기 위한 모든 방안을 아직까지 찾지 못했다는 것을 믿을 수 없습니다. 저희는 몇몇 사람들이 사업차로나 다른 목적으로 일본으로 오는 소식을 지역 신문에서 보았을 때, 왜 어떤 이들에게는 가장 큰 목적인 주의 일을 위해 오는 것이 허용되지 않는지 궁금합니다. 이 목적을 이룰 방법이 반드시 있을 것이고, 따라서 저는 그 결정에 있어서 아직도 변화가 이루어질 수 없는지 아닌지를 알아내기 위해서는 이 사안이 재고찰되어야 한다고 진심으로 요청하는 바입니다.

제 관심은 또한 제 발언 중에 누락된 것으로 여겨집니다. 첫 철수가 발생한 이후에 비거 박사님이 우리에게 오셨고, 그의 도착은 우리 모두에게 매우 큰 감명과 축복이 되었습니다. 그는 선교회 전체에 새로운 정신을 주었을 뿐 아니라 이곳 사람들에게 이사회가 이사회 사역을 그만두고 철수하려는 의도가 없다는 상징이 되었습니다. 저희는 그분으로 인해 박사님께 감사를 전하고 싶습니다. 그러나 가능하다면 그 축복이 계속 되어져야 한다고도 요청하고 싶습니다.

박사님께서는 아마도 제가 편지를 쓴 것과 같은 방식의 선교회의 편지를 다른 이로부터 받으실 것입니다.

다시 한 번 박사님이 위대한 지도자라는 우리의 믿음과 또한 주님이 이끄시는 대로 수행하고자 하는 우리의 결심을 확고히 하며.

위대한 사역에 있어서 당신의 진실한 벗

R.O. Reiner

하지만 누구도 (적어도 아주 극소수만이) 이사회로부터 이동하라는 직접적인 지시 없이는 행동하지 않을 것입니다.

당신의 진실한 벗

R.O. Reiner

라이너 서간집 원문

Taiku,Korea,Oct.5,1911.

Dr.Arthur J.Brown,

New York,N.Y.

My dear Dr.Brown;

During the recent meeting of our Mission the Rules and By-Laws Committee was authorized to proceed with the revision of the rules and by-laws of the Mission. But as the time was too limited to accomplish the work satisfactorily before adjournment and in view of the lack of sufficient data upon which to base a revision,we delayed action until next year.And in the meantime our committee desires to secure the rules and by-laws of the other Missions under our Board and to use these so far as they offer methods superior to our own. I have been instructed by our committee to write to you to secure the names of the secretaries of all our Missions. I trust that I am not imposing too large a task upon you but if is it large it will still be an important one and we shall appreciate all your assistance.

You have doubtless heard of the arrival of a new heir in the land, Hugh Munro Reiner. He and his mother are doing beautifully. I hope that he will surpass both his parents in usefulness on the Mission Field. Nothing could give us greater joy than just such a life work.

Some time ago you received from Rev. J.E.Adams a letter relative to our property needs. Two pieces were referred to in that letter, I believe. One, the field to the rear of our homes known as the Su tract; and one, the tile burners field between the Academy and the residences. The latter has been purchased satisfactorily and the deeds secured. But the former is giving us a lot of trouble. The deeds were made out but not registered and in the meantime a suit has been begun by a faction in the clan which was opposed to the sale. This suit was originally brought against Mr.Adams but now in his absence I am in charge of it. Thus far there is nothing vital to report, but I thought that a word of explanation would make clear the future developements when these are sent to you. There have been no decisions made in the case yet, so I shall leave the matter here; but shall inform you of further results as soon as they are available.

Sincerely yours,

R.O. Reiner.

in re Miss Switzer's expenses
" " hill property

R. O. Reiner

...E FIELD.

...Province in South East ... provincial capital; popula... ...7,473; on thro line of R. R. between Japan, China and Europe; 80 miles from port of Fusan.

	MILES.	VILLAGES.	POPULATION.
From city within ...	10	509	78,676
" " " ...	20	1,132	170,608
" " " ...	40	2,698	375,495
In entire tributary field...		4,658	667,368

Latitude; same as Virginia, Kentucky, S. California.

Scenery; mountainous. People; primative, agricultural.

Climate; mild, healthful. Dimensions; E. & W. 160 miles. N. & S. 100 miles.

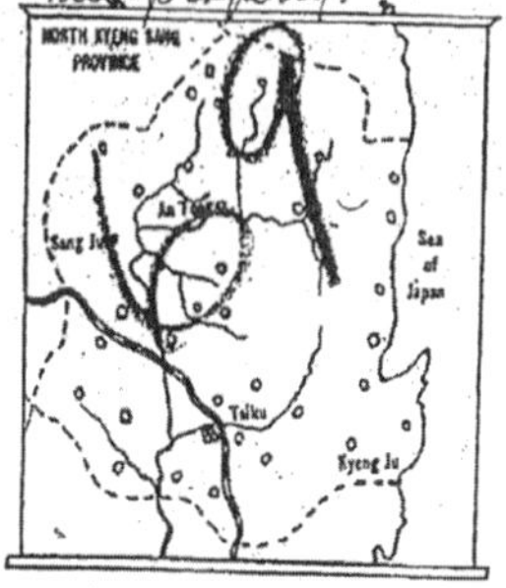

THE WORK.

Set apart as a Mission Station 1899.

	1899.	1901.	1904.	1907.	1910.
Number of Churches ...	1	9	33	86	108
" Communicants	3	7	69	664	2,0[illegible]
" Adherents ...	25	100	965	6,145	15,[illegible]67
" Self Supporting Schools	0	0	1	46	74
Number of Scholars ...	0	11	23	[illegible]	1,044
Annual Contributions, Korean Church ...	[illegible]	23.21	315.40	1,901.06	3,977.09

At present; 13 adult missionaries; 7 dwellings; 1 hospital; 1 Boy's Academy. No other church mission at work in the field.

Urgent needs; Dispensary, $2,000.00. Boy's Academy Scientific Building, $3,000.00. Balance for Men's Bible Institute Building, $1,000.00. Other items furnished on request.

Since the founding of the station, the Church developed has given in contributions an aggregate of $5,000.00 more than the total of all appropriations made by the Board for the current work of the station during the same period.

Taiku, Korea, Feb.6,1912.

RECEIVED
MAR 6 1912
Dr. Brown

Dr.A.J.Brown,

New York,N.Y.

My dear Dr.Brown;

A question of considerable importance has been occupying my mind ever since the arrival of Miss Switzer to our station. In your letter giving her qualifications and standing in the mission, you said that,"except for salary she was a missionary the same as all other missionaries." Miss Switzer understands this to mean, that she is responsible for her salary only,and came to us with this idea. However, as you know there are many other expenses which each one has to meet outside the salary,such as itineration,teacher and litorary assistant, and travelling expenses to Mission meetings. In her case,who is supposed to bear the expenses? We have already given her money from our balances for teacher,but as we need the money badly for other things which were planned for when our appropriation was originally made out,it seems that there is a legitimate charge on the Board to provide for the extras, just the same as if she came under the full pay of the Board. The amount granted her this year was Yen 43.75 and the amount needed for the ensuing year will be Yen 150.00 (for teacher only). Taiku station has not sufficient money in its appropriation to meet this heavy charge ,so I write

THE FIELD.

North Kyeng Sang Province in South East Korea.

Taiku City:—The provincial capital; population 47,473; on thro line of R. R. between Japan, China and Europe; 80 miles from port of Fusan.

	MILES.	VILLAGES.	POPULATION.
From city within ...	10	509	78,676
" " " ...	20	1,132	170,608
" " " ...	40	2,698	375,495
In entire tributary field...	...	4,658	667,368

Latitude; same as Virginia, Kentucky, S. California.

Scenery; mountainous. People; primative, agricultural.

Climate; mild, healthful. Dimensions; E. & W. 160 miles. N. & S. 100 miles.

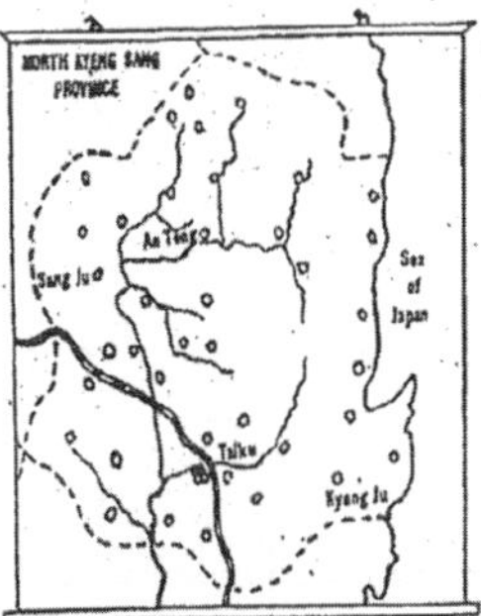

THE WORK.

Set apart as a Mission Station 1899.

	1899.	1901.	1904.	1907.	1910.
Number of Churches ...	1	9	33	86	208
" Communicants	3	7	28	864	2,886
" Adherents ...	25	100	803	6,145	15,407
" Self Supporting Schools	0	0	1	46	74
Number of Scholars ...	0	11	33	433	1,044
Annual Contributions, Korean Church ...	$5.25	20.21	318.40	1,901.06	3,977.09

At present; 13 adult missionaries; 7 dwellings; 1 hospital; 1 Boy's Academy. No other church mission at work in the field.

Urgent needs; Dispensary, $2,000.00. Boy's Academy Scientific Building, $3,000.00. Balance for Men's Bible Institute Building, $1,000.00. Other items furnished on request.

Since the founding of the station, the Church developed has given in contributions an aggregate of $5,000.00 more than the total of all appropriations made by the Board for the current work of the station during the same period.

asking for information. The expenses she will have are greater than those who arrived before our last annual meeting inasmuch as she arrived after all estimates for 1912-1913 were made up, so that it seems to me that the equivalent of a year and a half's itineration and teacher money ought to be granted the mission as an extra appropriation. Furthermore, since we have used the balances of 1911-1912 for her teacher rather than for other items which are pressing, it seems that when the money is appropriated, we ought to be given the right to use the amount already given her, during 1912-1913 although this is irregular.

In a letter sent to you several months ago, I told you of a law-suit then in progress over the purchase of the hill to the rear of our compound. I asked Mr. Adams to tell you of the outcome immediately after judgement was rendered, so I presume that you know of our victory. Victory it is, but not a satisfactory one. The laws of Korea are now undergoing changes so rapidly that even the best informed are not certain of anything. Little wonder then that we are left in a peculiar predicament even after our victory. On Jan. 25, 1908 a law was promulgated requiring that all hill (and also other lands) be reported to the government. This was demanded of all lands whether a deed from the previous government was held or not. And it further provided that in case the report was not made, the land would revert to the government after

HE FIELD.

[illegible]ang Province in South East

[illegible] The provincial capital; popula-[illegible] 47,473; on thro line of R. R. between Japan, China and Europe; 80 miles from port of Fusan.

	MILES.	VILLAGES.	POPULATION.
From city within ...	10	509	78,676
" " " ...	20	1,132	170,608
" " " ...	40	2,698	375,495
In entire tributary field...		4,658	667,368

Latitude; same as Virginia, Kentucky, S. California.

Scenery; mountainous. People; primative, agricultural.

Climate; mild, healthful. Dimensions; E. & W. 160 miles. N. & S. 100 miles.

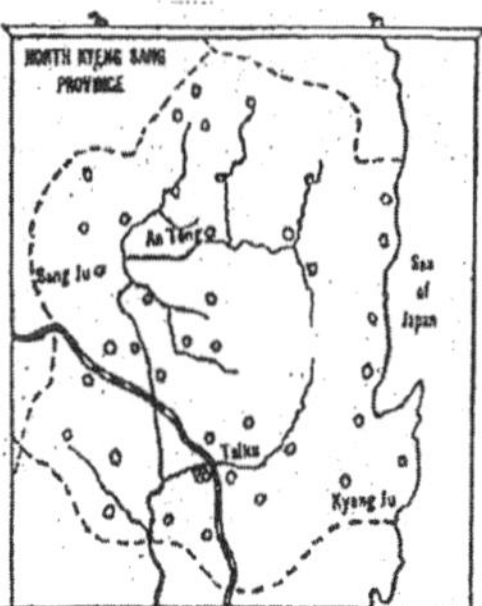

THE WORK.

Set apart as a Mission Station 1899.

	1899.	1901.	1904.	1907.	1910.
Number of Churches ...	1	3	35	66	308
" Communicants	3	7	63	544	[illegible]
" Adherents ...	25	100	365	6,145	15,467
" Self Supporting Schools	0	0	1	46	74
Number of Scholars ...	0	11	33	[illegible]	1,044
Annual Contributions, Korean Church ...	$5.55	27.21	318.40	1,901.06	5,917.00

At present; 13 adult missionaries; 7 dwellings; 1 hospital; 1 Boy's Academy. No other church mission at work in the field.

Urgent needs; Dispensary, $2,000.00. Boy's Academy Scientific Building, $3,000.00. Balance for Men's Bible Institute Building, $1,000.00. Other items furnished on request.

Since the founding of the station, the Church developed has given in contributions an aggregate of $5,000.00 more than the total of all appropriations made by the Board for the current work of the station during the same period.

three years. ~~This~~ Our land was reported, but the peculiar thing about it was that it was reported in the name of the man in whose name the deed had been made, but who had died in the meantime. Hence the court ruled that the report was the same as no report and declared that the land was government land. However, last December a new law was promulgated stating that only a small fraction of the land had been reported in accordance with the rule of the government and that to follow the previous law would be manifestly unjust. Hence, anyone who had not reported his land could still claim it by going to the registration office and declaring his intention of improving it. Then after the passage of sufficient time to demonstrate his good faith, a deed could be had upon demand. We are in this predicament. The land is ours but we cannot secure a deed for about two years and then the process of securing it is very unintelligible. I have one recourse yet, namely appealing to the Governor General which I intend doing. I have made full inquiries from the officials who grant the deeds and am convinced that no one can dispossess us of the land.

With kindest regards to Mrs. Brown and yourself, I am,

Sincerely yours,

R. O. Reiner

Secretary of Taiku Station.

Taiku, Korea, Aug. 12, 1912.

Dr. Arthur J. Brown,

156 Fifth Ave., N.Y.

My dear Dr. Brown;

I wrote to you only a few weeks ago relative to the purchase of some land to the rear of the houses in which we live here in Taiku. You remember the hill, I am sure, so I need to describe it no further. The major part was purchased by Mr. Adams before he left for America and after his return a long legal battle was waged to retain it. But all the way through this contest we have been successful, and are now practically in possession of the land. While at the magistrate's office a few days ago on other business the man in charge of the land department called me into his office and gratutiously told me that he had received advance information that the Government had decided to grant us full title to the land. And at the same time the title to the remainder will be cleared up. If so, we must purchase immediately before further complications arise. The cost will be not less than 1600 yen and may be as much as 2000 yen as it is a very valuable piece of property. That it is not being bought simply to keep others out will be clear from the plans which have been formulated for its use. The girls' academy and dormitories, the women's Bible Institute and dormitories, the dispensary, a central heating plant for these buildings and the present houses, and possibly another residence are planned for the site. And if these are built there, the buildings will not be crowded.

At the present time there is another phase in the purchase of property which I have not had full enough information on to report before. The government officials are planning to make Taiku into a modern city by building streets at right angles to each other and thus do away with a lot of the winding alleys. There are already a number of these streets completed, but no general plan for the repair of all the streets was reported to the people until a few weeks ago. When the others are, made, and a beginning will be made in the fall, fully one fifth of the present population will be unhoused and will be compelled to seek new sites. During the past two years the direction of this moving population has been just to the northeast of the hospital and to the south of my home. But with such a great shift, as this will necessitate, all the land about our compound which is at all available will be bought up and used.

Our station is in need of considerably more property for it future use. We are in need of another house immediately for Dr. Fletcher and Mr. Greenfield and are asking the Mission to put it on the docket at annual meeting. While we have a site for the house, we have not secured garden space for it. Then the Bible Institute for men has no ~~sight~~ site ~~and~~ nor the industrial plant for the academy. All these ought to be in proximity to our present compound, and if they are to be so, they ought to be secured soon.

I trust that this need may be placed before those who are interested in our station and needs. The members of the station are using nearly all the cash they have to hold the most important pieces we need. But our supply of cash is limited.

Sincerely yours,

R. O. Reiner.

Taiku, Korea, Aug. 27, 1912.

Prof. T. H. P. Sailer,

New York City, N.Y., U.S.A.

My dear Prof. Sailer;

Your quarterly letters have come to hand regularly, and I must plead guilty to the charge of discourtesy in not acknowledging their receipt. But the burden and detail of our work precludes the luxury of leisure for letter writing. We simply must steal time for it and that is what I am doing today.

Your last letter dated June 1912 was especially interesting and profitable, particularly as we were just in the process of introducing in the North and South Kyeng Sang Provinces, in a small way, some of the methods of which you spoke when your letter arrived. During my two years' residence in Taiku, I have striven to secure some order in our Christian educational work. And I am glad to say that the efforts put forth have borne a measure of fruit. At the last meeting of the Presbytery of the two Kyeng Sang Provinces, it was unanimously decided to organize and "Educational Executive Committee" to work under the direction of the Educational Committee of the Presbytery, and be responsible to the Presbytery through that committee. This committee will have power to approve of curricula, teachers and locations of schools as well as to determine other important matters which will come to its attention. It will also attempt to hold teachers' institutes and in other ways improve the grade of teaching in the country schools. The beginning thus far made is very encouraging, but the chief obstacle in the way at present to the full realization of our plans is financial support.

I might say that the southern provinces are taking the lead in this matter of school inspection among the Presbyterian bodies in Korea. It will, therefore, be necessary to test the mind of our Missions at their regular Annual Meetings to determine what shall be our policy in the future. The plan, as you will note, is union, but the expense to the present is borne wholly by Taiku station, inasmuch as we have initiated the work. If it is continued, the other stations and missions concerned will, of necessity, be compelled to share the expense. We feel confident that the Mission will approve what we have done and also decide to begin similar work in other places. The vastness of our work no one can imagine who has not been in its midst and seen its working. There are 1981 pupils studying in 80 schools in this Presbytery, and the number of pupils could easily be doubled if proper supervision and direction were given, without in any way increasing the number of schools. The cost of supervision, however, is not a small one and the detail of the work is simply overwhelming. For these two reasons, the work has been retarded in the past, and I fear that for the same reasons it will not advance rapidly in the future. Besides, I have charge of the Taiku Boys' Academy to which I must give a very large portion of my time. So the addition of the country school work is almost unbearable. But I am convinced that educational work must have a foundation in fact as well as in name. We never can hope to have an Academy worth the name until we have lower schools fitting pupils for higher work. And in the same way, Pyong Yang College can never be more than a name until our Academies are graduating boys who are fitted for college work. Believing so firmly that a solid foundation is essential, I am giving just as large a part of my strength and time as I dare to develop the lower school system.

I have planned at different times to write to you about the work in Korea. But I could not find time, nor can I now, to do justice to the subject. I simply repeat the invitation which the Rev. W. C. Erdman gave you, while he was in America, to come to Korea and study our newly developing educational system. Your position as a secretary of the Board would give you access to every department of the work carried on by the Government, and put at your disposal everything necessary to a thorough understanding of the Government's position. This advantage you would have over every missionary, for we are not of sufficient consequence to be granted these privileges. You could do the cause of Christian education in Korea untold good by a visit, and open the way to a better understanding between Government and the missionaries than now exists.

I want to comment on certain parts of your letter of June 1912, and all in line with what you have said. On page one, you urge missionaries to study Government plans, curricula, and methods more thoroughly than has been done in the past. I heartily agree with you on this point. There is no place where educationalists are more in need of constant study and where the danger of getting into ruts from lack of thought and study are greater than on the mission field. The reasons are obvious. First, the missionaries are overburdened with duties. Some of them have a dozen churches to care for, a whole educational system to build up for large numbers of people ignorant of educational methods, an infinitude of clerical work in connection with Mission, Presbytery and a number of other organizations. Second, the finances are not flourishing enough to permit of the hiring of competent or sufficient helpers to relieve the missionary of duties that he should not be called upon to perform. And third, they are almost totally separated from men who, in the world at large, are advancing in educational methods. I cannot believe for a moment that we missionary educationalist are equaling the Japanese with whom we come into daily contact, in the matter of progress. Their officials, teachers, and supervisers are all graduates of the best colleges, and are constantly being trained by institutes, conferences and contact with one another until they are first rate men in their places. I agree with you that we ought to know more about the governments plans, but it is practically impossible under the present organization of work and with the present force and funds. Our work in Korea, while not very extensive compared with some other fields, is still woefully undermanned, if efficiency is
to be the watchword. The Government has not less than a dozen men

to do the work which one missionary is called upon to assume. We have little time to do anything but what we are compelled to do and for this reason I say that it is impossible to do what you say, although we know that we ought.

The seven points which you make on the work in the Levant are very largely true here. No.1, Government funds are not very abundant yet but each year more seems to be granted. No.2 Organization here is superb. No.3, Hardly exists at all here but spasmodic cases are reported from time to time. No.4 is wholly true. Inspectors visit all schools registered with the government monthly and the police department makes special inspections between times. No.5 is partiall true, but many applicants are not turned away from the Government Normal School. No.6 A good beginning has been made in the establishing of industrial and commercial schools, and the Educational department is encouraging the development of industrial work rather than higher academic work. No.7 .Girls school are being established and education of women is being promoted.

On page three, you spoke of the need of better equipment of the school inspector. Even before your letter arrived, I had revolved this very question in my mind, and had thought of asking the Board for permission to study further in America. But the policy of the Board was against me, because it would necessitate my returning to America after only five years' work. The Board's rule is so constructed that I would be compelled to pay my travelling expenses both ways and precedents make it doubtful whether I would be allowed to remain even a year in America. So I dropped the matter temporarily. But when Dr. Brown's letter arrived a few days ago containing the Educational Policy which you had been asked to draw up, my desire revived. There are only two of us in Korea who came to the field with any especial preparation for educational work. Mr. McCune is admirably fitted for his work, but I have felt for some time that my knowledge of the theory of administration and of the best methods being used in America today was decidedly lacking. My return to America for one or two years, would, of course, be a serious matter for the mission. But the ultimate benefit would more than counterbalance the temporary loss, I am sure. However, it would be impossible for me to pay my travelling expenses nor to be deprived of salary during the second year of my study, if I were to remain two years.

You will pardon my lengthy letter, but as I do not write often I am sure that you will bear with it.

With kindest regards, I am,

Sincerely yours,

R O Reiner

RECEIVED
DEC 2 1913
Dr. Brown.

FILING DEPT.
OCT 8 1913

Taiku, Korea, Nov. 2, 1913.

Dr. Arthur J. Brown,

New York, New York.

Dear Dr. Brown;

Your letter No.105 came to hand a few days ago, and it seemed to be planned providentially to meet the need of the Station. As you know we have had no end of trouble over the title to the hill for which the money was appropriated. But finally the local magistrate declared the title clear and instructed us to file our papprs for a certified deed. This we did last Tuesday and this afternoon the certification was given us. So now the land is ours. We are furthermore rejoicing because the balance of the hill which we had not been able to purchase before, has also been purchased and the deed in hand covers the whole. This is the end of a difficulty which is as old as the Taiku station and we are certainly rejoicing over the result. The cost of the additional portion purchased was Yen 1500, and this with the other costs which we have sustained in connection with the trial and the purchase of the land has increased to about 1975 yen. From this you will see that there is little left.

The station wishes to express its appreciation of the Board's action in meeting our need so generously and so promptly. I am sure that no one will ever have reason to regret the purchase of the land. Even now we are planning the erection of several buildings on the same. Among them are the dormitories for the Bible Institute, and the dormitories for the Girls' Academy.

With kindest regards to yourself and Mrs. Brown, I am,

Respectfully yours,

R. O. Reiner

Secretary of the Stat.

P.S. Rev. and Mrs. Adams arrived safely last Thursday afternoon and needless to say we are rejoicing over this too.

RECEIVED
OCT 21 1913

FILING DEPT.
NOV 7 1913

Taiku, Korea, Sept. 29, 1913.

Dr. Brown.
Rev. A. J. Brown, D.D.,

New York City, N.Y.

Dear Dr. Brown:

I have the painful duty of sending you the medical certificate of Miss A.R.Mills, whose health has become so serious that she was compelled to leave for America on the 26th inst. Her nervous system had become so deranged that as news of the progress of Annual Meeting reached her, the results of the meeting completely upset her and she broke down altogether. I believe that the doctors might say something different on question 8 if asked for an opinion now. It certainly is a terrible blow to our women's work. Her place in the station had become so fixed that all the women's work is badly crippled.

As you will have noted from perusing the advance copy of the minutes of Annual Meeting, I have chosen as Recording Secretary for the present year. Will you kindly have the Mission file of the Board's letters sent to me instead of Mr. McCune. This will mean two copies to me as I am both Station Secretary and Mission Secretary.

I have failed to perform my full duty in notifying you of the new appointees to our Korea Mission, appointees whom you and the other members of the Board have little opportunity to pass upon. Masters Donald Eugene Reiner and Ralph Everett Reiner arrived on Aug. 16th and are doing well. This morning

RE

Marjorie Winn Erdman made her appearance into the world. All are doing well to date and we trust that the Lord will give them many years and great opportunities of service.

With kindest regards to yourself and Mrs. Brown, I remain,

Sincerely yours,

R. O. Reiner

Mission Secretary.

Taiku,Korea,Dec.10,1913.

Rev.A.J.Brown,D.D.,

New York,N.Y.

Dear Dr.Brown:

Taiku Station at its last regular meeting instructed me to present to you the financial side of the educational situation in Taiku as it is related to the action of the Educational Committee of the Mission Sec.11,1913 Minutes.(See page 93.)As you will note the request for ¥3600.00 was repeated from last year. In your correspondence to the Mission you said that this sum had been included in the regular appropriations for the year. It may have been included in those appropriations but that did not mean that the Mission received the money necessary to meet an emergency. At that time the emergency was not so great but that we could view the matter as you did. But the demand for an actual increase in educational funds has grown during the past year so greatly that every Mission school is now facing a terrible financial stringency. The Mission, out of the funds at its disposal, has given education 20% for the current year and all in the Mission interested in education feel that we have been treated very well. But 20% of ¥57000.00 is only ¥11400.00: and as this has to be divided between four boys' and four girls' academies and the Pyengyang College the average amounts to about ¥1260.00 each. Under the conditions prevailing until two years ago, this sum would have been approximately enough but political conditions have radically changed and this has involved the educationalists in considerable difficulty. The Government demands that we secure Japanese to teach Japanese in our Academies. Not only this, they demand that we teach a minimum of 8 hours per week. Such an addition to our work both in quantity and quality

ity increases the cost of running the schools beyond the point of endurance if we must continue under the present appropriation. The teaching of eight hours per week means one third of the whole course of study. The cheapest Japanese teacher available demands ¥40.00 per month whereas the most expensive Korean in our employ costs only ¥30.00. In my report to the Station at the last meeting, I showed the Station that with the present appropriation we should be about ¥500.00 in debt at the end of the next year. Personally I do not feel inclined to finance such a proposition even had I the funds which I have not and the Station and Mission cannot give more than they are giving. The situation is certainly grave. The addition due to these demands of the Government involve an actual increase of ¥500.00 per year.

Herewith I append a few facts and figures to show the local conditions:

1. All students in Government schools receive free tuition as well as free books, while in our Academies they are required to pay from 50 to 75 sen per month besides buying their own books.

2. Our school is the only Christian higher school in this province, the population of which is 1,500,000. As a consequence the boys are compelled to travel great distances on foot. The Government provides schools at a number of places thereby facilitating the attendance of the students.

3. Christians Academies, until recently, have been leaders in education in Korea because of better equipment and higher ideals. The Government schools are now surpassing our schools in equipment and managemnet and are striving to equal our ideal, an impossibility, we believe. But if their material equipment begins to surpass ours in any marked way, our ideals will not be sufficient to draw the students.

4. The Government has constantly accused the missionaries of willfully

disobeying its rules relating to the teaching of Japanese. The fact of the matter is that we are too poor to do so and not that we are wilfully disobeying.

5. The income of our Academy from all sources except Mission is ¥750.00 while the Mission gives ¥1200.00. Of the former the students pay in tuition ¥550.00 per year. Teachers' salaries alone amount to ¥1500.00.

6. Last year teachers' salaries amounted to ¥1500.00. The addition of a Japanese teacher would increase the salaries by ¥500.00, or 1/3. The Mission cannot meet such an increase in one year. It would take all the normal increase in Class V. for three years to meet this charge without adding a cent to any other item of our budget. In three years the Government will see to it that we are not in existence if we do not come to time.

In view of all that I have said and of the importance of the issue involved, I believe that the Board should in some way meet the situation by some special appropriation. The Government has made a reasonable demand in the matter of Japanese teachers. The Mission has made a reasonable request for funds to meet the special situation. The Board has always stood for the principle that the missionaries should live at peace with the Government where this is possible, and in this case we can if we do as we are told in a matter which we believe is right. I know that the demands upon the resources of the Board are very great, but this is such an urgent matter that I write specially on it.

With kindest regards, I am,

Respectfully yours for the Station,

R. O. Reiner.

Secretary.

RECEIVED
AUG 27 1914
Dr. Brown.

24

more possible man for Korea
R O Reiner

FILING DEPT.
AUG 25 1914
21-60

Taiku, Korea, July 28, 1914.

55

Rev. A. J. Brown, D.D.,

NewYork City, N.Y.

Dear Dr. Brown:

I am enclosing herewith a copy of my annual report for the past year. It contains nothing unusual but I thought that it might help to make real some of the work which has been going on in the Boys' Academy.

You will note that toward the end of the report I have called the Station's attention to the fact that the work of the educational department of the Station has outgrown its original proportions and is now too large and varied for one man to handle. I have realized this situation for some time but as there was no immediate hope of securing a suitable man, I said nothing either to the Station or to the Board. The time has come, however, for pressing for another man to carry the industrial side of the institution. At the present time, the whole responsibility for the Boys' Academy including the administration, financing, instruction, andself help department, besides the general supervision of all the primary schools in our territory all fall to my care, and normally so in a properly organized system of mission education. I have a number of excellent assistants from among the Koreans but none who can carry the parts of the work which involve the heaviest responsibility.

As you know, the poverty of the people is so great that only a small fraction of those qualified to fit themselves for leadership among the people can afford to do so. Two methods of meeting this condition have been tried by different missions; one, outright gifts of money in the form of scholarships and the other, the institution of self help departments in connection with the academies. The latter has been the policy of our mission and is thoroughly in harmony with good sociological principles. But it has been found that self help departments are not worth much unless they aim to give instruction at the same time, so that we are all coming to believe that the industrial side of education must be emphasized more than it has been in the past. I have been inquiring for a man to fill the place here in Taiku and have found several men. One of these men has been appointed by another Board to go to Africa as a teacher in a manual training department, but as the Board finds itself financially embarrassed at present, it has asked the man to wait another year. This he is unwilling to do, as he is anxious to go immediately. If our Board is in a position to accept a man immediately, I am sure that he will apply for a place here in Korea. His recommedations are very excellent, including recommendations from the secretaries themselves of the Board to which he originally applied.

I understand that in the case of the men who have recently been appointed to Korea for industrial work, it has been made a final condition of their appointment that their salary for a term of years be secured outside of the present regular income of the Board. This condition, I believe, is a just one seeing that the Board is even now facing a deficit, but unfortunately, only those who are privileged to be in America on furlough are able to meet it. Personally, I have no friends to whom I can write with any hope of securing the necessary funds. But this does not reduce the need for the man immediately. So I am appealing to you for such favorable consideration of the matter as you can give. If it is possible for you to appoint such a man, kindly let me know and I shall instruct him to apply to you immediately. Or if there are friends to whom I might write who might become interested in this work, I should appreciate your kindness in giving me such information regarding them as would make my appeal more effective.

With kindest regards to both yourself and Mrs. Brown, I am,

Sincerely yours,

R. O. Reiner

re Prof. for Pyeng Yang College

COOPERATING MISSIONS
AUSTRALIAN PRESBYTERIAN
PRESBYTERIAN, NORTH
PRESBYTERIAN, SOUTH

OFFICE OF THE PRESIDENT
Pyeng Yang Union Christian College
PYENG YANG, KOREA

RECEIVED
SEP 20 1915
Dr. Brown.

FILING DEPT.
OCT 1 1915

Berkeley, Calif?, Sept.15,1915.

Rev.A.J.Brown, D.D.,

156 Fifth Ave.,

New York, N.Y.

Shall we accept offer at * on p.2-3 of Mis. list

Dear Dr.Brown:

During the past month I wrote to you two letters relative to securing a teacher for the college in Pyeng Yang. As you were away when these reached your office, Dr.Halsey replied and his replies are before me. I am writing again in order to clear away any questions which may still remain and also to prepare the way for you to consider applications from candidates with whom I am now corresponding.

You will recall that when I was in New York in June, we discussed the need for an instructor in the sciences in the Junior College in Pyeng Yang and you agreed with me that the matter was important enough for me to present to interested individuals, with the hope that the support of the man might be secured. You will also recall that I stated that I had funds which I could call upon temporarily to meet the expense involved in sending this man if the money was not forthcoming elsewhere, but that this money was available with the understanding that if friends of the work could be induced to provide the money, these funds which I have, would not be used. And if, after the man were appointed, funds could be secured from interested parties, the money which I advanced should be refunded to me.

After our conversation, I took the matter up with a number of friends and at present I have a number of young men in view, with

2

OFFICE OF THE PRESIDENT

COOPERATING MISSIONS
AUSTRALIAN PRESBYTERIAN
PRESBYTERIAN, NORTH
PRESBYTERIAN, SOUTH

Pyeng Yang Union Christian College

PYENG YANG, KOREA

whom, in fact, I am corresponding. Some of them are prepared to send in applications for appointment, but as I have not investigated their qualifications sufficiently to know whether they would be satisfactory to me for the work which they will be expected to perform, I have not asked any of them to send to you for the necessary papers. As soon as I know more definitely about them, I shall request them to correspond with you.

Dr. Halsey's letter raised two important points, which I grant as very important. He said that if I had influence with Mr. ____- I ought to use it to help swell the general funds of the Board. I am in very hearty accord with this principle, but often there are people who will give to a specific object like this who would give only a small sum otherwise, and I have tried to confine my~~self~~ efforts to such people. I have, on the other hand, taken every opportunity to urge the members of the churches where I have spoken to support the Board liberally and loyally. However, the proposition which I am now making does not look forward to influencing any one immediately to give this money though I do sincerely hope that some one may be found in the near future to assume the responsibility.

The second point was that if I agreed to be responsible for this new man's support, I must accept responsibility not for this year only but for a term of five years. I realize this, and my idea from the beginning has been just that. My proposition is, then, that I be responsible for the salary of this new man for five years or until some one shall be found who is willing to become my substitute, in which case, if the donor agrees, I shall be refunded to the extent that I have advanced funds. If he does

* Note

3

OFFICE OF THE PRESIDENT

COOPERATING MISSIONS
AUSTRALIAN PRESBYTERIAN
PRESBYTERIAN, NORTH
PRESBYTERIAN, SOUTH

Pyeng Yang Union Christian College

PYENG YANG, KOREA

not agree to assume the past obligation, I shall then have no claim against the Board. And also, if such a person is found and he agrees to accept the responsibility, my responsibility shall be completely and finally ended.

In my letter to you I stated that I could cover the salary of the man, namely $750.00 per annum. It was my thought that the Board might be able to assume the balance. If it were absolutely essential that I assume the full $1000.00 I presume that I could do so though the obligation would be rather heavy for me.

I trust that this will appeal to you as a wise proceedure, and that you will see your way clear to help secure this man whom we need so very badly. As you know, it is not with any desire to increase the faculty of the institution that I make this plea, though such a result might not be impossible. But this department has been seriously handicapped for several years, and has been carried in a very unsatisfactory manner by make-shifts of one sort or another. It is absolutely necessary that we find a man for the position who will be a fixture. Then the fact that Dr. Baird is returning to this counrty as soon as I reach my field of labor, makes it doubly necessary that the faculty be augmented. His leadership and experience will be sadly missed, and if in addition to carrying on his work, I am compelled to carry the burden of one of the most important departments by making makeshifts as in the past, I fear that nothing but failure must result.

With kindest regards to you and Mrs. Brown, I am,

Sincerely yours,

R. O. Reiner.

R. O. Reiner

FILING DEPT.
OCT 15 1915

COOPERATING MISSIONS
AUSTRALIAN PRESBYTERIAN
PRESBYTERIAN, NORTH
PRESBYTERIAN, SOUTH

OFFICE OF THE PRESIDENT

Pyeng Yang Union Christian College

PYENG YANG, KOREA

Berkeley,Calif.,Oct.4,1915.

Rev.A.J.Brown,D.D.,

156 Fifth Ave.,

New York,N.Y.

RECEIVED
OCT 11 1915
Dr. Brown.

Dear Dr.Brown;

Your letter of the 29th ult.relative to the appropriation of the money for the Boys' Academy Building in Pyeng Yang came to hand this afternoon. You may well imagine how much satisfaction it brought as the culmination of a lot of working,planning and praying. As you know I had already written to both Mrs.McCormick and to Dr.And Mrs.Marquis after Dr.Marquis made his final decision thanking them and informing them that you would later correspond with them relative to the payment of the money,so other letters are not necessary now. However,I had the pleasure of meeting Dr.and Mrs.Marquis today in San Francisco and they were much pleased to have this grand opportunity in the work.

I was much surprised,however,to find an error of considerable importance both in your letter to me and in the letters to Dr. Marquis and to the Mission. I am sure that you will write Dr.Marquis correcting the error.The building is not a "dormitory" building but a recitation building. Hence the name should be the "Helen Marquis Memorial Academy Building." The item in the docket was perfectly clear on that point. I should have corrected the error verbally when I met Dr.Marquis today but unfortunately the letter arrived after my visit with him.

I wish to thank the Board for its generous interpretation

OFFICE OF THE PRESIDENT

COOPERATING MISSIONS

AUSTRALIAN PRESBYTERIAN
PRESBYTERIAN, NORTH
PRESBYTERIAN, SOUTH

Pyeng Yang Union Christian College

PYENG YANG, KOREA

of my request for aid in post graduate study in the University. As the University charges no tuition to resident students, the expenses are not as large as in institutions like Columbia so I have no reason for accepting the full amount and prefer to waive claim to more than half the allowance $37.50. Will you kindly prefer my claim to the proper persons that it may be sent to me?

I had hoped to be able to send you the names of a number of men who were desirous of going to the field to fill the vacancy in the Pyeng Yang College. But most of those I had in mind were not inclined to view an appointment as a regular missionary with favor and so they declined to consider the position. And furthermore I am putting the work in a light which does not appeal to a great many men. If educational work were all we expected of them, they would gladly go, but they prefer not to be bound to assist in general missionary work. I think that this criterion is an excellent one for making the first test of the men. I am still corresponding with several possible candidates and as soon as any one with reasonably satisfactory credentials makes his appearance I shall let you know.

With kindest regards, I am,

Sincerely yours,

R. O. Reiner.

re birth of daughter
" illness of Mrs. Baird

FILING DEPT.
DEC 3 1915

AJB/K.

71

December 1st, 1915.

The Rev. R. O. Reiner,
1410 Bonita Street,
Berkeley, California.

My dear Mr. Reiner:

I am delighted to learn from the card just received that a little daughter was born to you November 20th and that both the mother and the child are doing so finely. I congratulate you both with all my heart and pray that the little one may grow up to be a great comfort to her parents. Who knows that she will prove to be a missionary of Christ!

You will be sorry to learn that the expert surgeons in this country say that there is no hope for Mrs. Baird's recovery as her cancer has passed the point of any remedial measures. After careful consideration by surgeons and the Boards it has been agreed to acquiesce in Mrs. Baird's desire to return immediately to Pyeng Yang in order that she may spend her last days in her home there. She will therefore sail from San Francisco on the Chiyo Maru December 18th. I have asked Mrs. Baird to let you know on what train she will reach Oakland. Can you arrange to meet her, or if that is impracticable, ask Mr. Hall or Mr. Laughlin to do so? I shall be glad if you will let them know in any event about her coming. Mr. Hall, formerly a member of the Mission, will doubtless be particularly. The case is a very pathetic one, but she is

Mr. Reiner. -2-

showing wonderful courage and faith. I do not like to think of her as making that long voyage in such circumstances, but she wants to go and the surgeons say that she can get there. She will occupy a stateroom with Mrs. Garritt and Miss Fitch of China, so that she will have sympathetic companions.

With warm regards to Mrs. Reiner, I remain

Sincerely yours,

Dictated by Dr. Brown but written and mailed while he was otherwise engaged.

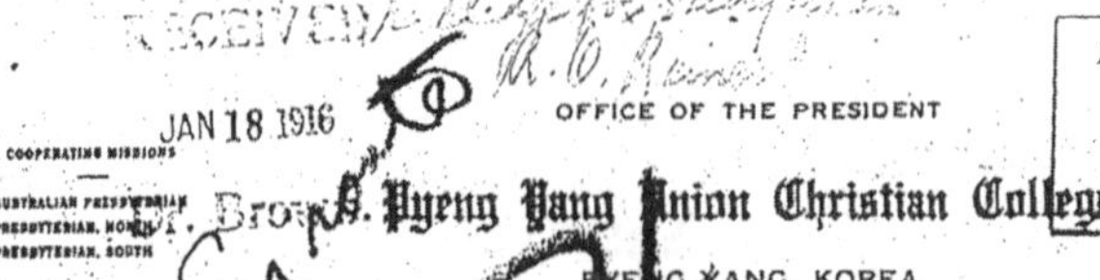

OFFICE OF THE PRESIDENT

Pyeng Yang Union Christian College

PYENG YANG, KOREA

COOPERATING MISSIONS
AUSTRALIAN PRESBYTERIAN
PRESBYTERIAN, NORTH
PRESBYTERIAN, SOUTH

JAN 18 1916

FILING DEPT. FEB 16 1916 SECRETARIES

Berkeley,Calif.,Jan.11,1916.

Rev.A.J.Brown,D.D.,

156 Fifth Ave.,

New York,N.Y.

Dear Dr.Brown:

As you already know,we are to leave on the Nippon Maru for Korea on the 22nd inst. I trust that you will have the regular Board letters cancelled which have been coming to us. We have appreciated very much having them during our stay here.

From Dr.Reed I have learned that a possible candidate for the place in Pyeng Yang is now corresponding with the Board. I hope that an early appointment may be made,but I prefer that the man be a qualified one even though we must wait a little longer.

You have doubtless heard from the field about the educational situation and so need no further information. The future of our work there is fraught with much difficulty. There is need of men of broad vision,great consecration,and unlimited diplomatic ability to successfully meet the crises which are upon us.As I see the situation,we are limited for the time being,at least,to the schools which are already in existence.New schools of whatever grade must come under the new regulations which forbid the teaching of the Bible in any school.There is no possibility of our successfully opposing these regulations at the present time..he temper of the higher officials is such that they will not compromise on any of their plans.It seems to me,therefore,that the opportunity for a positive exposition of Christianity in an institution of higher

OFFICE OF THE PRESIDENT

COOPERATING MISSIONS
AUSTRALIAN PRESBYTERIAN
PRESBYTERIAN, NORTH
PRESBYTERIAN, SOUTH

Pyeng Yang Union Christian College

PYENG YANG, KOREA

learning in Korea rests with the Pyeng Yang College alone. Our failure in this institution will mean the total collapse of real Christian college work in Korea, and with its failure gradually the academies will dwindle and pass away too. I hope therefore, that the Board will see its way clear to give its most hearty approval to the work of the institution and the fullest cooperation possible during these critical times.

During the past year I have written to you regarding my willingness to pay the salary of a man to fill the place in Pyeng Yang, up to $750.00. As the man has not been appointed, I have had no occasion for mentioning the matter further. As my funds are largely tied up in Korea at present, it will be more convenient to pay the money after my return to Korea. At that time I can send it to you directly or pay it to the Mission Treasurer.

While I am willing to assume this responsibility, I am very anxious that someone be found in this country who will carry the burden. It is a heavy load for me to assume. If the need were not so great and the situation in our educational work so critical, I should not offer to bear the responsibility. Would it not be possible for you to present the matter to some one who is more capable of meeting the need, asking for the full support of the man, instead of only a part as I have agreed to pay?

With kindest regards to you and Mrs. Brown, I am,

Sincerely yours,

R. O. Reiner

R.O. Reiner

RECEIVED APR 12 1916 Dr. Brown.

FILING DEPT. APR 15 1916 SECRETARIES

Pyeng Yang, Korea, March 13th, 1916.

Rev. A. J. Brown, D.D.,
156 Fifth Avenue,
New York, N. Y.,
U. S. A.

55

Dear Dr. Brown:-

I have just sent an order for lumber for the Pyeng Yang Boys' Academy Recitation building to Mr. S. S. Davis, Rock Island, Ill.. The total will approximate $2000. I am anxious to save all possible for the building and so make request that the usual charge of ½ % for payment of bills by the treasurer be waived in this case since it would amount to nearly $10.00 which is unreasonable. And I also request of the Board that since this amount will not have to be sent to Korea, the discount on account of exchange on this $2000 be not charged (see Bd. letter No. 293) but that the amount be charged against the appropriation before sending to Korea.

Board letters Nos. 293 and 308 are not mutually reconcible to the Mission Treasurer. No. 293 authorizes me to proceed with the erection of the building "immediately." Mr. Pieters claims that he has received only the amount mentioned in letter No. 308 on account of this building. I am much perplexed about this as I know that Mrs. McCormick has paid her full pledge, and that Dr. Marquis agreed to pay interest on the amount of his pledge he could not contribute immediately with the understanding that the Board would advance or borrow this sum pending payment by Dr. Marquis. As there is a misunderstanding on this question, I trust that if Mr. Pieters has not been informed before, you will cable

See P.S.

no-cf P.S.

instructions or send such information to him as will clear up the matter.

We have finally reached our destination and are settled in Dr. Wells' house. Due to Dr. Baird's prolonged and necessary absence, I have been forced into the work sooner than otherwise would have been necessary. The work is a large and complicated one, so I do not feel fully acquainted with it yet. I hope to write you in more detail a little later about the situation.

Kindly give our kindest regards to Mrs. Brown.

With kindest regards, I am,

Sincerely yours,

R. O. Reiner

ROR/FP

P.S. Later. I have just received another letter from Mr. Pieters in which he acknowledges the force of my statements and has consented to pay me the money needed at present for building operations. Evidently through an oversight the money was not entered on the appropriation sheet sent to the Mission Treasurer.

FILING DEPT.
APR 15 1916
SECRETARIES

AJB/B

510

April 13, 1916.

The Rev. R. O. Reiner,
Pyeng Yang, Chosen.

My dear Mr. Reiner:

Your letter of March 13th has just arrived and I gave it an immediate reading. The first paragraph regarding "the discount on account of exchange on this $2,000.", I have referred at once to Mr. Day, as his Department adjusts such matters.

I was startled by your second paragraph, to the effect that the Mission Treasurer did not see his way clear to advance funds, until I came to your postscript and noted that, after you wrote the letter, but just before mailing it, you had received word from Mr. Pieters that everything was all right.

I want you to feel, my dear brother, that you have in very large degree my confidence and good-will as you begin your important work and that I am eager to give you every cooperation in my power. I shall not fail to pray that God may abundantly bless you in your responsible duties.

I am anxious to hear as often as possible about our beloved Mrs. Baird. There is much prayer offered here for her and for her anxious husband.

With warm regards to Mrs. Reiner, I remain, as ever,

Very cordially yours,

Cooperating Missions

Australian Presbyterian
Presbyterian, North
Presbyterian, South

Pyeng Yang Union Christian College

Pyeng Yang, Chosen, (Korea)

FILING DEPT.
NOV 2 1916
SECRETARIES

Sept. 9th, 1916.

Rev. A. J. Brown, D.D.,

156 Fifth Ave.,

New York,

N. Y.,

U. S. A.

RECEIVED
SEP 28 1916
Dr. Brown

Dear Dr. Brown:-

Your kind letter of August 9th came to hand yesterday. It was a real inspiration, for I was more fully confirmed in the feeling I held regarding your impartial attitude towards the work in Pyeng Yang than ever. Most of the men here who are interested in this work are feeling more and more that they misjudged you during the months of controversy and regret the letters they wrote you. Personally, I felt from the day we had our short conference in New York last year, that you were anxious to do everything within reason for the College here. And it has made an otherwise unbearably difficult situation a joy.

In line with what I wrote you July 1st, I visited the Canadian Mission meeting. The reception they gave Messrs. Holdcroft, Blair and myself (all visitors) was extremely warm. They had been requested categorically by their Board to reconsider their former position on the College question in the light of all the new circumstances and developments. I knew nothing of this before arriving there, however, Accordingly they asked me to speak on the open question of the "College", I said very much what I wrote to you July 1st. In addition to that I pointed out the fact that their decision to cooperate in Pyeng Yang would virtually destroy any hope of the continuance of any

Presbyterians in the Seoul institution since the S. Presb. Mission, Australian Presb. Mission and our Mission were already united here. Hence their decision to cooperate here might become a means of settling the whole dispute. Realizing the seriousness of the matter they decided, therefore, not to obligate themselves either way at present, but to wait until it could be definitely ascertained whether the Government would grant the Seoul College the "ten years of grace." If this were not granted, no plan for the future was decided upon, but if it were granted (a thing of which none of us has the remotest hope) the question would again be open for discussion upon its own merits. Dr. Avision was then asked to come and speak, which he did. No ¶

When this question was up three years ago the Mission was small and accordingly the small vote of 5 to 4 was recorded in favor of Seoul. Four of these five who voted in the affirmative were present. Three still favor Seoul, but among the rest of the Mission a substantial majority now favors Pyeng Yang. I say this as it evidently presages a change of position on the part of the Canadian Board. Of course I cannot affirm this. But indications point that way.

2 The work in the College is moving along splendidly now, but the constant withdrawal of instructors is quite disconcerting. Mr. Smith's return to America leaves another vacancy. We are asking the mission to fill the place, but how it can do so, I do not know. At present there are 34 members of our Mission home on furlough. Two have recently resigned in addition to these. Of the 34, not less than 11 are in poor health. In view of all these facts, I do not see what the Mission can do.

Last Spring before Mr. Smith's return was contemplated,

the Board of Directors decided to employ J. Bolling Reynolds, son of W. D. Reynolds of Chunju, for one year to serve in the place of Mr. Lomas an Australian missionary appointed to the College, but who failed to stick to his job. And they decided to ask either the Australian Board or S. Presb. Board to bear his salary. The former declined in view of war times. The latter has found it necessary to cut its Mission 20 % within two years, so that Mission is facing the necessity of closing some of its institutions. I see no prospect of their agreeing to assume this additional burden. The Board of Directors have obligated themselves to bear Mr. Reynolds' salary personally if the two Boards mentioned above cannot do so. Since Mr. Smith has returned there is an additional reason for the employment of Mr. Reynolds, and also a reason for asking our Board to help bear his salary, provided our Mission does not assign someone to take Mr. Smith's place. If this assignment cannot be made, I expect to ask the Mission to make official request to the Board for this salary.

With kindest regards to Mrs. Brown, I am,

Sincerely yours,

R. C. Reiner

RCR/FP

R.O. Reiner.

Co-operating Missions
Australian Presbyterian
Presbyterian, North
Presbyterian, South

Pyeng Yang Union Christian College

Pyeng Yang, Chosen (Korea)

Office of the President

FILING DEPT.
MAR 22 1918
SECRETARIES

RECEIVED

Jan.10,1918.

Rev. A.J.Brown,D.D.
156 Fifth Ave.
New York, N.Y.

re house

48

Dear Dr. Brown:

Among the last actions of our Executive Committee one related to a special request for our house. The action was not clearly worded, and, while it passed our Mission, needs a word of explanation before the Board can act upon it intelligently. As you may remember $2550 was appropriated for the house. The old Wells' house was to be sold and the money realized therefrom added to the above amount. Or, if found desirable, the old material was to be used in the new structure. It was found that the old house would realize more for us if sold than if used in reconstruction. Hence it was sold and only Yen 800.00 realized. This with the Board's appropriation of Yen 5000 ($2550) made a total of Yen 5800. You will readily understand our embarrassment financially when you note among the same actions of the Executive Committee a request for an increase in Mr. Campbell's appropnation to Yen 7000. We are asking that the amount for our house be increased to Yen 6000 with an additional Yen 120.00 to cover a so-called "deficit". We should not have asked for the latter except that the Building Committee in charge of the house during my illness and enforced absence from the Station, contrary to my agreement with the contractor, ordered changes made which increased the cost Yen 120.00. I could not criticise them, for they did what they thought my specifications called for, but who was to foot the bill? I did it, said nothing, and quietly asked that this be asked over and above the Yen 6000. Had I been here personally and had just the Yen 6000, the building would have been erected complete within the regular appropriation. For such a time as the present, I consider our record unique. I trust that the extra amounts asked for can be secured from some sources.

We moved into our home Nov 23rd, rather an important day here in the East, as it is one of the most important Japanese Thanksgiving (Sacrificial) holidays. The house is a great comfort and joy to us. It is the envy of our less favored co-workers, too. You may know how long, bitter, and persistent was the fight against the introduction of brick buildings in this Station, how that gave way finally to a compromise whereby a story and a half grey brick structure was permitted, how this gave way to a two story brick structure with tile roof. We have gone them all one better and have a full two-story, asbestos slate roof house. As Mr. Mc Murtrie said after the roof was on, "You've got the only white man's roof in Pyeng Yang". I shall send you pictures of the house a little later.

Recently a letter from Mr. Holdcroft brought me word that a Mr. Stewart Hunter was being considered for work in Korea, and that if he applied it would be only for the work as Principal of the Academy in Pyeng Yang. I know nothing about him but I do know of the need in the Academy and of this I wish to say just a word at this time. For two years past I have been trying to convince the Station and the Mission of the urgency of this need. The Station has agreed with me from the beginning

Cooperating Missions — Pyeng Yang Union Christian College — Office of the President

Australian Presbyterian
Presbyterian, North
Presbyterian, South

Pyeng Yang, Chosen (Korea)

--2--

But it was not until last July that the Mission would allow it to be entered on the docket. And then it was not placed on the emrgency list. But frankly, if ever there was an "emergency call", this is of that character. Strange to say, it has been of that character for several years and those in charge here did not sense its seriousness. But from the time Dr. Baird became President of a full four years' College Department, a Principal for the Academy has been a crying need. The Academy is practically unsupervised. Lack of funds has made it impossible for the President of the College to free himself from heavy teaching duties, so what little time aside from that required for teaching and preparation was divided between the College and Academy. The Academy suffered and is still suffering from the same cause, and will continue so to suffer until some adequate provision is made for its supervision.

Our Academy is the largest one in our Mission. Its reputation and its influence have been and are still great. We need to conserve the work so well begun, but cannot do so under the increasingly strict oversight exercised by the Government unless we have a man on the job.

The time is not far distant when we will have to employ as "head-teacher" of the school, a Japanese. Then, unless there is some one "on the job" who has the spiritual interests of the school at heart, there is grave danger of the complete control and management so slipping out of our hands as to make of the school simply a privately endowed public school.

You already know my feelings on the question of employing so many foreigners in the schools here. The appointment of a man as principal of the Academy will not in the long run increase the number so employed. I am satisfied that we ought to have more native teachers in the College but until we secure the financial wherewithal we cannot do better thanrwe now are. But whatever may happen as regards the teaching force of the College, whether any of our foreign teachers drop out or not, there will be no Academy Principal material among those dropping out. For believe me, if there were such a possibility, I should even now be doing my best to make the shift.

Our present College and Academy force consists of myself (full time), Bernheisel (College 2/3 time, church work 1/3 time), Mowry (ditto), Parker (Southern Presby.-College full time), Reynolds (Southern Presby.-Substitute for Mowry this year), Gillis (College 1/3 time Academy Self Help Dept. 2/3 time), Mc Murtrie (Self Help Dept, full time); Japanese teachers (College 3 full time, Academy I for full time and one for half time); Koreans (College, I full time, one half time), Koreans (Academy, 9 full time, I half time).

Summary

	College	Academy	Total
Foreigners (including S.Presb.men)	3 1/2	1 2/3	5 1/3
Japanese	3	1 1/2	4 1/2
Koreans	1 1/2	9 1/2	11
	8 1/6	12 2/3	20 5/6

Cooperating Missions

Australian Presbyterian
Presbyterian, North
Presbyterian, South

Pyeng Yang Union Christian College

Office of the President

Pyeng Yang, Chosen (Korea)

--3--

I said above that there was no Principal material in our College Faculty. This is not true so far as Mr. Mowry is concerned, but Mowry's permanently dropping out of the College would be one of most serious blows the College could sustain. He has done more than words can express to help make the institution. His work excites my admiration constantly. His perseverance, fortitude and faith seem boundless. His attention to details is hard to equal. With it all his depreciation of himself excites ~~is hard to equal~~ admiration in those who know him intimately but unfortunately keeps him from occupying the place he could and should fill. He would make an excellent Principal, but he cannot be spared now or even in the near future from the College.

I have heard that an anonymous gift of $ 2000 annually for five years has been offered the Board on the condition that it be continued thereafter as a regular extra to our College current budget. I am delighted to hear this, but I fear at the same time that one other condition imposed by the doner cannot be met for long. I do not see how we can avoid conforming to the new regulations much longer. I simply mention this fact as it may be of interest to you.

I had no intention of writing so extendedly when I began, but I trust that what I have said may prove of help to you and the Board in meeting the perplexities which confront you in the work.

Kindly remember us to Mrs. Brown. With kindest regards, I am,

Sincerely yours,

R. O. Reiner

Mr. R.O. Reiner

RECEIVED JAN 22 1919

FILING DEPT. FEB 1919

re-resignation

Pyeng Yang, Korea, Dec.15, 1918.

Rev. A. J. Brown, D.D.,
156 Fifth Ave.,
New York, N.Y.

Dear Dr. Brown:

For some time past I have been facing the extremely serious question of continuance in the Chosen Mission. Naturally unless there were necessity for doing so, I would have no desire to take a step which involves such momentous consequences both for the Mission and for myself personally. But after long and prayerful consideration, I am constrained to offer my resignation from the Mission to take effect not later than July 1st 1919. I would respectfully request the Board to make as liberal a retiring allowance as possible, since the severance of our relations will mean no small expense for us in effecting a readjustment upon our arrival in America. I would suggest in view of our ten years of service that home allowance be granted us for six months, if that be at all possible.

There are several reasons which have inclined me in this direction for a long time. Chief of these has been my feeling that there was no future for missionary educational work in Chosen. If this be true and I am finally led to give up educational work, my lack of a theological training will be a serious handicap and for this reason I have been very much disturbed.

But this inclination could hardly force one to so serious a decision, since it is based upon a feeling and a surmise of the future. The real reason is contained in a number of letters written to you during the past few months. The Board has generously met the deficit on our house. But with reference to the salary question, to say the least I (and I think that the majority of the Mission feel the same way) am greatly disappointed. The Board has allowed us an increase of 10% of which 9/10 goes into exchange. All the principal items of our living have increased tremendously, including fuel, food, clothing etc., in a word, the real reason is that we cannot live on our present salaries, and so whether we wish to or not, we are compelled to seek some employment which will make it possible for us to obtain a living.

I have discussed the question at some length with the Pyeng Yang Station and the Executive Committee of the mission. On the question of salaries, I think that the Executive Committee has written to you again. I do not know whether Mr. Whittemore has written to you with reference to our conference in the Committee or not. I am sending him a copy of this letter as doubtless he will write to you further regarding the matter.

If the Board in addition to the 10% increase already granted can allow us two for one thus covering exchange beginning from April last, I can see my way clear to remaining in the mission. If not, there will be no recourse but to insist upon acceptance of the resignation. I am sincerely hoping that the Board can accede to my request, but in case it cannot, can you not cable me your reply? A number of other important decisions regarding work here in the mission depend upon this reply and I am anxious to know your decision as soon as possible.

Regretting the necessity for this decision, but realizing its necessity I am sending you this letter hoping that it may be favorably received.

With kindest regards, I am, Sincerely yours, R.O. Reiner.

Mr. R.O. Reiner.

RECEIVED
APR 5 1920
Dr. Brown

FILING DEPT.
APR 6 1920
SECRETARIES

69

Pyengyang, Korea, Feb. 26, 1920.

Rev. J.A. Brown, D.D.,
156 Fifth Ave.,
New York, N.Y.

Dear Dr. Brown:

As Chairman of the Pyengyang Station I am writing to express the great gratification we all feel because of the action of the Board in increasing our salaries and allowances. It is hardly necessary to repeat at this time what hardships we have all been through and what losses we have sustained because of the H.C.L. and the necessity of living on a fixed salary. The new salaries will mean a great relief to us all. We are remembering the Board in its specially difficult position as administrator of the funds contributed by the Church. The increased cost of administering the work has been as serious for you as our problems have been for us.

I know that the Station would not approve of this letter were I to omit a plea for large increases in the native classes too. We are face to face with conditions today which mean more than I can say in words. The Korean people are turning to us as they have not done for years. We must take advantage of this opportunity while it is ripe. A year's delay will spell disaster and greatly increase the difficulty of maintaining our hold upon the people. The most pressing need is in the schools. A conservative estimate would place the increase in our schools after April 1st at 50 % above anything we have had for years past. The whole people are turning to us, and I believe that we could increase the P.Y. Academy to 500 with no great effort. We dare not turn them away. But under present financial arrangements we simply cannot take care of them. We need immediate and great increases in our appropriations.

I trust that you will give this plea careful consideration in making up the budget for the next year. We are asking in faith for we know that what we ask is imperatively needed to maintain our work and to hold the affections of the people.

In behalf of the Station, I send you kindest greetings, and best wishes with many prayers.

As ever,

Cordially yours,

R.O. Reiner.

DR. BROWN, REC'D

OCT 24 1924

Mr. R. O. Reiner

FILING DEPT.
MAR 24 1925
SECRETARIES

Pyengyang,Korea,Sept.17,1924.

Ans'd Rev.A.J.Brown,D.D.,
156 Fifth Ave.,
New York,N.Y. re resignation

Dear Dr.Brown:

It is already a year since our return to Korea,yet in that time I have not written you once regarding our work. This has not been because I have not tried,for several letters have been started and all in turn discarded as unsatisfactory. The reason has been that it is hard to write and say that the work has proved to be thoroughly unsatisfactory.The past year has been,in truth,most unsatisfactory and indeed the most unhappy of our lives. We have learned definitely that our place is not here.We know now that our return was a tremendous mistake. Before we had been on the field a week,it was perfectly evident to us that weshould not have returned and I have wished a thousand times during the year that we had not.

I cannot and do not wish to go into any details regarding the reasons but to state in a few general statements the situations which have brought about this attitude of mind.

First,my general mental make-up is liberal and progressive. The Korea Mission does not stand for those two things.I have not in any way been interfered with because of this attitude but I am conscious all the time that I am completely out of harmony with the working organization.

Second,for a good many years I have been opposed to several of the programs which the Mission has fought hard for. The chief of these have been educational.Some of them are settled and now past issues but today I find myself as much out of sympathy as ever with the Mission and on a question which I have advocated for years. It happens that the Board has raised the very same question with the Mission and has asked for a reply. This is the question of reduction in number of schools to correspond with the probable income. The Mission insists as it always has on maintaining all its schools. In fact,since the Board has approved the joint control of the Syenchun Girls' School,plans are afoot to expand it too,thus adding to the Mission's burden. For years I have advocated reduction in schools. I have failed to make any headway. I am now convinced that it is futile to advocate the matter further. The inevitable result must be the continuance of the schools on a very meagre scale or else let them all die together. This amounts to saying that there is no future prospects,no hope ahead of those trying to operate schools. I consider it a waste of time,therefore, to continue in such a work,and feel that I can better emply my time and efforts elsewhere. I have mentioned this one question only as a sample of the difference of opinion which exists between me and the Mission. If I were an ordained man I could insist on being transferred to other work.But I am not,and when my usefulness ends here,it ends altogether so far as the Mission is concerned.

Third,and as a corollary of the second,the Mission has no need for me,in fact has given ample proof during the year that it did not care for my services. This is not to be wondered at in view of the second reason. Neither Pyengyang Station nor the Mission has given me any assignment of work which permits me in any way to influence the policy of the work. In the College the situation is somewhat better, although there too I feel very much like an outsider.

Fourth, Mrs. Reiner's health has been far from satisfactory. The same symptoms which made her return to America necessary in 1921 have been very manifest ever since our return to the field. I do not believe that it is fair to her to subject her to the constant strain which aggravates the condition. These nervous disorders are often little noticed by outsiders and so cannot be understood by them, but they are very trying to the ones so afflicted. Her present condition does not warrant our asking again for a health certificate, but I am quite convinced that she ought not to be here long.

In view of these questions, and after long and careful consideration of them for nearly the whole year that we have been here, we feel it best to hand you our resignation. We thought at first that we would try to serve out a short term but this is impossible, being neither fair to the work nor to us. We would request that the Board consider all the questions involved and provide for the departure at some early but suitable time, suggesting June 1st or a little earlier next year. We must await the Board's action as we cannot pay the return fare ourselves. We would also request that the question of a reasonable freight and retiring allowance be considered and such allowance made as is equitable.

Regretting the necessity for this decision, but feeling its absolute inevitability, we are thus presenting our request to you. We shall continue a keen interest in the work, and our prayers shall be for its success.

Thanking you for your many favors, I am,

Sincerely yours,

R. O. Reiner

re resignation

November 3,1924

Mr. Ralph O. Reiner,
Pyengyang,
Chosen (Korea)

Dear Mr. Reiner:-

I could not easily tell you how disturbed I was by your letter of September 17 tendering your resignation and asking the Board to make provision for your travelling expenses to America and for a "reasonable freight and retiring allowance". I took the letter into the meeting of the Executive Council where it was carefully considered. The conclusion was unanimous that it would not be just to the Mission and to the work for the Board, without advice from the Mission, to assume that the reasons which you present require your resignation. Your letter postulates an attitude on the part of your associates upon which the Board would not wisely base an official action without affording them an opportunity to be heard. Your letter does not indicate that you have conferred with the Mission's Executive Committee on the subject, nor has anything appeared in the correspondence from the Committee or from individual members of the Mission that would lead us to suppose that your resignation is desired. We do not overlook what you say about the health of Mrs. Reiner, but Board actions on health questions are always, and I am sure you will feel necessarily, based upon professional medical certificates of physicians, and in the absence of a certificate the Board cannot assume that ill-health justifies your retirement.

The Council was also unanimous in the belief, that unless a medical certificate signed by two or more physicians of the Mission and approved by its Executive Committee, requires your return to America on account of the ill-health of Mrs. Reiner, it will not be practicable for the Board to pay the full travelling expenses to America of yourself and family or to make a retiring allowance. You will recall that only last year the Board expended $2,206. in sending you and your family to Chosen. How then could the Board after a service of only a little more than one year pay a like sum to bring you back to America, and enlarge it by a retiring allowance? The Board is not supposed to pay full round trip travelling expenses, except after a term of service prescribed in the Manual. If there is no health emergency, certified as I have indicated, and you feel that you must return, you should certainly fix your departure at such time as may be approved by the Mission; and since you state that you are not able to pay your travelling expenses, you should endeavor to borrow the money personally, if possible, from some friend or friends. The Treasurer of the Mission would not have authority to loan it unless authorized to do so by the Board after we have received the advice of the Mission, and in that event of course it would be necessary for you to give him for transmission to the Board some written statement acknowledging the advance as a loan to be repaid at such time as may hereafter be agreed upon.

I am exceedingly sorry, my dear Mr. Reiner, that I am obliged to write in this way. I wish with all my heart that instead of doing so I could sit down beside you so that we could talk the matter over. I do not want you to feel that we are unsympathetic. On the other hand, I am confident that you will feel that it would not be fair to the Mission if the Board, by immediately accepting your resignation, were to take away a member of the Mission without consultation with it, for reasons which appear to reflect upon the Mission and on which it has not had a chance to be heard, and at an expenditure, too, of an amount of money which represents the annual offering for Foreign Missions of half a dozen churches.

Will you not, therefore, at once take up this matter with the Executive Committee of the Mission? You may, if you desire, show this letter. Meantime, I am writing to the Chairman, the Reverend [illegible] Hoffman, and in order that you may know what I am saying to him, I enclose a copy. I trust you will feel that it does not embarrass you in any way.

Be sure, my dear brother, that I shall keep you in my thoughts and prayers. May God guide you aright. Having set your hand to the missionary plow in Chosen, it is a serious matter to turn back. Is it not vital in such circumstances that you should be absolutely sure of your ground and act not on your own opinion merely, but on the judgment of your associated as well?

I must leave for an engagement before this can be written out, and as I want to catch the first steamer, the stenographer will sign it for me and mail it.

With warm regards to Mrs. Reiner, I remain, as ever,

Affectionately yours,

AJB-F

109

AJB:M

re-resignation

November 5, 1924.

Mr. Ralph O. Reiner,
Pyengyang,
Chosen. (Korea)

Dear Mr. Reiner:

Your letter of September 17 and the official reply of November 3 which, under vote of the Executive Council it was my duty to make, have been lying heavily on my heart and I feel moved to send this further word. I wonder whether you sent your resignation during a period of depression which may prove to be temporary? Nothing in your letter indicates any special change from the general conditions which were quite well known to you before you returned to Chosen last year. You had been a member of the Mission for fifteen years; you had been stationed at Pyengyang; you knew the attitude and the policy of the missionaries, and yet you wanted to go back. Moreover, the missionaries, knowing you and your attitude, desired you to return. Can anything have happened during the year to alter this situation? If you did write me in a period of temporary depression, I can sympathize with you out of my own experience. As I look back over my nearly thirty years in the Board I can think of several occasions when I have been so discouraged and down-hearted that I have felt as if there was no use in trying to go ahead. In every case, however, after more sober reflection and after earnest prayer for divine guidance, I have come to the conclusion that since there was every evidence that I was called of God and the Church and the Board to the position that I occupy, I had no moral right to forsake it without providential indications which were plain not only to me but to my associates and the Board. I felt that it was not right for me to decide such a question alone. I recovered my poise before saying anything about it to any one else, and I am grateful to God for having kept me from doing a foolish thing. I happen to know that some of my colleagues and some of the most eminent workers of my acquaintance, both at home and abroad, have had to pass through like experiences. The Bible affords abundant evidence that such periods were not unknown to men who were greatly honored of God. I once heard the Scotch evangelist, Rev. John MacNeill, preach a sermon on the theme: "David in the Dumps", and he quoted passages from the Psalms attributed to David that showed that the writer was at times in the depths of despair. I feel quite sure that justice to you as well as to the Mission and the Board require that the Board should not hastily accept your resignation without at least hearing further from you as well as hearing from the Mission.

Most earnestly do I hope and pray, my dear brother, that you may be led of God in this matter. I want you to feel that the

Mr. Ralph O. Reiner -----2

question is handled here not merely by an official of the Board but by a brother man who is personally interested in you and who is eager to do that which is best for you, and at the same time best for the cause of Christ to which you have consecrated your life.

Affectionately yours,

R. B... REC'D
MAY 28 1928
Ans'd

FILING DEPT.
JUN 9 1928
SECRETARIES

CIRCULAR VOTE FROM PYENGYANG STATION

At a meeting of Pyengyang Station held on April 10th, the following two actions were passed for circulation and vote in the Mission:

1. "In view of Board letter No. 722 reporting that an appropriation of $500.00 has been made to supplement the appropriation of $4000.00 for the D. L. Soltau house in Pyengyang, we request the Mission to reconsider V. 723 SOLTAU HOUSE, USE OF LAND SALE PROCEEDS."

2. "Recommend that we substitute for V. 723 the following: That we request the Mission and the Board to approve applying the Yen 456.00 realized from the sale of the plot of ground to Mr. Barnhart to the Pyengyang Union Christian Hospital Balance, Item No. 2 on the Mission Preferred Property Docket."

Further explanation of these actions is hardly necessary. The Board has covered the request for Mr. Soltau's house in full. The Station has been exerting every effort to complete the fund necessary for the erection of the new hospital building. As this is one of the most urgent needs of the Station, we request that the Mission give favorable consideration to our recommendation.

what would it mean... [illegible]

R. O. Reiner
Secretary.

Passed by
The Chosen Mission
J.G. Holdcroft

C O P Y

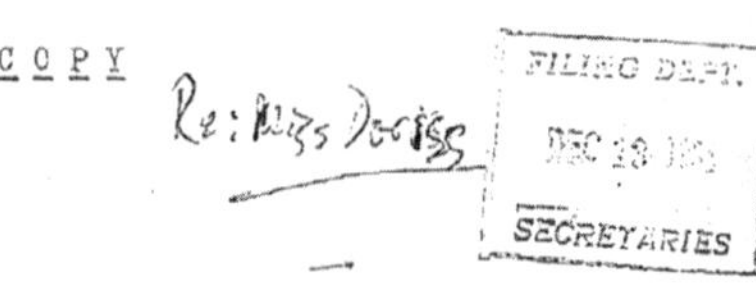

DR. McAFEE, RECD.

NOV 9 1934

Ans'd #802 12/5/34

Pyengyang, Korea
October 11, 1934

Dr. J. G. Holdcroft, Chairman,
Mission Executive Committee,
Seoul, Korea

Dear Dr. Holdcroft:

Your letter of the 3rd inst. reached me days ago and I regret that I was responsible for holding up the letter from Miss Doriss previous to that time. She had written a letter and submitted it to me, but I had suggestions to make to her for rewriting and did not get them to her promptly. She was in no way to blame for that delay. Since your letter arrived, however, she has delayed presenting her new draft for several days so between us we have held it up several weeks.

She sent me a copy of her letter a day or two ago and I passed it though it is far from satisfactory as a document for clearing up her problem. I wish that she had the ability to write a letter which would make everything perfectly simple and easy. Since she has not been able to do this I am writing a letter to supplement hers and hope that it will help to clear up the situation.

① As I told you when you were here, the Station is behind Miss Doriss and want the work done. Miss Doriss never entered this work of her own volitition. The history of the case is very clear. I believe that Mrs. Reiner recommended to the Station years ago that Miss Doriss be given charge of the work. Other ladies had done it before and they found it too heavy a responsibility to carry on. She, therefore, recommended that Miss Doriss take it and the latter consented. I say this to clear up any misunderstanding on the question as to why she is in the work. ② After taking it up it gradually developed that this became nearly her whole assignment and the Station has consented to this for years.

③ Miss Doriss feels that her position in the work has been misunderstood both by members of the Station, by members of the Mission and by some members of the Board in New York. I am anxious, therefore, to set her position before all parties in its true light. She went into the work at the request of the Station and has continued there with the approval of the Station.

④ The Station do not believe that this work should be stopped and we believe that Miss Doriss should remain there. Not only so, but the Station has given her assurance that as individuals we will support her work as we can. This is not a very heavy load for us all for the school has a good income from its pay students and the shortage amounts to only a comparatively small sum.

In order to clear up the situation, the Station appointed a special committee this summer to take up all questions with Miss Doriss and to try to work out a plan whereby the criticisms of the past might be eliminated. The following decisions were arrived at and received Miss Doriss' hearty approval.

1. That the Institute hereafter be conducted under the direction of a Board of Managers to be elected by the Station. This committee is to have full power [illegible] all affairs including management and finances.

2. That the finances be fully reviewed and audited by the Board at regular times and that the accounts be kept in full.

3. That no personal funds of Miss Doriss' be use in the school except such as she wishes to donate to the school without restrictions. Furthermore that she do not mix her private funds with those of the school but keep them separate.

4. That we continue as we have in the past the Patrons' Association for the support of the school.

These points I believe represent the main items in the program and they have for the most part already been put into operation. We believe that when these plans are all fully in operation there will be little cause for criticism in the managem nt of the school.

Miss Doriss has been criticised for a number of things among which the following occur to me now: (1) For soliciting funds from Presbyterian sources, (2) For criticising her fellow workers, (3) For criticising the Board in New York, (4) For having taken the part of the Independent Mission Board, (5) For not being subject to the Station, Mission and Board, etc.etc. Some of these criticisms may have been true and I believe that some of them were true. But Miss Doriss has expressed a sincere desire to end these matters and to start in afresh in the hope that the old troubles may end and she may regain the confidence of all concerned. In particular, with reference to the points mentioned above, she says in her own letter that she has not solicited from anyone except Mrs. Haines. We here cannot go behind that for we have no means but are willing to accept the statement as true. She undoubtedly has said most unfortunate things about her fellow workers at different ti es, evidence of which is in our possession, but we do not care to even remember this against her in our earnest desire to help her succeed. The same may be true of criticisms against the Board, but of this I do not have definite information. Her reply to the question about the Independent Board is clear and should put an end to that matter. She has not been cooperative with the Station in the past and has often criticised us all soundly both in private and in Station meeting, but we are not concerned about this in the desire to clear up things.

I want to urge both you and the Board to do all you can to bring about a satisfactory settlement of her problems especially with reference to (1) her salary and travel and (2) her pension. I would like to recommend in the name of the Station that the Board pay her travel out, and allow her the salary that is due her after deducting the time usually allowed for travel and the time she spent in Japan. The latter I believe extended from the time she arrived in Japan until her arrival in Pyengyang about may 22nd. In view of her prolonged stay in Japan, I think that the Board is justified in requiring some adjustment. I think the travel should be paid in full. I hope that the Board can reconsider its action about her pension and assume the share which it has always done in the past so that she may not be unduly burdened.

The tenor of my whole letter is that we should give Miss Doriss the most sympathetic treatment possible under the circumstances, and drop any further statements which may disturb her mind for she has already suffered very greatly mentally over the whole affair, and I sincerely believe that she will try more earnestly than ever before to cooperate with Mission and Board.

There are some questions of the relation of the school to the Mission which I want to raise at next Annual Meeting, one of which is the insertion of an item on the Mission Docket (Property) for Equipment and Up-keep of property. If this can be done and the small gifts now coming applied to the same, I do not believe that the present criticism of her finances will longer apply. She is receiving small sums from time to time but she is not asking any one for these except Mrs. Haines. And I believe that Mrs. Haines is not inclined to discontinue her interest in the work.

I shall be glad to write further on the matter, if this is desired. I am very solicitous that the question be settled in the most sympathetic and helpful way.

Thanking you for your courtesy in presenting this to the Board,
I am,

Sincerely yours,

(Signed) R. O. Reiner

R. O. REINER,
TREASURER.

Chosen Mission
of the
Presbyterian Church in the U. S. A.
136 Renchicho
Keizyo, Chosen (Korea)

CABLE ADDRESS
"REINER KEIZYO"
THE MISSION CODE
TELEPHONE K. 2158

FILING DEPT.
JAN 9 1942
SECRETARIES

Keizyo, Chosen,
Sept.4,1941.

Dr.J.L.Hooper,
Board of Foreign Missions,
156 Fifth Ave.,
New York,N.Y.

Dear Dr.Hooper:

I do not know whether Mr.Blair and Dr.Miller have sent you confirmations of cables sent from here or not. As I sent out most of them, I think it best for me to send you confirmations covering everything since July 1st.

July 11,1941

DLT INCULCATE NEWYORK

LOWE DECAMP JUDGMENT POSTPONED TWENTYFIRST MEN WELL CLARK SAILED TATUTAMARU TENTH WILLIAM BLAIR NEEDED IMMEDIATELY ADVANCE SAILING IF POSSIBLE

July 22,1941

DLT INCULCATE NEWYORK

LOWE DECAMP SENTENCED TEN MONTHS WITH STAY OF EXECUTION FOR TWO YEARS STOP RELEASED TWENTYFIRST STOP ALL SAILING HIKAWAMARU AUGUST NINTH REINER

July 30,1941

DLT INCULCATE NEWYORK

EXECUTIVE COMMITTEE MEETING IMPOSSIBLE AT PRESENT MISSION LEGAL COMMITTEE OPINION VERY SERIOUS SACRIFICES NECESSARY TO CLOSE CASE ADVISE FURTHER CONSULTATIONS THREE REINER

Aug. 16,1941 DLT HOOPER 156 FIFTH NEWYORK

LOWE DECAMP PLANS CHANGED TRAVELLING VIA SHAGHAI SUMA CONFERENCES PROGRESSING MEETING EXECUTIVE COMMITTEE EIGHTEENTH FUNDS SUFFICIENT THIRD QUARTER ARRANGE METHOD TRANSMITTING FURTHER FUNDS

Aug.26,1941

DLT HOOPER 156 FIFTH AVENUE NEWYORK

EXECUTIVE COMMITTEE MEETING SUCCESSFUL MILLER CHAIRMAN PASSAGE ARRANGED OCTOBER FIRST SHANGHAI GENDA BERGMAN BUTTS COVINGTON DELMARTER HILL POLLARD ROSS MESSRS MESDAMES BERNHEISEL BLAIR COOK CROTHERS ACCOUNT PRAYER CASE KINSLER HARKNESS HEALTH LEAVE DOCTOR MRS RAUGH HENDRIX CHAFFESS SPECIAL FURLOUGH REINER

The following cables have been received from you:

July 22,1941

DLT REINER SEOUL

ON REQUEST OF COUNSELLOR JAPANESE EMBASSY LEBER AND I HAD CONFERENCE WITH HIM REGARDING WORLD DAY PRAYER CASE STOP WE STATED MISSION EXECUTIVE COMMITTEE AUTHORIZED HANDLE CASE STOP URGE MISSION GIVE FULL CONSIDERATION HEALTH AND RELATED FACTORS KEEP US INFORMED CABLE HOOPER

Aug.14,1941

DLT REINER KEIJO

CONFERENCES IN WASHINGTON REVEAL NO POSSIBLE MODIFICATION GENERAL POSITION ON CASE IN QUESTION ADVISE YOU CONSULT SUGA FOREIGN AFFAIRS SECTION GOVERNMENT GENERAL SEOUL MAKING SPECIAL FURLOUGH ARRANGEMENTS WITH HIM FOR INDIVIDUALS AFFECTED HOOPER

Aug.29,1941.

LC REINER SEOUL

CABLE RECEIVED INFORMING RELATIVES CABLE SAILINGS FROM SHANGHAI HOOPER

This brings us up to date. There may be more to send you by cable within a day or two. The first party of evacuees is due to sail from Chemulpo on Saturday of this week, that is on the 6th. Every known obstacle has been put in our way to impede all efforts to move. In word, the Government officials have been most encouraging. In practice everything has been put in our way. The trains are closed to us except on special permission. A foreigner caught travelling without either special permission or a police escort is immediately taken off and roughly handled. For weeks we could not hold an Ex Com meeting because travel was not permitted. Whatever the business, foreigners have been kept from travelling with a few exceptions. Dr.Underwood was in Sorai for the summer and wanted to return home. For ten days he was prevented until several of us went in to the Government General and protested. Then he came. He was travelling on his own car and had to carry a police escort with him. In the next place, the railways will not carry more than one small piece of baggage per passenger. People leaving the country must carry more than this. Up to the present we have been hindered in getting trucks and in sending on the trains . The trucks cannot help us (1) because their owners are afraid of their lives if they help foreigners. (2) because they have no licences for long distance travelling. A truck owner in Chairyung offered to bring a load for the people there to Chemulpo for 600 Yen!!! That is four times the reasonable price. The offer was refused. However, in Taiku the R.R.Express Co. has finally agreed to express the baggage to Seoul so that may be our way out now. I hope so.
In the next place, we have to get permits for everything, (1) for S.S.tickets (2) for departing out of the country , - "Exit Permits" , (3) for carrying Japanese currency on ones person when leaving, (4) for carrying along U.S.Travellers Checks, (5) for drawing money out of ones current checking accounts in the banks, (6) for selling ones goods, (7) for buying goods above Yen 20, (8) for receiving money for anything from another foreigner, etc. etc. Then the applications for these things go into the proper offices and are stacked up and allowed to wait and wait for days and days. You cannot imagine what a jam we have been in. In the next place, the new law puts such obstacles in the way of disposing of goods that all the people have to leave all their property here, probably as a dead loss. An official in the Government General deliberately told me that they expected us to leave at least half our cash here when we went. That apparently is a deliberate plan of theirs.

Since last cabling to you other members of the Mission have decided to withdraw. I am giving their names although I know that Dr.Miller will repeat them. For I am making travel arrangements for them. They are:

Rev.and Mrs.H.M.Bruen and child and Miss E.J.Sharrocks of Taiku
Mrs.L.P.Henderson of Taiku.

These people are divided into three parties leaving from here on Sept.6th,16th, and 21st respectively. They will all be in time for the Coolidge sailing from Shanghai on October 1st. They are not taking much money from here as there is heavy loss on exchange from Japanese into Chinese money in Shanghai. So they will have to depend upon our Treasurer in Shanghai for funds and he has agreed to provide them. Of course you will have to arrange to reimburse him for this. As a result of the departure of these people Andong,Kangkei and Chairyung Stations will be without resident workers. In Syenchun only Dr.and Mrs.Smith and Miss Ingerson will be left. In Chungju there will be Mrs.F.S.Miller and Miss L.C.Davie. In Taiku there will be Dr.and Mrs.A.G.Fletcher and Rev.E.Adams. In Pyengyang there will be Dr.J.D.Bigger,Mr.D.N.Lutz,Miss E.Myers,and Miss A.L.Bergman. In Seoul there will be Dr.and Mrs.H.H.Underwood and two children, Dr.and Mrs.E.W.Koons, Dr.E.H. Miller ,and Mr.R.O.Reiner.

I am concerned because Mrs.Underwood has not taken her children out of the country. I consider it very wrong for her to keep them here. They are the only American children left here. I do not see why the Board should be forced to pay money for a teacher's salary for teaching them when they have been advised repeatedly to depart. I should like, therefore, for you to advise me whether I am to pay any further funds to the Seoul Foreign School on account of teacher's salary. I have already paid Yen 1000. But I feel that our duty is about over. Kindly advise me. I will make no further payments until I hear from you.

The settlement of the Prayer Case Dr.Miller will give in detail so I will pass it by except to say that he and I have spent days of time interviewing officials, making arrangements of all kinds and then organizing and carrying through the Ex Com meeting. They were determined that we should not meet and we firmly held our ground stating that unless we did nothing could be done. Permission was finally granted and the meeting went off very smoothly and without difficulty.

The question of having reenforcements sent us is acute. We are nearly down to bed rock. I do not see how we can lose any more without closing other Stations. The general situation makes it questionable for men to return. This I know. But unless they do we soon may have to close up entirely.

Sincerely yours,

R.O. Reiner

R.O.Reiner,
Acting Treasurer

RECEIVED
NOV 17 1942
J. L. HOOPER

Chosen Mission
of the
Presbyterian Church in the U. S. A.
136 Renchicho
Keizyo, Chosen (Korea)

FILING DEPT.
JAN 9 1942
SECRETARIES

CABLE ADDRESS "REINER KEIZYO"
THE MISSION CODE
TELEPHONE K. 2158

Executive

Keizyo, Chosen,
Oct. 11, 1941.

Dr. J. L. Hooper, Secretary,
Presbyterian Board of Foreign Missions,
156 Fifth Ave.,
New York, N.Y.

Dear Dr. Hooper:

I have just received word through Dr. Moore that the Board has approved a special furlough for me for Sept. 1st 1942. I wish to express my appreciation of this action. I wish that such a furlough were not necessary for personally I have no strong urge to return to the States at this time, on account of needed rest, change, or other reason, - except that my family is there and we will have been separated three years or more before I get to them. If only it were possible for Mrs. Reiner to come out, I would much prefer to remain where I am. I say this knowing that it means a long period of service under very trying circumstances. The way we will have to travel for some years, I imagine, is not going to be easy. Yet I feel that the call for a limited number of men to remain and "carry on" is pressing. But in view of the difficulties in the way of any of the women coming out for the present, there seems to be no alternative but to take the furlough and then act as conditions permit thereafter. This may mean that I, like many others, will be held indefinitely in the homeland. I hope that this will not be necessary, but the possibility is great. I think that on the whole my chances of getting back are better than the average for my relations with the officials have always been good even though I have had to take an active part in carrying out some of the decisions of the Mission. How much this may help later I do not know, but I think it should have a bearing.

This raises a larger issue which I wish to discuss at this time. In the Board General Letter No. 79 of July 22nd on page 7 the Board has reported a discussion on the question of "Priorities". I think that very wisely you have begun this discussion early. The time has arrived for a consideration of the matter from various angles especially from the point of view of the work as a whole and from the point of view of the separate Missions and their special problems. In a cable which Dr. Miller and I sent you a few days ago, we stated that our Mission is emphasizing the third of the priorities which you named. It is to enlarge upon this that I am writing now.

When the first evacuation took place in November 1940, I took a very strong stand in favor of evacuating a large part of the Mission. It seemed to me at the time highly desirable that all who could be of no special use for the time being ought to leave. I felt that their remaining added to the responsibilities of those who had definite burdens to bear and I felt that they were running risks personally and were apt to involve others in unfortunate situations. I wrote my opinions and sent them to the Executive Committee and expressed myself in the Committee of which I then was a co-opted member. But the Committee were strongly opposed to my position and sent to you the telegram which was summed up in the phrase "the maintenance of the maximum number" on the field. I felt that this was not a wise position to take especially in view of the interpretation placed upon it, - which was to hold as many people on the field as possible regardless of their usefulness or of the problems they personally might create because of official attitudes towards them. For some had for a long time labored under suspicions which could not be downed and in trying times such as we were passing through, it was inevitable that these suspicions should color adversely the attitude of the officials not only towards the individual concerned but also towards others. In pursuance of that opinion I went to several members of Pyengyang Station and advised them that in view of the attitude of the officials towards them I considered it dangerous for them to remain. Several others I advised to go because there was no work that they could possibly do for a long time to come. Only one of these people heeded the advice. The thought that they "could stick it our regardless of what might come." Among those so advised three were caught in the Prayer Day Program case, all three seriously. And so, after getting into trouble they had to leave. No one regrets more than I that they had to leave, and especially under such unfortunate circumstances. But so far as I can see, their elimination in some way or other was predetermined, and this case became the occasion. I doubt whether either one can ever return whatever changes may take place in the local situation. I speak of Drs.Bernheisel and Clark. (Mrs.Bernheisel was the one involved but he was the one against whom the feeling was held.) My advice was given them in October 1940 not on the basis of any specific possibility I had in mind but on the basis of my personal knowledge of the attitude of the officials towards them. I felt that in one way or another they would become involved in some affair which would result disastrously.

Just as I advised Drs.Bernheisel and Clark to leave, I also advised Miss Butts and several other single ladies to go. There was no work for most of them and their presence could only prove potentially a liability.

I make mention of this for one reason in particular. The ones who so strongly stood for "the maintenance of the maximum number on the field" have in one way or another been forced to leave, and I am still here. They said repeatedly that they were determined to remain even though war should occur and we might all be interned. I said that I had no intention of remaining if conditions became critical for I saw no value in doing so. They have gone and I am still here. My attitude has not changed on the main issue. I don't believe that we should maintain a large number on the field at the present time, but I do believe that the number should not be permitted to dwindle to the zero point. That is what we are facing today. The danger before us at the present moment is that the work will be completely disrupted and that there will be no one left to carry on. This fear has been increased because of your action granting furloughs to Dr.and Mrs.Smith and to me. Not that I consider myself more valuable than any other worker. But if one by one our workers leave, and no one returns to take the places that are vacated, it takes no phophet to read the writing on the wall. There are present only 18 members on the field. Of these Dr.and Mrs.Smith, Dr.and Mrs.Underwood and I have furloughs due us next year. Without mentioning names, nearly all the rest are anxiously asking themselves the question, "Shall I remain or shall I not?" The complete disintegration of the Mission is not only possible but very imminent. In discussing the matter with Dr.Miller and Dr.Koons only a night or two ago, we all agreed that unless something were done speedily, the probability of the Mission closing up completely in 1942 was not only good but practically assured.

I am speaking at great length in what probably is only an introduction to what I have to say. But the introduction is important in order to understand what I wish to emphasize. It is my opinion that unless the morale of the Mission can be built up speedily, we shall see unfortunate results. Up to the present time we have received little from New York to keep up the morale. There have been no letters of

R. O. REINER,
TREASURER,

Chosen Mission
of the
Presbyterian Church in the U. S. A.

136 Renchicho
Keizyo, Chosen (Korea)

CABLE ADDRESS
"REINER KEIZYO"
THE MISSION CODE
TELEPHONE K. 2156

encouragement at a time when these would have done most good. There has been no word as to what possibility there was of returning some of the men on furlough. And up to the present time no one has returned. Nothing could build morale more than just this. The return of one man or two or three would be evidence that the needs of the Mission were receiving consideration. Please understand me that I am not criticising anyone but am speaking out of the deep feelings of the heart. There is need immediately to brace the morale of the ones who have remained at their posts if the Board wishes the work maintained.

I do not think that I have over stated my point but if I have I trust that you will overlook my enthusiasm. I am not down in spirit myself, but I am desperately concerned ~~to~~ about conserving the work which I have remained on the field to preserve. Had I followed my advice to others, I would have left last November. It is not my own personal convenience that I am concerned about but the work of the Mission.

I hope, therefore, that if you have not already done so you will do everything in your power to send us help immediately. Pyengyang Station is in desperate condition. There is no one there who is capable of directing in the general business that has to be done. Every person who in the past has had any direct connection with the Seminary is gone. The Seminary is a separate Zaidan Hojin. Yet the President of the Zaidan Hojin is gone, the President of the Seminary is gone, every foreign professor is gone and only one member of the Zaidan Board is on the field. Unless some one with the interest of the institution at heart comes soon, I fear for the future. Then Pyengyang is blessed (or otherwise) with property of others kinds. A dozen large buildings are standing idle and the demands from the public for their loan are almost unbearable. Plans can be made for using some of them, but there is no one on the ground to look after such things. Chairyung, Kangkei, and Andong now are closed, but they require attention. We need men here to look after these things. I could enlarge upon the problems. Every time one of us drops out, it adds to the load the others have to bear. So we cannot afford now to lose more men unless we have assurance that others can come out.

What the difficulties are in the way of their coming I do not know. It may be that the obstacles are insuperable. If they are we ought to know this. I do not think that efforts should cease, however, until all possible ways of getting some men out have been explored.

We have been praying for you often and shall continue to do so. You are bearing a burden too great for men to bear, but the Lord has given us assurance of His sustaining grace and so we know that He will guide.

With assurance of our earnest desire to stand by in these trying times and to serve our Lord faithfully as He shall lead,

Sincerely yours,

R. O. Reiner

R.O.Reiner

Executive

R. O. REINER, TREASURER.

RECEIVED

NOV ...

J. L. HOOPER

Chosen Mission
of the
Presbyterian Church in the U. S. A.
136 Renchicho
Keizyo, Chosen (Korea)

CABLE ADDRESS
"REINER KEIZYO"
THE MISSION CODE
TELEPHONE K. 2156

FILING DEPT.
DEC 22 1941
SECRETARIES

Keizyo,Chosen,
Oct.13,1941.

Dr.J.L.Hooper,Secretary,
Board of Foreign Missions,
156 Fifth Ave.,
New York,N.Y.

Dear Dr.Hooper:

My letter written on the 11th inst. was not mailed immediately and this morning your cable arrived informing us that because passports can be secured for no missionaries, no one will be returning for the present. I am compelled to write this additional note to bring the situation up to date. I am distressed beyond words at this report. For it clearly indicates that little can be done to accomplish the very thing I have strongly urged in the main letter. I cannot believe that all the avenues have yet been explored for sending men. When we see reports in local papers of a few people coming to Japan for business and other purposes, we wonder why some cannot be permitted to come for the greatest of all purposes, the work of the Lord. Surely there must be ways to accomplish this end and so I earnestly request that the matter be re-examined in order to determine whether even yet a change cannot be made in the decision.

My attention has also been called to one omission in my remarks. Dr.Bigger came to us after the first evacuation took place and his coming was a great inspiration and blessing to us all. Not only did he give new spirit to the whole Mission but he became a symbol to the people here that the Board had no intention of withdrawing and closing its work. We wish to thank you for him. But we now ask that that blessing be repeated if at all possible.

You will probably receive from others in the Mission letters along the same line that I have written. For we are very greatly concerned.

Again assuring you of our faith in the Great Leader, and our determination to carry on as He leads,

Sincerely yours in the Great Service,

R.O. Reiner

R.O.Reiner

It is our opinion, however, that no one (or very few at least) will act without a direct order from the Board to move.

Sincerely yours,

(Signed) R. O. Reiner

참고 문헌

김명배, 『한국 기독교 사회운동사』, 서울: 북코리아, 2009.

김수진, 『초기 한국교회』, 서울: 한국장로교출판사, 2008.

김영한, "21세기 아시아와 기독교대학: 숭실의 1세기와 2세기", 기독교와 한국사회, 숭실대학교 기독교사회연구소, 1998.

민경배, 『한국민족교회 형성사론』, 서울: 연세대학교 출판부, 2008.

박은구, 『숭실대 비전을 품다』, 서울: 숭실대학교 교수협의회, 2011.

박정신, 『숭실과 기독교』, 숭실대학교 출판부, 2014.

배본철, 『한국교회사』, 서울: 성지원, 1997.

숭실대학교 100년사 편찬위원회, 『숭실대학교 100년사』, 1997.

유영렬, 『민족과 기독교와 숭실대학』, 숭실대학교 출판부, 2005.

______, 『민족·민주화 운동과 숭실대학』, 숭실대학교 출판부, 2005.

이만열, 『한국기독교와 민족통일운동』, 서울: 한국기독교역사연구소, 2011.

해리 로즈, 『미국 북장로교 한국 선교회사』, 서울: 연세대학교 출판부, 2010.

"What Makes the Korean Church Grow?", *Christianity today*, 2007, 1, 31.

"History of Christianity in Korea", *Korea 4expats.com.*

"Why South Korea is so distinctively Christian?", *The Economist Explains*, 2014, Aug.

나도래

숭실대학 제 2대 교장 라이너(R.O. Reiner)

초판발행일 2020년 6월 30일
저 · 역 자 박삼열
발 행 인 황준성
펴 낸 곳 숭실대학교 지식정보처 중앙도서관
서울 동작구 상도로 369
등 록 제14-2호(1982.1.25)
TEL : 02-820-0739
FAX : 02-817-5297
http://press.ssu.ac.kr
인 쇄 처 열린문화(02-2278-1791)
값 15,000원
ISBN 978-89-7450-392-5